菊苑名家丛书

郭　宇　徐幸捷　唐燕能　＊主编

氍毹武杰

李玉声

乔　舟◎著

上海人民出版社

李玉声

全家福
　　后排左起依次为李玉声、傅连喜、李明
立、李世声、赵幼兰、李润声、李金声
　　前排左起为李孟嘉、高剑雯、傅墨君、
李洪春、李孟瑜、李孟璠

李玉声和父亲李洪春

李玉声和妻子罗玉丽、父亲李洪春、母亲高剑雯

李玉声和王金璐

李玉声和钮骠

李玉声和尚长荣在西湖畔排戏

李玉声和梅葆玖

李玉声和马长礼

李玉声的日常生活

《水淹七军》剧照

《平贵别窑》剧照

《击鼓骂曹》剧照

《李陵碑》剧照

《长坂坡》剧照

《拜山》剧照

《安天会》剧照

《洪洋洞》剧照

《挑滑车》剧照

《华容道》剧照

序言

钮 骠

玉声师弟属龙,生于1940年庚辰年,今年已然七十八虚岁,是一位年近八旬的艺术老人了。他出身戏曲世家,由祖父、父亲、他本人,再到侄儿,已是四代梨园。他是第三代。父亲李洪春先生,工老生、武老生、武生及红生,受过众多名师的传授栽培。二十岁那年又入扬州三老板王鸿寿先生的门墙,成为王门的亲传弟子。在老爷戏(关公戏)上建树丰硕,领军京派菊坛。他会的多,见识广,戏路宽,在台上曾经傍过杨小楼、王瑶卿、龚云甫、程继光、高庆奎、郝寿臣、金少山、侯喜瑞、汪笑侬、王又宸等诸大名旦、各大须生,在京剧界是个叫得响的忙人,年长的昵称他老洪,年轻的尊呼他洪爷。他经验宏富,弟子盈门,如李万春、高盛麟、王金璐、袁金凯、梁慧超、宋遇春、何金海等都是他的入室弟子,他还教过科班和戏校,在斌庆社、荣春社、上海戏剧学校、西北剧校、中国戏曲学院都执过教,行内服帖,备受尊崇。

玉声自幼深受熏陶,叔叔李洪福、长兄李金声都是好角儿,他浸润在京剧艺术氛围的福水中,开窍很早,是块学戏的好材料。1951年考进中国戏曲学校,投入培植京剧人才的摇篮,受到正规的培训。修业期间,先以老生开蒙,曾师从谭派正宗贯大元先生,后转武生,从杨派武生茹富兰、尚派传人孙盛云诸位老师学戏,基础戏《石秀探庄》《林冲夜奔》《挑滑车》等都学了,根底扎实。最近翻阅当年的老戏单,见有玉声在学生时期主演的几出戏,他曾饰演《金雁桥》的张任(1956年12月30日在长安戏院)、《神亭岭》的孙策(1957年1月24日在戏校排演场)、《天门阵》的岳胜(1957年11月20日在戏校排演场)、《花蝴蝶》的白玉堂(1958年4月24日在吉祥戏院)和《猎虎记》的解珍(1958年12月15日在天桥剧场)。此上仅是管中窥豹,略见一斑。

1957年，戏校实验剧团应北京电影制片厂之邀，拍摄彩色京剧影片《雁荡山》，由岑范任导演，柏之毅、袁国林主演。当时，玉声在班级武生学生中，个头不高，身手却漂亮利索，精神百倍，颇显神采，额外将他和同学胡三儿（学礼）选入剧组，分别扮演了孟海公和贺天龙的马童，增加了两个小主演，使影片格外生辉添彩，与众不同，留下了他们幼年的舞台影像，而今屈指算来整整六十年矣。

1960年，玉声毕业，分配到杭州的浙江京剧团。这个团阵容齐整，拥有多位著名前辈，如宋宝罗、张二鹏、陈大濩、鲍毓春、刘云兰等。当时，盖叫天老先生也在杭州，有时一起排戏，同台演戏，他得到了观摩、请益的机会，再加上一向心仪追慕孙毓堃、李少春、高盛麟、王金璐、张世麟、厉慧良等前贤的舞台风范，观瞻了他们的不少演出，开阔了眼界，增长了艺能，受益无限。60年代又一度回到了北京，潜心从父亲学了一二百出传统老戏；还向清室名宗涛贝勒学了杨派猴儿戏《安天会》。这是得到杨小楼的老师张淇林（长保）亲授，传下来的。

70年代，愚下一度调往杭州，与玉声弟同事浙江京剧团。几年朝夕与共，眼见他在剧艺上多有长进，已臻成熟。80年代，玉声重武不忘修文，向宗法余派有景的陈大濩老师研修了十几出余派戏，如《击鼓骂曹》《定军山》《文昭关》等。自此，玉声重新奋起，振作精神练功、排戏、演戏，文武并进，技艺乃大见出息，以一出《小商河》演红京城。1990年到上海，以余派传人资历，参加了纪念余叔岩先生百年诞辰的专场演出，与迟世恭、孙钧卿、张学津、陈志清、李宝春几位同台，以"文武双绝"冠名，演唱了一场《挑滑车》与一场《定军山》，《小商河》文武双出，博得了行内外刮目相看之赞许。他的多出武生戏、老生戏与老爷戏都由中央电视台《名段欣赏》栏目录成影像播放，显示了如他曾说过的"简而美、急而稳、脆而帅、柔而威"的武生表演要领。老生戏展现了余派风范，老爷戏一脉相承了洪爷气势。

有件让人留憾至今的事，就是1985年角逐第二届戏剧"梅花奖"的失利。那次评委中有我。记得玉声与另一武生得票同数，并列入选。不料想，有一位评委出于爱心，不忍割舍另外一位参选者之名，全部写在了选票上，超额一人，这一下子造成了一张废票。可巧，这张废票上正有玉声的名字。这样，他便得而复失，少了一票，名落孙山。那年他四十五岁，参选是搭"末班车"，错过这次机会，无缘下次，留下了不可弥补的损失，令人兴叹：命也！运也！无可奈何！后来，他曾借调中国京剧院，又回母校兼课，意欲调回北京，只因诸多人所共知的原因，竟成泡影。只得留守杭城安度晚年，与文房四宝为伴，画些浙派写意花卉水墨画，遣兴消闲。

幸善党的十八大以来，政通人和，国事大兴，京剧作为优秀传统文化，备受党和国家的重视、扶持，发布了一系列弘扬京剧的重要政策，激发了玉声守护京剧精神家园的正能量。老牛更知夕阳短，不用扬鞭自奋蹄。他不惜年迈，重施粉墨，不断登台献艺。并积极回首自己六十余年的舞台演剧实践和体察观剧者的审美需求，深有感悟心得，有许多话要说。不久前，他经过深思熟虑，将梳理、归纳成文的《京剧表演艺术论语100条》公之于众，求教方家。

他认为，常年以来被戏曲研究界奉为主流理论的"戏曲者，谓以歌舞演故事也"的定义，时至今日，已然显得不妥，必须再作深入研讨。"戏曲者，谓以歌舞演故事"的定义，是1909年大学者王国维先生在他的《戏曲考原》论文中提出来的，至今已历一百多年。王氏是中国戏曲史研究的开山者，著述丰硕，见解精到，影响极大，具有一定权威性。20世纪初期，他受西学东渐狂潮的影响，以西方戏剧观念与形态为重要参照，考察了中国古典戏曲的诸要素——"歌、舞、演、故事"，给出了这个描述性的定义。愚对王学没有深入研习过，所知无非是一鳞半爪而已，不敢大胆妄言；然而知晓王氏的研究是重文学性而轻舞台性的。他只是在对剧作的文学性本身的体认下得出结论的，缺乏剧场观念意识，未顾及舞台的表演性质。其戏曲史述的范围，不包括明清戏曲，只写至元代为止。光说京剧，到了清代后半叶的前期，乾嘉之花部勃兴，嘉道之蒂落成形，戏曲演出发生了重要的变化，即以文学为主体转向了以表演为主体。剧本冠以作者名字的现象变了。《长生殿》冠以洪昇、《桃花扇》冠以孔尚任的常规不再。一出《空城计》的作者是谁，《红鬃烈马》的编剧是谁，不再标明；连轴子戏《三国志》作者卢胜奎的名字也免了。提起《失空斩》《秦琼卖马》，即知有谭鑫培；论到《长坂坡》《连环套》，就想到杨小楼。近世，人们常说"京剧是看角儿的艺术"，"看京剧要看好角儿"，这话没错。窃以为，"好角儿"之所以成为"好角儿"，是其身上必须有精良出色的技艺功夫，使观者如醉如痴，百看不厌。也就是说，看好角儿看的是他们的表演技艺之功，包括唱、念、做、打、舞，以及造形、传神、写心之功。即可谓"无功不成艺"，"功深艺才精"，"要练惊人艺，须下苦功夫"。设若没有高超不凡的技艺之功，还算得什么"好角儿"？一言以蔽之，玉声弟认为，应当是"以故事演绎歌舞"，或者说"借故事演示歌舞"似乎方显妥切。所呈现的艺术意蕴，主要不是戏的故事情节构成的，而是由演员的表演所呈现出来的。有时剧情很简单，而演员的表演却很复杂，剧情只给了一个框架，这出戏的生命完全是演员的表演给予的。《三岔口》就是这样。没有唱念做打舞，就没有这个剧的意象世界，这个戏还有什么看头？京剧的"戏"是"演"出来的，不是"写"出来的。决定一个剧种的兴衰，不是它的文学，而是唱念做打舞。京剧的意蕴是存在于演员的表演之中的。剧本所提供的故事情节，只是构成一个框架，一种背景，"戏"却在演员身上。当代的大学者季羡林先生就说："真正喜爱京剧的人，并不关心情节，情节他们早已烂熟于胸了。比如《失空斩》谁人不知？可是他们仍然愿意看这几出戏。"或者说"听"这几出戏，听的是那几段西皮唱功。唱准了，唱好了，唱美了，诸葛亮就立住了。窃以为，由于文化基因的不同，思维模式的差异，从美学特性上分，西方文化中的话剧是肖真的自然主义，东方文化中的戏曲则是表意的理想主义。中国京剧成为人类口头和非物质遗产代表作，就是因为表演艺术活在人的身上，人在艺在，人亡艺失。所以，要维护、传承的是活的表演艺术。剧本堆在那里，活不起来。不知以上对玉声师弟的见解领会得然否？

玉声师弟以上见解在互联网上公示之后，引发了一番争议，见仁见智，各抒己见。窃以为，万勿轻易把他的这番见解视为奇谈异想，应当冷静、审慎地加以深思细想，切勿急于率性否定，应鼓励大胆探索，包容新鲜见解。他说的是肺腑之言。愚下即是经过反复思考，研习了王老先生的定义之后，才对玉声之论有所认同。戏曲理论的研究，应当与时俱进，用发展着的理论指导发展着的实践，才符合当今理论研究的科学态度。

近有青年作家乔冉女士，甚为钟爱京剧武戏，对京剧艺术多有了解，愿为玉声师弟修撰一本对他学艺生涯的记述，多次往返京、沪、杭各地，采访了二十多位玉声师弟的新朋旧友,谈叙了许多精彩生动、鲜为人知的轶事,拍摄了大量照片,已然集结成书,即将付梓。这是件有意义的好事,玉声师弟嘱我为之作序。我与玉声师弟同学共事六十余年,有所知之,义不容辞,遂草成此文,向各界读者推荐此书,恭请赐阅,一定会使您结识一位京剧界的老年新朋友,越发喜爱京剧,是为至盼。

丁酉(2017)仲夏于杭城新居满觉陇水乐山房

时年八十又五

目录

杰

一　缘起上海滩

　　砰！随着枪响，楼上的包间里，一位如痴如醉听戏的客人应声倒地。戏院里随即乱了套，其他观众也尽显慌张之态，是逃窜还是静待，大家不知所措。前一刻，舞台上的岳飞才慷慨激越地唱出"将军如此忠勇，实堪钦佩。听吾一令！率本部万千人急忙应战，莫令那金兀术再逞凶顽"，余音仍环绕于梁。此一时，杨再兴还在台上耍着枪，身段既优美又有韵味。观众正沉醉在这金戈铁马的故事当中，而这一切都被这声现实中的枪响打破了。

　　戏班的人赶忙冲上楼去看发生了什么情况，结果和正逃离的凶徒撞了个正着，凶徒开枪打中了冲上楼来的演员的大腿，这便没人再敢上楼了，凶徒也随机逃得无影无踪。尽管外边仓皇一片，扮岳飞的演员李洪春始终安坐于后台，他何能如此淡定，因为这种事他已是司空见惯了。待一切复归平静，戏继续上演，李洪春也泰然地唱完了他这出《小商河》。

　　1939年，应上海更新舞台之邀，41岁的李洪春作为郑冰如班底中的三牌来到沪上献艺，同行的还有老生贯大元、武生梁慧超和武旦阎世善。李洪春是红生鼻祖王鸿寿的得意弟子，以老爷戏著称于业界，同行尊称他为洪爷。人们对他的敬重还源于他的博闻强识，李洪春几乎通晓生行所有的戏，给杨小楼、梅兰芳、马连良、余叔岩、程砚秋、言菊朋、周信芳、尚小云、荀慧生等人都配过戏，是当之无愧的黄金配角。在沪的半年里，李洪春每周都有固定的演出，星期六晚场演《湘江会》，李洪春扮吴起，阎世善饰钟离无盐。星期日白天，李洪春唱拿手的《走麦城》，演关羽，梁慧超给他配关平。其他的时间演出不定。这次来上海，戏班的主演前后换了三次，从最初的郑冰如到新艳秋再到李砚秀，而当主演换成新艳秋时，麻烦也随之而来。

冬日的上海虽不及北平那样寒风凛冽，但也有几许萧条的迹象，梧桐叶落，空留枝丫。1940年1月15日晚，位于上海公共租界牛庄路704号的更新舞台热闹非凡，传奇性人物新艳秋将要首次登台。谁又曾想到，第一天亮相就发生了枪杀案。

孤岛时期的上海租界是市民的安乐窝，别处战火纷飞，此处歌舞升平，而上海滩青帮三大亨黄金荣、杜月笙、张啸林都钟情戏曲，且皆染指娱乐业，所以，但凡有京角儿来沪演出，必定先要拜码头。新艳秋也不例外，她的首演请来了张啸林和他的亲信俞叶封。二人将到更新舞台为新艳秋捧场的消息不胫而走，军统特工早就想除掉二人，于是便派人潜伏在更新舞台，伺机暗杀。

除了新艳秋的《红拂传》外，这一天的戏码还有李洪春和梁慧超的《小商河》，这出戏排在倒数第二上演。戏已过半，还不见张啸林到场，耐不住性子的特工们决定先解决了俞叶封，于是一声枪响打破了戏院的安

李洪春来沪演出的更新舞台历经八十七个寒暑，从民国走到现在，依旧栖身于牛庄路，只是它有个更为市民熟知的名字，中国大戏院。2017年6月1日，笔者到此时，戏院在维修，没有开放，听住在附近十多年的长者说，这里还在演戏

详。没人知道张啸林为何答应到场又没有出现,俞叶封不像他那样幸运,没有躲过这一劫,看戏要了他的命。

这样的事李洪春前不久刚经历了一次,说来也巧,同样是和新艳秋一起演戏时发生的。1939年初,在北平的吉祥戏院,新艳秋同样演出《红拂传》,李洪春扮李靖,侯喜瑞演虬髯公。台上正演着戏,台下枪声骤起,死于枪下的是伪中华民国临时政府要员缪斌的随从,但缪斌心知肚明,枪手的目标是自己。缪斌不知出于何种心态,认定是新艳秋要害他,便将其下狱,后经多人联保,新艳秋才得以脱身,并于川岛芳子家休养。这次更新舞台重金邀请久别舞台的新艳秋演出,没想到,第一天又遇到了枪杀案。一来是受了惊,二来体力也有所不支,新艳秋演了几天便返回了北平,戏班的主演又换成了李砚秀,而李洪春等人依旧在更新舞台演出。

这次的上海之行对李洪春而言很特别,有惊有险,有悲有喜。虽然遇到枪杀也受到些许的惊吓,但事不关己,倒也无须多做牵挂,更令他烦心的是上海报业对他的炒作。

李洪春、周信芳、林树森同为三麻子王鸿寿的弟子,三人的关公戏各有特色,三麻子的弟子刘奎官曾说:"王鸿寿收的徒弟很多,得到他的衣钵精髓的要首推李洪春先生。"在众多弟子中,李洪春与林树森并称"南林北李",两人感情甚笃。为何两人合称南林北李,这源自一场商业炒作。三十出头的李洪春搭荣蝶仙的班到汉口的汉大舞台演出。同一时间,林树森于汉口的花园公司登台。为了招揽生意,提高上座率,公司为林树森大肆宣传,并打出威镇华南的红生泰斗的招牌。见此势,红帮的杨庆山也开始为李洪春做宣传,同样声称威镇华北的红生泰斗将要登台。闹腾了一番之后,李洪春和林树森才知道彼此都在汉口。虽然两家公司的老板想让他们打擂台,但师兄弟二人不想。于是,李、林两人便假借早晨遛弯的机会见面并共谋对策。两人最后决定唱一天对台戏,然后戏码就有所交错:林唱《过五关》,李就唱《封金挑袍》;林唱《战长沙》,李就唱《白马坡》;林唱《徐策跑城》,李就唱《赵云截江》;林唱《扫松下书》,李就唱《对步战》。可惜,双方的老板发现了师兄弟的小伎俩后,强制二人唱相同的戏,构成打擂台的格局。无奈之下,李洪春索性装病不唱,等林树森唱完离开汉口后他才登台。这段"南林北李"的佳话至今仍被人津津乐道。

这一回，李洪春一到上海，林树森便为他接风洗尘，在宴席上，林树森毫无避讳地对李洪春说，"你想在上海唱关公戏是很难的"。为什么这么说？上海是个大码头，能唱老爷戏的有二三十人，而且，正在卡尔登大戏院唱《文素臣》的周信芳也打出广告，说将会上演从《三结义》至《走麦城》的老爷戏。《文素臣》是1938年朱石麟根据清代夏敬渠的小说《野叟曝言》改编的连台本戏，由周信芳主演，讲述明宪宗成化年间，皇帝无道，民不聊生，侠士文素臣仗义行侠，为太子赏识并引见给皇上，谁料文素臣在大殿上大骂奸臣，结果被充军辽东，后文素臣将某藩王谋反的证据呈给太子，皇上命其歼灭反贼，文素臣不辱使命。时有"不看文素臣，不算上海人"的说法。周信芳也因演出此戏而正受沪上观众追捧，况且，周信芳久居上海，一直拥有较强的卖座能力，李洪春这戏着实不好唱。

即使万般艰难，李洪春依旧如期上演了《古城会》，戏中，刘砚亭饰张飞，宋遇春演刘备。《古城会》也叫《斩蔡阳》，是经典的红生戏，改编自《三国演义》第二十八回"斩蔡阳兄弟释疑，会古城主臣聚义"，这是一个耳熟能详的故事。关羽"离却曹营奔阳关，日行夜宿哪得安。过黄河斩秦琪路遇文远，一路来斩六将闯出五关。……不辞千里路，特来会弟兄"。可兄弟初见却满心猜疑，张飞上场便道："心中恼恨关云长，保定二嫂下许昌。忘却桃园三结义，真心归顺曹奸相。……可恨二哥归顺了曹操；有朝一日，我弟兄相见，定不与他甘休。"待关羽至城外，张飞依旧称："你家二爷无仁无义，忘却桃园盟誓，有始无终，真心归顺奸雄；有何面目来会弟兄！若要相见，除非是临阵交锋。"最后，关羽斩杀蔡阳才令张飞疑虑尽释，二人互诉衷肠，尽显兄弟之情。

为了引起话题，管事程德福特意邀请了三十多位演关公戏的演员到场观看。李洪春老爷戏演得好是公认的，他后来还得了红生宗师、红生泰斗等赞誉，然而，声誉越大，压力也就越大。在得知会有很多行家来看戏的特殊情况下，武行头陈善甫决定让更具实力的白云亭替代了原来的演员出演马童。王鸿寿教给李洪春的《古城会》里，马童是不翻的，周信芳根据上海观众的喜好让马童加上了翻的动作，以此渲染关羽出场的气氛，这样的修改赢得了观众的认可，此后，李洪春等人也按照周信芳的套路来演了。白云亭功夫好，他的出演为当晚的演出增色不少。

台上一个关公唱，台下十几个关公看，实属少见，也正因为稀罕，所以极具新闻价值。翌日，报纸上登出的报道添油加醋，增加了无限的猜测，编辑臆想这几十位关公各怀心事，有人希望李洪春好，有人等着李洪春演砸，还有人特意去偷师。看到了新闻，林树森忍不住站出来说话，他在报纸上登出声明，称自己也去看了李洪春演《古城会》，只愿他的演出圆满，别无他意。新闻的炒作令事情持续发酵，李洪春的关公戏也引起了越来越多沪上戏迷的兴趣，看来，这次的营销是成功的。

虽然此次大半年的上海之行有很多不顺心的地方，但对李洪春来说，一件喜事足以驱散一层层的愁云。演出期间，随他同到上海的太太高剑雯怀孕了，这是属于他们两人的第一个孩子，为了纪念这个在上海滩孕育的孩子，李洪春为其起了一个乳名，叫申喜，即申城有喜的意思，这个孩子便是日后菊坛的大武生——李玉声。

二　梨园之家诞麟儿

　　北京大栅栏煤市街那儿有条胡同叫王皮胡同。这条不起眼的胡同里卧虎藏龙，三教九流什么人都有。据说清末民初的时候，这条胡同有个可笑又难听的名字，王八胡同，因为那时此处最出名的是北地胭脂，胡同里的10号是中档的妓院，18号"贻来牟"同样是家妓院。后来，胡同里的妓院越来越少，其他生意慢慢汇集到此。3号成了粤商的仙城会馆。25号挂名北平美术社，做的是给达官贵人、富商巨贾定制衣服的买卖。在这条胡同里，还住过两位梨园名角，那就是老生马长礼和红生宗师李洪春。

　　1940年，李洪春和他的第四任太太高剑雯就住在王皮胡同。李洪春有四任太太，第一任不知道为什么就给休了，至于姓甚名谁，家人也记不住了。第二任太太叫韩馥兰，其父是韩明德，两个哥哥一个叫韩富信，在富连成做过，一个叫韩盛信，她一家子也都是梨园中人。韩馥兰为李洪春生了

一个儿子，也就是李洪春的长子李金声。不幸的是，韩馥兰产下一子后得了月子病，没等看见儿子长大，便离开了人世。李洪春随后又娶了蒋翠华，她生的女儿没到百天就夭折了，之后再也没有生过孩子。

2016年8月4日，笔者来到了王皮胡同，这条胡同坐落于纵横交错的胡同之中，难以寻觅，狭窄的巷子有些破旧，李家人已经不记得他们住在哪门哪户，笔者仅拍下了巷口的景象，那块斑驳的黄色牌子上还写着李洪春曾住于此

　　李洪春的最后一任妻子是高剑雯，两人相

差二十多岁，他们认识的时候两人都是戏曲演员。高剑雯并不算大家闺秀，她晚年给孩子们讲，就连自己的姓都是她自己编的，她不知道父亲姓什么。高剑雯虽然不是科班出身，但也是专业演员，唱的是余派老生，她也是迷上了台上的李洪春，才嫁入李家的。

李家虽算不上什么大户人家，但也有很多规矩。原本，李洪春和第三任太太蒋翠华，还有李洪春的兄妹都住在草厂三条。当李洪春提出要娶高剑雯进门时，老实的蒋翠华并没有说什么，但其他家人却极力反对。无奈之下，李洪春只好另找住处，就像当年孟小冬一直没进得了梅兰芳家门，而是被安置在另一幢别墅一样。李洪春思量之后，将家安在了王皮胡同。

1940年10月2日，王皮胡同传出一声婴儿的啼哭，李洪春和高剑雯的第一个儿子降生了，家人为其起名李玉声。"月照石泉金点冷，凤酬箫管玉声微。"何为玉声，就是那些美妙的声音，没准洪爷也是这个意思。这个孩子将来虽身在武生行，却是以嗓子好著称的。

小时候的李玉声长着一张圆圆的脸，母亲高剑雯是一位拥有古典美的温婉女子

在王皮胡同住了一段日子后，李家又搬到了后经厂。再后来，李洪春的二哥去世，大家族中没有了支柱，李洪春便带着妻子和孩子搬回了草厂三条的祖屋，同妹妹以及蒋翠华一同居住。在小玉声的印象里，蒋翠华人特别好，也很疼他。高剑雯后来又为李洪春生了两儿两女，也许是日有所思夜有所梦，便有"胎梦"之说。有趣的是，据说怀李玉声的时候，她梦见一只小白熊。李玉声笑谈，"要是小熊带翅膀就好了，那我不就是姜子牙了吗，姜子牙是飞熊入梦生的呀"。生二儿子李润声的时候，高剑雯梦

2016年8月4日，笔者随李洪春先生的小儿子李世声先生来到了他们在草厂三条的四合院，李家的部分后人现在还住在这里，院子里还是原本的布局和摆设，李洪春住过的地方依稀还留有他的痕迹，他用过的关王刀等道具还摆放在家里

见了一只老虎；生三儿子李世声的时候，则梦见了一只扣在花盆里的小狐狸。除了亲生的四个儿子，李洪春还收了一个义子，是他一个唱花脸的朋友的孩子。因为朋友早逝，孩子无人照料，李洪春便把他带在了身边，不过孩子还是随他父亲的姓，叫张玉禅。托孤之事并不少见，在梨园行亦然，谭鑫培当年受杨月楼之托，将杨小楼带在身边并悉心教导，才成就了杨小楼。李洪春对张玉禅也是视为己出，关爱有加。张玉禅比李玉声稍长，所以，后来外人称呼李玉声，都叫李三爷。

　　以前戏班的人都有信仰，而且规矩和讲究很多，就像徐慕云在《梨园外纪》里举的几个例子，"譬如建造舞台一事，台子决不可向东，以免触犯白虎之忌，此系内部的事。至于戏馆子的大门所对的方向固似无甚问题，然而正对大门的铺面，千万不可是一家药铺，因为药王菩萨当头，主角儿多常有患病疾苦，于戏馆方面的营业也要受到很坏的影响……开门时固当审慎将事，同时戏台落成的时候，还要有一番破台的盛典，唱武戏的角

高剑雯和五个孩子的合照，左起为李润声、李素因、李明立、李世声、高剑雯、李玉声

儿和全体武行的人们，固然特别虔诚地注意此事，冀求神灵的保佑，不要把刀枪把子脱手飞去，砸在看客们的头上，或是自个从铁栏杆（现在舞台上已废除）及几张桌子上面翻下来时摔坏腰腿"。诚如其所言，武生尤信神明。

李洪春除了和其他武行一样敬重五猖兵马大元帅、筋斗祖师白猿外，还信奉五大家。何为五大家？即狐黄白柳灰，狐是狐狸，黄是黄鼠狼，白是刺猬，柳是蛇，灰是老鼠。也可以说，这是中国民间对动物崇拜的显现，中国人自古便相信万物有灵，这是尊重自然的一种表现。梨园公会里也供奉这五大家，塑像是清朝的打扮，顶戴花翎，穿沙袍。梨园公会那时候在北京陶然亭西侧南下洼子那块儿的松柏庵，这座庙原本也无尼姑居住，只有两个看庙人每天在那儿守着，前后殿内分别供奉真武大帝和菩萨，东西跨院分别供奉北斗九皇和梨园祖师。此处是梨园中人的聚会之地，行里人叫这儿昆仑坛，程砚秋还写了"昆仑善社"的横匾。李洪春几乎天天都去昆仑坛，无论头一天晚上演戏多晚，第二天准是黑着天就起床，头一个到，上头一炷香。后来程长庚等人还筹钱买下了庵旁的空地，用作梨园义地，就是用来安葬菊坛中人。1951年，沈玉斌在此开办了艺培戏曲学校，由于没有练功的地方，在征得了王瑶卿等人的同意之后，将大殿内的神像牌位移出，埋于殿西的小跨院。从此，昆仑坛不再是梨园人聚会之所，也不再具备宗教属性，它成了一所学校。而后，学校又为了扩充练功场，不惜惊动义地亡灵，将他们一并迁去他处。只可惜，1953年，仅开办了两年的艺培戏曲学校因资金不足而结束，政府接管了这所学校并改名为北京市戏曲学校，而今此处乃北方昆曲剧院所在地。

无巧不成书。一日，李洪春梦见自己去日坛遛弯，一只猿猴拦住了他的去路，非要跟他回家。不久，高剑雯怀了他们的第一个女儿，这个女儿诞生的时候，李玉声四岁。高剑雯平日里不用干家务，李家一直都是请保姆洗衣服做饭的，产下一女后，她便安心地在家坐月子，李洪春照旧出去演出，有时候演出回来还会给孩子们带点好吃的。这天，小玉声吃完了父亲带回来的零食，便依偎在母亲身边，和母亲一起睡着了。母亲醒后轻抚小玉声，谁料这一摸，心中陡然一惊，孩子浑身冰凉，脉搏也没了，身子也硬了，这不是死了嘛。高剑雯吓坏了，急忙叫来李洪春。二儿子见状吓得哇哇大哭，内心已是焦急万分的李洪春喊道："你看你哥哥都这样了，你还哭。"这一说可好，受了惊吓的二儿子也扑通一声倒地，一摸，脉搏也没有了。两个儿子都没了生命迹象，这可如何是好？李洪春第一个想到的是祈求上苍恩典。

面对两个昏死过去的孩子，李洪春一时也不知所措，只是不住地在家里供奉的五大家面前虔诚地祈祷。说来也奇巧，慢慢地，两个孩子身上恢复了体温，也渐渐有了意

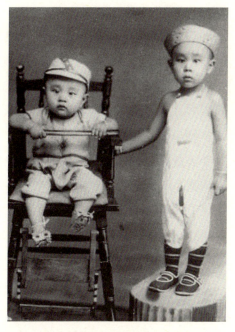

照片中便是小玉声和他的大弟弟

李洪春和杨小楼合作演出的《千里走单骑》，杨小楼饰关羽，李洪春饰普净

识。直到今天，说起这事，李玉声也没明白当时究竟是因为什么造成的休克。不过这短暂的昏迷，却让李玉声记了一辈子，成了一个有信仰的人。他相信万物有灵。他敬畏自然。

那之后，李洪春更加疼爱孩子，他舍不得小玉声练功，也不教他任何戏，因为李洪春知道，学戏太苦了。在李玉声的印象中，五岁的时候和丁永利学过一次起霸，但是在哪学的，学的谁的起霸，动作是怎样，他都记不得了。虽然网上有人细致地描写出了当天情景，想象出了父亲带着小玉声怎么去的丁永利家，丁永利怎么喜欢这个孩子，觉得这个孩子有悟性，是块唱戏的料，并承诺要手把手教这孩子，然后教了他起赵云的霸，用的什么锣鼓点，每个动作怎么做，但这一切都是他的戏迷的美好愿望。丁永利这人很有趣，教的比演的好，而且专教杨派武生戏。杨小楼从来不教戏，不是人不好，是没有时间，而且身体也不算好。杨小楼一演戏，有个人总是坐在最后看戏，然后就能记住，还能教人，这个人就是丁永利，他和李洪春是把兄弟。杨小楼开始不知道，后来知道有这么个人，就连杨小楼的孙子学杨派武生戏都不是向杨小楼学的，而是丁永利教的。李洪春和杨小楼的关系也很好，1951年，郝寿臣在赵登禹路中国戏曲学校旧礼堂讲课时还饶有兴致地讲，他和杨小楼唱《挑袍》，杨小楼穿的是李洪春的护心甲，且是李洪春帮他勾脸的。

在李玉声四五岁这段时间，父亲还是常常到各地去演出，而且还会带着大儿子和义子。像1944年10月，李洪春就带着李金声和张玉禅参加了天津上光明戏院举办的武生大会，演出了《古城会》和《桃园三结义》。

提到武生大会，就不得不说说李洪春的正春社，那才是武生大汇聚。李洪春之前没有自己挑过班，一直是跟人家合作的。但日本人入侵中国的时候，很多艺人为表高洁不再登台，最有名的故事莫过于梅兰芳先生留须明志。很多角儿都不唱了，但班里其他人没有他们那么多钱可以养活自己，不唱戏可能就得饿死，李洪春这时正搭程砚秋的班，可程砚秋也不唱了，所以李洪春就自己起了一个班，起名正春社，收的几乎都是武生，有袁金凯、李胜斌等人。戏班里武行最多时竟有162人，这是前所未有的。以前戏班子里的人并不多，现在演戏的人比以前多多了，但行当不齐全。以前的行当大致有十种，除了今人熟知的生旦净末丑，还有副外杂武流。副就是第二主演；外是带白色髯口的，现在归到生行、净行了；杂指车夫、报、打更、撑黄伞的；武是武行，上下手、翻跟头的，不唱，专门翻打；流就是龙套。过去人老实，跑龙套就跑龙套，挣点钱能养家就行，不会去想出头露脸的事。过去的班子大多都是临时搭、临时拼凑的，有的演员有时候一个晚上跑两个地，搭两个班，挣两份钱。武生在京剧里的地位不及老生和旦角，武生戏也没有老生戏、旦角戏那么卖座，李洪春下决心组织一个纯武生的班，让武生也有表演的机会，可以一展抱负。

李洪春本身就是练家子，身上带有些豪侠的气息，因为慷慨仗义，在圈内口碑很好。李洪春有个外号，叫散财童子，只要有人来投奔他，说一声洪爷赏饭，就可以留下唱戏了。每次唱完戏，大家到前台管账那儿签个字就可以拿钱了。李洪春很疼徒弟们，演出结束总是带着大家去吃喝。每次演出回来，高剑雯问他，怎么只有这点钱，李洪春便笑笑回答，都让孩子们吃了。戏班有时能挣到钱，有时挣不到钱的。卖座的那天，李洪春就能拿很多钱回家，在李玉声的印象中，他家有两个大缸，一场戏唱完，两个缸的米和面就装满了。如果李洪春看今天上座不好，就只签字不拿钱，把所有钱都分给其他演员。后来戏班的人知道洪爷原来常自己不拿钱，就有人像李洪春一样，看钱少就只签字不拿钱了。那时候戏班的人心齐，只可惜，正春社常会入不敷出，经营了两年半，最后还是散了。

学武之人难免有点火气，李玉声小时候也很怕父亲发脾气。小时候的他和弟弟很顽皮，父亲一生气就要打他们的屁股，而且由于常演关羽的

1790年，三庆班进京为乾隆贺寿，随后开始在大栅栏的三庆园进行日常演出。这座古老的戏园子见证了京剧从萌芽走向高潮又陷入低谷的过程。2016年9月21日，笔者来到了这里，与想象中不同的是，三庆园的门面很窄，很不起眼，笔者在大栅栏来回走了两趟后才发现它的身影

缘故，每次打之前都会营造出很浓烈的气氛，吓得小玉声魂飞魄散的。不过最后都是雷声大，雨点小。李洪春一抖长袖，甩在小玉声的屁股上，和轻抚无异。

由于父亲的不忍，直到七八岁的时候，李玉声才第一次正经八百地练功。那天，一位师哥到家里来，李玉声便跟着师哥学耗腿、拿顶，不过练了两天就不练了，因为李洪春看着心疼，每次李玉声在树上耗腿，父亲就过去说，"行了，耗一会儿得了"。

功虽没怎么练，戏倒是没少看。李玉声从小就经常跟着母亲去看父亲演戏。有时候母亲不去，父亲也带着他去剧场，把他搁在后台。李洪春那时候一般在大栅栏的三庆园演出。三庆园离草厂三条的家也就几百米的距离，走几步就到了。三庆园里是一排排的座，坐后面有固定的桌子，观众可以吃东西，还有递水的，拎着大茶壶的。七八岁的小玉声天天去看爸爸演戏，有时候在台下看，有时候就坐在舞台边的地上看，就那么津津有味地看着台上，也不知他是不是真的看出了什么名堂。

因为从小就接触了很多有气派的大角，李玉声说自己也算是见过世面，也练出一些气派来，而且在他幼小的心灵内埋下了一个执念，"我也要成角儿"。很多人都说戏子的地位低，但在李玉声的心里，戏子地位一点都不低，看看人家杨小楼，多受人尊重，所以，他也要做杨小楼那样的角儿。

1948年，李玉声九岁了，他的老弟弟李世声在这一年诞生了。这个时期，李洪春一边唱戏，一边当起了西北戏曲学校的副校长。虽然叫西北

戏曲学校，但校址在北京，由中国共产党主办，负责人是王振。也是这一年，中共中央开始要改革各地方戏曲，1948年11月13日的《人民日报》社论《有计划有步骤地进行旧剧改革工作》集中反映了这一文化政策：

> 旧剧必须改革。……在农村中，虽然新型的农村剧团已经相当普遍，虽然农民喜欢看新戏，自己还会演新戏，但广大农民对旧戏还是喜爱的，每逢赶集赶庙唱旧戏的时候，观众十分拥挤，有的竟从数十里以外赶来看戏，成为农民生活中的重大事件。在城市中，旧剧更经常保持相当固定的观众，……旧剧的各种节目，往往不受限制、不加批判地，任其到处上演，在广大群众的思想中传播毒素，这种现象，是与新民主主义文化建设的方向相违反的，是必须改变的。……着手改革旧剧，首先必须对于旧剧有一个正确的态度。有几种态度是不正确的：一种是强调群众喜爱旧戏，干部需要娱乐，到处鼓吹演旧剧，盲目地、无原则地支持旧戏班；……另一种态度则是有些同志对旧戏深恶痛绝，主张一律禁止，这也是错误的，因为他只看到旧剧有害的方面，而没有看到它的群众性与它还有一些好的合理的部分，而且不论怎样，凡是关系到千百万群众所爱好与习惯的事物，都不是采取行政命令办法所能解决。……改革旧剧的第一步工作，应该是审定旧剧目，分清好坏。……真正的工作是修改与创作，而修改又是主要的，这不只为了应付目前的急需，而且也因为旧剧包含了民族艺术遗留中不少至今还有生命的东西，与对人民有利的部分，必须批判地加以接受。我们修改与创作的方法必须是历史唯物主义的。……旧剧的改革有赖新文艺工作者与旧艺人的通力合作。

这种文艺思想不仅体现在对地方戏的改革上，也出现在京剧的革新上，京剧的表演方式、演出剧目也受到了影响。改革总会给人带来不安，然后就是一波又一波的争论。改得不多被说太保守，不能与时俱进；改得太多，又会招致粗暴变革的骂声。那么，改革的尺度应该有多大呢，至今人们也无法回答这个问题，也许根本就不存在答案。老舍在1954年12

月的《戏剧报》上发表了《谈"粗暴"和"保守"》一文，以一位文学家的视角和口吻生动地讲述了这个问题，"现在争论最多的就是'粗暴'和'保守'。据我看，懂得一些业务的人，不管是内行或'票友'，都容易保守，因他们热爱戏曲，愿意保留戏曲中原有的技术。……就拿我自己来说，就有点保守，我家里六口人，对于看戏问题如果举手表决的话，我一定失败。我懂得板眼，他们却不懂。我爱这个东西，就难免袒护它，但如果完全抹煞我们的热情，那也是不应该的"。用这样的语气说改革让人更容易接受，也更直观地说清了这个问题。

时间来到了1949年，对中国人来说，这是个特别的年份，这一年，不只是戏曲面临改革，社会整体都将变革。因为战火仍未平息，年初，剧场的上座率好一天坏一天的。戏曲人除了在剧场演出，有时候还会去为抗战伤兵义演。李玉声隐约记得，小时候他还到伤兵营去玩过。因为有一个伤兵是给他父亲跟包的，帮着父亲穿服装、勒头的，这个人曾带着他和弟弟去过伤兵营，在那儿，李玉声第一次看到醋还有白色的，那儿的馒头也特别大，而且特别好吃。那段时间，李家人日子也不太好过，常常是缸里没有吃的了，家里也没有钱了，不过不知道是不是李洪春运气好，每到窘迫之时，生意就会转好，全家人总算是没受过什么罪。

1949年，新中国成立了，10月1日那天，在天安门举行了隆重的升旗仪式，李洪春带着学生们去了天安门下面观礼。不久之后，李洪春进了中国京剧院工作，开始了另一段戏曲生涯。

三 瞒着父亲考戏校

　　1951年是李玉声生命中第一个重要的节点。这一年，他考入了中国戏曲学校。那个时候，中国戏曲学校还叫戏曲实验学校。考戏校那年，李玉声在上小学五年级。李玉声五岁就去上小学了，家人就当它是幼儿园，有个看孩子的地方。那是家私立小学，校长叫朱蕴淑，小学的名字便叫蕴淑小学，念书的小学生都穿开裆裤，留着小辫子，李玉声也留着小辫子。由于校长是李洪春的戏迷，所以对小玉声特别好。小玉声也因此在学校过得特别开心自由。一次，一位师哥到学校接小玉声去看电影，到教室一把就把他抱走了，也不用和谁请假。新中国成立之后，李玉声转到一家国有小学上学，叫什么中心小学，他记不得了，只隐约记得好像学校在打磨厂那儿，也就是在这个时候，李玉声去参加了戏校考试。

　　李玉声报考戏校的时候，父亲并不知情，那时李洪春正在外边巡回演出。李玉声说，父亲一直不舍得让他练功，也许父亲在家就不让他报名了，那他也唱不了戏了。这次知道戏校招生后，是母亲高剑雯给小玉声报的名，还陪他一起准备考试。

　　高剑雯很喜欢京剧，也是因为喜欢唱戏才嫁给李洪春的，本想着能夫妻二人一同演出，可是嫁进门后反而不能登台了，因为李洪春不让她唱戏。那时候，

这是李洪春和高剑雯唯一一张穿戏服的合照，李家后人说这不是舞台照，是在照相馆里摆拍的，扮的是《月下斩貂蝉》

坤角要是唱得好，难免要应酬，可能会受欺负，李洪春舍不得。

高剑雯青衣、花旦、老生都能来，尤喜唱余派老生戏，而且有幸邂逅余叔岩。在一次堂会上，高剑雯表演了余派的一个唱段，恰好余叔岩也在那儿。待高剑雯唱完，余叔岩觉得她唱得不错，便将其叫到身边问道："唱得不错呀，你跟谁学的？"高剑雯有点紧张，有点激动地回答了余老板的问题。余叔岩接着问："你说现在谁唱得最好呀？"高剑雯不假思索地答道："当然是您啦。""除了我，谁唱得好？""言菊朋。"余叔岩微笑着点了点头。高剑雯壮起胆子说："我想拜您为师，跟您学戏。"余叔岩略加思考后轻声说："可惜呀，我不收女弟子，要收的话，我就收你。"虽然没能拜入余家门，但余叔岩的话无疑是对高剑雯的认可。

事实上，余叔岩并没有将这个规矩执行到底，1938年10月21日，他还是收了女弟子孟小冬。此时的余叔岩因体弱已不再登台，他将一生所学倾囊相授于这位女弟子，一位既有着高超技艺也拥有离奇故事的女老生，世人给她冠以"冬皇"的赞誉，总算没负了余叔岩破例一次的心。像孟小冬一样有嗓子、肯吃苦、有悟性的女子也不算少，为何是她征服了余叔岩？余叔岩的女儿余慧清称，1933年，时任陆军次长的杨梧山曾在泰丰楼设宴，希望余叔岩收孟小冬为徒，余叔岩婉言谢绝了，不过答应虽无师徒名分，孟小冬有什么问题可以随时去问他。而后，两人关系日益趋好，再经友人从中撮合，孟小冬最终还是成了余叔岩的徒弟。孟小冬每次到家里学戏的时候，余慧清总是在旁陪着，可能是余叔岩怕人说闲话吧，而每次来学戏，孟小冬都会带一些小礼物，像布料呀，头饰什么的，余慧清很喜欢这位大姐姐。

李洪春和高剑雯有一段舞台情缘为后人津津乐道。那是20世纪30年代末，在大栅栏鲜鱼口那儿的华乐戏院，高剑雯要唱大轴戏《失空斩》，李洪春在其中饰演王平。也许当时李洪春就已经倾心高剑雯，否则洪爷怎会甘愿为这个十几岁的小姑娘配戏呢。李洪春演王平是向擅长靠把老生的刘春喜学的，时人称："《失街亭》王平、马谡山头对话时，春喜独有四番之词句，甚为精彩。现在李洪春尚能之。"可见，李洪春演王平是可以给高剑雯的戏增色的。唯一有点让高剑雯担心的是，李洪春压轴倒数第二出还要唱《古城会》，唱完后赶紧卸了妆，再扮上王平，唱大轴，时间很紧。其间只有赵云、马岱两个起霸，然后就该王平上场了，这样短短的时间，李洪春能否从关公摇身变成王平呢？李洪春对此很有把握，否则他也不敢应承。那天的戏很精彩，几十年后，还有老先生对那场戏记忆犹新，并在微博上描述当天看戏的情状。

高剑雯嫁入李家后就没有登台了，但平日里自己还是会唱两句，这次儿子要考戏校，她非常重视。考戏校得学点唱才行，高剑雯便教了小玉声《击鼓骂曹》中祢衡的一段唱。母亲坐着，小玉声站着，学的第一句是"平生志气运未通"。回想起这件事，李玉声半开玩笑地说："学这个多不吉利，我这一辈子唱戏就'运未通'，这一句定了一生。"小玉声学这戏学了好久，可是怎么学也没学会。无可奈何的高剑雯放弃了，对小玉声说："你也甭学了，就这么考去吧。"

华乐戏院在光绪年间初建的时候叫天乐园，后来易名为华乐园、华乐戏院。2016年8月4日，笔者造访此处，戏园又改回最初的名字，门面整修得很漂亮，只是大门紧闭，里面空荡荡的，玻璃上只残留几张破损的海报

到戏曲学校报名那天，人家要求学生的年龄在十周岁到十二周岁，可小玉声还差一两个月才够，不让报名，这可急坏了母亲。幸好薛胜忠在那，他和李家很熟，他帮小玉声说了一句话，这才让小玉声得以报名。

考试当天，小玉声一进考场，考官就都知道这是李洪春家的公子了，在座的大多都是父亲的朋友。可能是小玉声年纪太小，初生牛犊不怕虎，也可能是面前这些人平日里都见过，所以他并没有怎么紧张。初试的第一项是考音准，考场中摆着一架钢琴，老师弹一个音，小玉声跟着唱一个

2016年9月25日，李玉声在微博上发布了这张照片，并配上了一段文字，"50年代初中国戏曲学校考场……背景的房子是贯大元老师给我老生开蒙说《上天台》的地方；也是茹富兰老师给我武生开蒙说《石秀探庄》的地方。后来这间房子隔了一块三合板儿，我又在这个教室上过文化课，我的课桌在第一排，贴着窗户，两人一张桌子，靠窗是刘长瑜，我坐她外边儿，我不站起来她就出不去，下课了我坐在自己座位上叠纸镖，刘长瑜想出去小解不敢言语，憋着。这是小时候的事了。"这张照片中有尚和玉、王瑶卿、贯大元、史若虚、梅兰芳等人，十分难得。李玉声近年来喜欢挖掘一些老照片与朋友和网友分享

音。还有一个鼓，老师敲不同的节奏，要求小玉声跟着鼓的节奏时快时慢地走，这是要考查考生的节奏感。然后又考了表演，考官让小玉声走到凳子那坐下，当他屁股刚着凳子时，考官突然说，那是火炉子，这是要看考生的反应能力。小玉声闻声腾一下站起来了，倒是给了个迅速的反应，但也没有什么其他复杂的表演了。表演考试的第二个题目是让他喝面前的一杯水，小玉声刚要喝，考官说，别喝，那是墨水，这是想看看考生的表情。这些考完了之后，还考了几道文化题。初试就算是结束了，小玉声能做的就是回家等待通知。

复试的时候，"通天教主"王瑶卿也去了。那时候，他是戏校的校长，虽然手里拄着手杖，但是人很精神。因为他哪行都会，所以人们称他为"通天教主"，而他则叫李洪春"通地教主"，因为李洪春生行戏都会。小玉声常听父亲说王瑶卿，但并不知道他到底是何许人，有多厉害，在戏曲

学院有多大的威望，能起多大的作用。李玉声进入考场后，王瑶卿问他会不会唱戏。从来没有正经八百学过唱戏、连母亲教的《击鼓骂曹》也一句都没学会的小玉声说："会！"也不知道是哪来的自信。也许这是小玉声的优点，不怯场。李玉声说自己会唱《走麦城》，这戏并没人教过他，是他老听戏听会的，准确地说，也不能算会。李玉声常开"平生志气运未通"一句话令其运气不好的玩笑，而二十多岁的时候，又有人告诉他，唱《走麦城》也是犯了忌讳的，民国初，上海的新舞台就是在开业时唱了《走麦城》之后发生无名火灾，新开张的舞台被烧毁。也许各地的梨园行有各自的风俗和禁忌，但李玉声并不知道也不相信这一说法。

听小玉声说会唱《走麦城》，王瑶卿便跟胡琴师说："拨子导板。"当时拉胡琴的是位姓于的盲人，琴声响起，小玉声却张不开嘴，因为他根本不会唱第一句，他会唱的是第二句。不仅如此，第三句他也不会唱，其实他就只会那一句，而王瑶卿以为他能唱一整段呢。小玉声毕竟还是个孩子，他毫无忌讳地说："你拉错了，不是这么拉的。"明明就是自己不会，还说人家拉错了，王瑶卿笑了，其他在场的老师也忍不住笑了。好在这次考试是为了选拔一些苗子进来教，不用考生原本就会唱戏，很多来考试的孩子不会唱戏，考试时会选择随便唱一首歌，而小玉声最后也选择了唱歌。通过唱歌，考官也能看出你是不是唱戏的料，生胚子有时更好教导。

后来，王瑶卿看小玉声好玩，便追问道："你会不会学你爸爸呀？"李玉声回答："我会。"王瑶卿又说："那你就学一个。"李玉声就将髯一指，这身段也不是谁教的，是李玉声看来的，他见过家里有一张王鸿寿《过五关》的相片，照片里就是这样一个亮相，他觉得漂亮，便记住了。王瑶卿又让小玉声来个拿刀的相，小玉声便拿了根藤杆，来了个戳刀亮相，这也是看了父亲《古城会》的照片学来的。

复试结束了，能做的就只有静候佳音。不日，《北京日报》刊登出了戏校的录取名单，一共招了五十名学生。母亲买回了报纸，假装垂头丧气地对小玉声说："哎，招生的名单登出来了，可惜，没有你，你自己拿去看看吧。"听到这，小玉声慌了神，接过报纸，坐在院子里看，真的没有看到自己的名字，一下就哇哇大哭起来。高剑雯见状赶忙安慰说："你哭什么呀,你的名字不是在这儿呢嘛。"也许是刚才失了神,小玉声再定睛一看,果然有自己的名字,母亲刚才的一个玩笑吓得他半死,现在总算是雨过天晴了。小玉声笑逐颜开,母亲也是十分欣慰。父亲李洪春回来后知道了小玉声考进戏校的事,只是为时已晚,无论愿不愿意,小玉声都要开始学唱戏了。

杰

四　明师出高徒

《管子·牧民》有云："国有四维,一维绝则倾,二维绝则危,三维绝则覆,四维绝则灭。……何谓四维? 一曰礼,二曰义,三曰廉,四曰耻","四维张则君令行……守国之度,在饬四维……四维不张,国乃灭亡"。1940年10月,冯玉昆取此意在桂林组建四维平剧社,1942年4月又在柳州组建了四维儿童训练班。1944年,日军为打通湖广交通线,进攻柳州、桂林一带,以致群众大量逃亡外地,四维剧社的人员也不得不走。逃难的路上,四维的学员们没有放弃吊嗓和练功,还沿途演出以振民心。1945年3月底,四维剧社的全体人员辗转来到了曲靖,在这里,四维儿童戏剧学校正式成立,人们通常把它叫作四维戏校。戏校由田汉出任名誉校长,冯玉昆任校长。四维戏校也有了新的校规,"不搞旧科班烧香磕头、打通堂等这些陋习,提倡人格平等,不演坏戏,不陪酒,不侍唱,不赌博"。抗日战争胜利后,四维戏校全体师生从湖南乘船到上海,又乘军舰至东北,1946年7月,又来到北平演出。戏校随后在东北建立了一、二分校,在北平建立了三、四分校,田汉希冀四维戏校能够成为戏曲改良的试验田和桥头堡。

是时,在北平的四维戏校三分校归属国民党青年军208师,这便是日后组建的中国戏曲学校的主体构成部分。1949年5月,由于文化工作的领导机构改变,四维戏校亦更名为华北文化艺术工作委员会平剧实验学校。1950年1月28日,戏校编入戏曲改进局,改名戏曲实验学校,由戏曲改进局局长田汉兼任戏校的校长,史若虚任教务长,王瑶卿、萧长华、尚和玉、谭小培、鲍吉祥等名角在校执教,此时的校址在东城区北池子草垛胡同那儿。1950年5月,戏校迁至西城区赵登禹路。1950年8月,戏校第一次公开招生,分别在北京、上海、沈阳和武汉设置了四个招生委员会,由王瑶卿、萧长华、梅兰芳、周信芳、李纶和赵雅枫等人负责招生活动。最后,在报考的两千多名考生中,选取了八十多名进入戏校学习,戏校迎来了它的第一届学生。不久之后的1951年4月,戏校又被编入了中国戏曲研究院,梨园耆宿王瑶卿出任第二任校长。也就是这一年,李玉声报考了戏校,戏校当时还叫戏曲实验学校,在1952年11月更名为北京戏曲实验学校,又在1954年5月编入文化部后正式更名为中国戏曲学校。

　　李玉声考进戏校后面临的头一件大事就是分行当。分到哪一行不是学生自己可以决定的,须由经验丰富且造诣深厚的老先生负责。分行当对学戏的孩子来说是再大不过的事了,在戏校,这件事由王瑶卿说了算。王瑶卿,1881年9月29日出生于北京。其父王绚云是昆曲旦角,也算是小有名气。王瑶卿九岁起开始学戏,工青衣,开蒙戏《彩楼配》是跟田宝琳学的。王瑶卿本来家境宽裕,但十岁时,因父亲的离世而家道中落。十二岁时,他又拜师谢双寿。王瑶卿在1933年的《剧学月刊》第2卷第3期发表了一篇名为《我的幼年时代》的文章,回忆了谢双寿教他戏的情状,"他的教授法最好,对学生说戏时,把唱法、气口、尺寸、念白、高低断续的地方,说得十分明白"。也许,这就是王瑶卿心目中好老师的标准。王瑶卿十四岁便开始登台,而那时候的京剧表演有一些规矩,其中就有:"青衣、花旦、刀马旦的界限严格,不能越行兼演";"青衣只是'抱着肚子傻唱',没有什么身段,不重表演,更不讲究人物性格"。王瑶卿一改前人留下的枷锁,在其青衣戏中加入了花旦的技巧,并主张"演戏要演人,演人要符合情理",令青衣戏有了长足的发展。年至四十,王瑶卿因嗓子的变故而渐少登台,转而将精力和心思都投向了戏曲人才的培养工作。他一直强调,戏路宽才能在台上活。时人称其教授弟子不仅无私而且有方。王瑶卿实是桃李满园,四大名旦、四小名旦都受过他的指点,所以时称"药不过樟树不灵,艺不过王门不精",足见其在梨园的地位。

　　如何才算一位好的戏曲老师?因材施教,量体裁衣是常见的回答。程砚秋曾写文章回忆王瑶卿对他的教导,称王瑶卿"苦心善意的培养,使我终身不忘"。因为程砚秋嗓子不算好,不能完全胜任青衣的唱腔,需根据自身的特点重新将戏的唱腔编排,王瑶卿则另辟蹊径,为他设计了《贺后骂殿》。1929年，程砚秋在上海演出该戏时因独特的婉转凄怆的唱腔而引起轰动，程派也逐渐形成。另一位知名旦角张君秋在《今昔绛帐里，谆谆频发蒙》一文中同样称颂王瑶卿："在我的艺术生涯中，我如同一枝幼小的嫩苗，经过王瑶卿先生的辛勤培育，逐渐扎深了根基，长得枝叶茂密了。这时，他又及时地剪修枝条，加强养料，使之健康地成长。"刘秀荣也说："我看老师就是一座艺术的宝山，我是探宝的，进了宝山，真觉得有取之不尽的宝藏啊！"

分行当的那一天，王瑶卿拄着手杖，站在月亮门前，尚和玉、贯大元、谭小培、雷喜福、马德成、曹连孝、赵荣欣、罗玉萍等老师分立两旁，五十名新生列成长队，走马灯似地一个跟着一个走到王瑶卿面前，接受他的检视。这队里有李玉声，还有李长春、冯志孝、刘长瑜、叶鹏。这是决定他们未来命运的一刻，但年幼的孩子们也许并不知道这究竟有多重要。中医讲究望闻问切，老师给学生们分行当也讲究先望，望是一种本事，老先生只要一打眼，看看面前孩子的气质和骨相，基本就能判定他是块什么料了。人说王瑶卿有一双慧眼，他看上一眼面前的孩子，嘴里就能马上说出一个行当，"老生，小生，旦角，花脸……"，就是这样快速地给孩子们定了行当，虽快却准，令人折服。

当小玉声来到王瑶卿的面前时，老先生看了他一眼便说："老生。"小玉声随即大声说道："我是武老生。"无论是前几天的考试，还是现在分行当，小玉声表现出的大胆都带有几分稚子的童趣，这孩子似乎从来都不会怯场。王瑶卿似乎有点喜欢面前的这个孩子，他左手拄着手杖，抬起右手摸了摸小玉声的头，慈祥地说："过去吧小子，明儿我教你武老生。"

在李玉声的印象中，他们入校分行当时，并没有那么细致地划分到戏曲现有的各个行当中，生行只分老生和小生，没有武生和红生，旦行只分青衣，没有花旦和武旦之类的，因为"刚一学戏，基础必须砸得正，旦角一上来就学花旦，眉眼乱飞，学生必落下一身毛病。先学大青衣，举止端庄，做派大气，唱念规矩，嗣后再细分花旦、刀马旦等，容易正确地掌握特点而不致走样、学歪。生行亦然"。所以，李玉声就这样先学了近两年的老生。

分好了行当，便开始上课了。李玉声的第一出戏是和贯大元学的《上

李玉声2003年演出《上天台》的剧照

天台》。戏曲人管他们学的第一出戏叫开蒙戏，是打基础的戏，为此，学的人和教的人都很重视。《上天台》这戏又叫《打金砖》，讲的是东汉世祖光武皇帝刘秀酒醉后错杀臣子，到头来自己也身亡的故事。李玉声认为贯大元是位了不得的老师，是明师。世人说名师出高徒，但李玉声认为，不是名师，而是"明师"，才能出高徒，就是明白的老师，而不是有名的老师，才能教出好徒弟。

在中国戏曲学校执教时，贯大元不断强调一个理念："戏改要讲究，而不要将就。"他教学生的时候也秉持着这样的态度，所以李玉声的开蒙戏学得很瓷实。贯大元是著名的京剧老生，1897年8月22日在北京出生。当年梨园行里有这么一句话，叫"老生台上唱是谭鑫培，台下教是贯丽川"，贯大元便是贯丽川教出来的。贯大元七岁便开始登台，九岁时就在百代公司灌了唱片，1908年起，他与梅兰芳、周信芳等人搭班喜连成演出。贯大元曾与四大名旦都合作过，由于对他们的特点谙熟于心，所以大家配合默契，相得益彰。1928年，徐慕云在其《梨园影事》中称贯大元"许荫棠之堂皇，李鑫甫之工力，贾洪林之作派，兼而有之"。1937年，由张古愚主编的《戏剧旬刊》评出须生四杰，分别是贯大元、谭富英、马连良和杨宝森，其中将贯大元列在了首位，虽然后来因种种原因，贯大元在今日的名气不如后几位响亮，但在当时，他的艺术成就是公认的。1939年李洪春赴沪演出的时候就是和贯大元等人一起去的，换句话说，贯大元算是第一批知道小玉声来到世上的人，现在他又成了李玉声的开蒙老师，也是一种缘分吧。

《上天台》是出"王帽老生"戏，学老生的一般都是从"王帽老生"戏开始学的。有一种老生的划分标准是按所饰角色穿着，像"王帽老生"，指的就是以唱功为主的，头戴王帽，身着龙袍，饰演皇帝一类角色的老生；"袍带老生"有两种，一种是头戴纱帽、身穿蟒袍，像《辕门斩子》里杨延昭那样的，另一种是着净素官衣，像《群英会》里鲁肃那样的；"褶子老生"则是穿便服的，一般是着大斜领、歇大襟、长袍大袖，《捉放曹》里的陈宫就属于这种；"靠把老生"是武老生的一种，京剧中管古代武将穿的铠甲叫靠，管兵器叫把子，所以"靠把老生"一般指那些身披铠甲手持兵器的角色；"箭氅老生"是那些虽是武人出身，但不一定要开打的角色，他们在箭衣外边再穿氅衣，好似《武家坡》里的薛平贵。

学老生要以"王帽老生"戏开蒙，主要是看重这类戏重一口唱而轻身段。于唱，吐字发音要学正的，基础砸住之后，再学哪派都能走上正路。于身段，演员要显得肃穆且雍和，万不可乱动乱看，如《礼记·曲礼上》所言，"天子穆穆，诸侯皇皇，大夫济济，士跄跄，庶人僬僬"，天子就要有个天子的样子，有天子的威。所以，以此类戏开蒙，可以令学生嘴里和身上都规范。

贯大元是如何教《上天台》的呢？他先教小玉声说"金钟响，玉鞭应，王登龙廷"，说着说着就上了韵了。然后再讲解什么是尖团字，等明白了尖团字，也清楚了上韵，才开始教唱。就这么按部就班的一步一步地教。《上天台》这出戏辞句古朴，疾徐有度，唱起来讲究的是韵味，有韵味才耐听，但要耐听并不一定要嗓子光滑，有人嗓子太光滑了反而轻飘了，不厚重了。像杨宝森，嗓子不能算好，调门也不高，但后来自成一派，因为唱的让人回味无穷。李玉声的嗓子也不好，还有点沙哑，但他懂得如何将缺点转化成特点，同样能征服听众的耳朵。

一天，李玉声正和贯大元学《上天台》呢，贯大元突然问小玉声："玉声呀，你为什么要学唱戏呀？"年幼的李玉声脱口而出："我要成大名，挣大钱，住大楼。"他那时的想法非常单纯，晚年他回想当时的回答，自己也觉得有趣。那时的他，对什么叫成名，也没有具体的概念，就是觉得像父亲那样，就是成名了。而这坚定的回答惹得贯先生大笑不止。

《上天台》是李玉声的开蒙戏，也是他第一次上台演出的戏码。那是场内部演出，不卖票，算是汇报演出吧，老师学生都在。李玉声回想那第一次登台的经历称："怎么唱的，怎么下场的，我都糊里糊涂的。"但是他非常感激贯大元为他日后的艺术道路夯实了基础。

学老生学了一年多，不到两年的光景，李玉声就改学武生了。那是在练功的时候，开始打靶子了，老师一看这孩子练功比别人有些条件，上下身也合，便让他去学了武生。按理说，唱武生的，应该身材高大一点，脸大一点，身体棒一点，但李玉声这些条件都不好，他瘦瘦小小的，而且小时候身子也弱，可是他喜欢练功，喜欢武生这个行当，单纯地喜欢。

李玉声学武生的开蒙老师是茹富兰，开蒙戏是《石秀探庄》。《探庄》一戏也是要先学说话，再上韵，一定要规范且中正。明白的老师，教给武生的开蒙戏一般会选择《探庄》《夜奔》和《蜈蚣岭》，如果选了不规矩的戏，就会养成一身不正的坏毛病，这会影响到一名演员日后的艺术道路、档次和格调。武生不仅要重视身上的武，同样要重视唱和表演。武生有其独特的念法和唱法，不是有嗓子就能念出武生的味道，没有嗓子也不一定就念不出武生的味道。开蒙戏一定要学的瓷实，这对日后的发展有百利而无一害。特别是演员上了年纪，技巧的东西不能走了，有看头的就是他的火候、分量和风韵了，若没有极好的武生基础是做不到这些的。茹富兰教戏同样十分认真且极为细致，坑坎麻杂，一丝一毫都不放过，掰开了、揉碎了教给学生。这一出戏，李玉声足足学了一年，虽然花了很长的时间学习，却为以后打下了扎实的基础，日后再学其他戏就顺畅多了。

1954年，李玉声在东安门的北京剧场演出了《石秀探庄》，那次是公开卖票的情况下他第一次主演。那时候的他还小，连彩裤都穿不

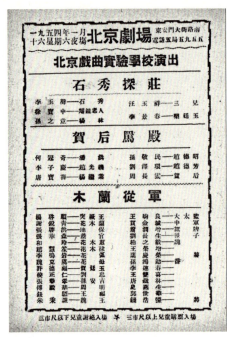

1954年，李玉声在北京剧场演出《石秀探庄》的戏单

上，还是大同学把他抱在箱子上帮忙给穿上的。

在李玉声的记忆中，戏校一共有三十六位老师教过他，除了贯大元和茹富兰，还有鲍吉祥、孙玉昆、雷喜福、曹连孝、常少亭、邢威明、钱富川、关砚侬、赵雅枫、耿明义、孙毓堃、张云溪、傅德威、袁金绵等人，他用了一个有趣的比较，说这些老师那个时候可比现在的周杰伦名气都大。而对他影响比较大的老师应该算是孙胜云，孙胜云名气虽然不大，但对小玉声的武生基本功看得很严，小玉声之所以能有较大的进步，孙胜云是功不可没的。同样，孙胜云对李玉声的评价也很高，他曾说："我教玉声七成，他能演出十成来。"

李玉声进了戏校读书，父亲李洪春也在中国戏曲研究院京剧实验团，也就是后来的国家京剧院开始了工作。因为李洪春德高望重，刚进戏曲研究院的时候，他被推选做了个不大不小的官，是有实权的。可是向来不喜约束的李洪春常常不去办公室，也不喜欢别人叫他科长，这个新名词是他人生字典中没有的词汇。

另一件令李洪春难过的事是关公戏遭到禁演，虽说他还可以唱武生戏，但对红生戏不能演出这件事，他不仅为自己着急，还为红生艺术惋惜。1950—1952年间，文化部明令禁演了二十六出戏，包括京剧《杀子报》《海慧寺》《双钉记》《滑油山》《引狼入室》《九更天》《奇冤报》《探阴山》《大香山》《关公显圣》《双沙河》《活捉三郎》《铁公鸡》《大劈棺》《钟馗》（除《嫁妹》外），评剧《黄氏女游阴》《活捉南三复》《小老妈》《活捉王魁》《僵尸复仇记》《因果美报》《阴魂奇案》，川剧《兰英思兄》《钟馗嫁妹》。另外，少数民族地区还禁演《薛礼征东》和《八月十五杀鞑子》。

虽然这份名单上没有关公戏，但剧团还是将老爷戏作为毒草之一禁演了，不仅老爷戏有此命运，很多文化部没有明文规定禁演的戏也不让演出了，或者经过大的修改之后才能搬上舞台，像《战太平》那样有两个夫人的戏都不行，要改成只有一个夫人上场。关公在古代一直是忠义的象征，今天亦然，而在那个特殊的时代，为了彻底与旧社会决裂，文圣孔子、武圣关羽都被拉下神坛，这导致了红生戏的衰落。李洪春认为，关公戏是各行当表演艺术的结晶，熔各个行当的表演艺术于一炉，有武老生的，有武生的，有老生的，有花脸的，还有小花脸的东西。红生将这些行当的精髓化到一个行当里面，和别人是不一样的，要求也不同，其艺术性很高，而今再难重现往昔盛景。

这回并不是老爷戏第一次遭禁演，在古代，因为关公的特殊身份，关公戏也曾屡受磨难。关羽，字云长，今山西运城人，三国时期蜀将，在世时并未受到如后世般推崇。自宋徽宗起，帝王之家不断追封关羽，令其成为与文圣孔子比肩的武圣。关羽不仅得到了儒家文化的认可，外来宗教佛教和中国本土的道教也都将其奉为神明，清代黄殿陂的关庙有一副楹联，上书："汉封侯，宋封王，明封大帝；儒称圣，释称佛，道称天尊。"十六位君王前后二十三次追封关羽，令其从汉寿亭侯变成了忠义神武灵佑仁勇威显护国保民精诚绥靖翊赞宣德关圣大帝，何其壮哉！关羽实为亘古一人。唐代关于关羽的故事不多，宋代出现了说三分的艺人，在印刷业尚不发达的情况下，在瓦子听说书艺人讲故事是百姓最大的消遣，为了营生，关羽的故事被描绘得越来越精彩。崇宁三年，信奉道教的宋徽宗再封关羽为崇宁真君，这便令其与道教有了关系，也意味着官方开始有意识地造神。天历八年，元泰定帝追封关羽为显灵义勇武安英济王，加上了显灵两字，就越发有了神明的意味。万历四十二年，明神宗加封关羽为三界伏魔大帝神威远镇天尊关圣帝君，关帝成了三界可伏魔的天尊，其武圣的地位已稳固。光绪五年，清德宗给了关羽二十六个字的封号，护国保民、忠义仁勇的关羽成了"万世人极"。

南怀瑾在《武圣关壮缪遗迹图志序》中称："武则关岳并称，而尤以关公为普闻。其何故哉？思之再三，俗称岳武穆独以精忠报国为典训，其量止于君臣之阃，而未能化及人伦之大者。至如世所标榜关公之忠义，则于忠道之诠释，不仅施于君臣之际，且可尽于人伦纲长之间。其余义道之影响，且可概于朋友之适而及于社会之则，是诚春秋大义之微旨。故关公之典范，终能由人道而臻于神明之尊，岂偶然哉？"从此可以窥见，后世崇尚关羽，首先是敬佩他的忠义，其次才是他的英勇。从早期对关羽的记载和评价来看，关羽虽英勇忠义，但性格中有致命的缺陷，如刚愎自用、盛气凌人、恃勇无法，后世文艺中为了满足世人的心理需求，屏蔽了他的缺点，营造其完美无缺的神格，使得关公崇拜充斥整个汉文化圈。元人郝经《重建庙记》曰："跃马斩将万众中，侯印赐金还自封。横刀拜书去曹公，千古凛凛国士风。"关羽既忠义，又英勇，还因上马金下马银的故事有了武财神的地位，最终出现了"儒佛道三教并尊，士农工商四民同拜"的奇观。

正是因为关羽的神圣地位，当政者因不同目的多次下令禁演老爷戏。嘉庆年间，因为米喜子演出关公戏时扮相太像了，传言有观众以为是关帝到来，竟跪地参拜，朝廷便禁了关戏。类似的情况还有王鸿寿第一次到大栅栏广德楼演老爷戏时，一位观众听戏太过入迷，他的烟火点燃了废旧的戏报，大火一起，观众高呼关圣显灵了，结果朝廷又下令禁演关公戏。雍正五年，"世宗则并禁演关羽，从宣化总兵李如柏请也"。再到同光年间，"关帝升列中祀，典礼綦隆，自不许梨园子弟登场搬演，京师戏馆早已禁革"。虽然朝廷多次明文下令禁演老爷戏，可是在民间，老爷戏从来就没有彻底消失过。

关公是神明，而"戏曲扮演活动的二重身份，决定了戏曲演员介于人、（鬼）神之间。从这个角度而言，关公戏演出就是一场降神演剧活动"。关公戏古时属于巫戏得到了很多学者的认同。日本学者田仲一成称《西蜀梦》"更近于平面式的咒文或祭文"，黄天骥称《单刀会》"近于是平面式的颂文……与金元之际民间酬神赛社的活动有关"，容世诚称《关云长大战蚩尤》"实际上是在戏台上重演一次古代傩祭中方相氏驱鬼逐疫的仪式"。而饰演关公的演员则会暂时的具有神格，其神格拥有的界点是上妆。

符号性是京剧的特色，气贯千秋的关羽在舞台上符号性极强，从脸谱上看，红脸几乎成了他的专属，"赤面秉赤心"则是一种象征。京剧的脸谱和古巫戏中的面具有一定的相似作用。以影响最广的萨满表演为例，当演员戴上了面具，他就不再是自己，而是鬼神的替身。降神性质的表演是中国最早的戏剧表演形式，源于西周，被称为傩戏，同样，演关公戏的演员在上妆之后便不能随口说话了，演员画上脸谱之后便进入了禁忌的场域，与原本生活的时空发生了割裂，直到演出结束，用关帝码擦去脸上的脸谱，才能代表自己讲话。李洪春演老爷戏时会恪守这样的规矩，李玉声记得，他们家里总是放着一摞一摞的关帝码，那是父亲演出时要用的。

为表敬重,演出关戏之前和之后都要举行一些仪式,其中,青龙偃月刀扮演着重要的角色。"秦腔关公戏表演之前,必须由饰演关公的演员将其所持青龙偃月刀供奉于关公像前,上香敬拜,并拿表纸点着火,在刀口上绕三次,方可启用演出。"有的地方,"在戏曲演出结束后,往往需要演出关公戏'扫台'驱鬼以除晦气,即由花脸演员扮关公,平举青龙偃月刀,以顺时针和逆时针方向分别在舞台上各巡游三圈"。完成这样的仪式,戏班之人方可安心。

最初,春秋大刀在关公戏中仅具有符号性意义,演员为表现关羽武艺高强,一般不会舞弄春秋大刀,只用春秋大刀摆简单的动作,且动作十分缓慢,以此表示关公不费吹灰之力便可制敌。最初演老爷戏的人认为,"关公之武艺,异于常人之武艺,儒将风度,重如泰山,智勇兼全,神威莫测。用力太猛,则流于粗野;手足无劲,则近于委靡。以是舞刀驰马,极不易做,此则勤习无懈,方能纯化",而改变这一表演方法,让春秋大刀在戏曲中舞起来的是艺名三麻子的南派红生、李洪春的恩师王鸿寿。北派关公戏讲究威严,拿春秋大刀是死把,一般不动只唱,王鸿寿根据南方人,尤其是他的常驻地上海的观众的观剧喜好,在关公戏中加入了很多舞刀和趟马的动作,李洪春称:"三老板的关戏好。……他把唐朝吴道子画的《关王四十八图》以及武术里的《关王十三刀》《春秋刀谱》吸收借鉴,化用到舞台上。如果你要演关羽一辈子,到什么时候都是端肩膀、缩脖子、皱眉头,都是那几个刀花那几个相,关云长受得了吗?关戏还有人瞧吗?"也正是因为王鸿寿对关公戏的改造受到了观众的欢迎,才正式确立了红生行当,这在梨园行是十分罕见的现象。

王鸿寿是如何获得关公画像以及懂得春秋大刀技法的呢?据传,"王鸿寿精通武术,……他曾参加过太平天国起义……起义失败后,他曾投奔到其父好友江西巡抚德晓峰部下任职。德氏藏有一套关羽马上舞刀的画像,共计三十六张。王鸿寿对关羽画像十分着迷,朝揣夕摹,苦苦钻研,创造了一系列关羽动作"。据李洪春回忆,王鸿寿还通晓通背拳、形意拳和八卦掌等武术,这些技法多多少少都渗透进了他的戏曲表演当中,王鸿寿在前人的基础上编创了《造刀投军》等三十六出关公戏。

李洪春不仅继承了王鸿寿的三十六出关公戏，还在此基础上发展出了十二出关公戏，共通晓四十八出关公戏。李洪春认为，要想演好关公，要兼收众长，要吸收靠把老生的刚劲动作、架子花脸的亮相气魄、长靠武生的扎实功夫。为了体现关公的武艺和刀法，在跟父亲学习了祖传的武术，和王鸿寿学了舞台上的关刀架势后，李洪春又特意拜了武术家孙文奎学习"关王十三刀"，同时还学了乾坤剑、五虎棍和形意拳等武技，并将它们化进了自己的关公刀法中。李洪春认为"开打看工架，大刀看刀式"，他将"劈、砍、抹、剁、横、撩、扫、推、涮、闪、攻、挡、展翅十三式"关王刀化进老爷戏的舞刀和亮相中，这令其舞台表演独树一帜，为业界尊称为红生宗师，后人演老爷戏也多宗李洪春的路子。

这回，老爷戏又不让唱了，加上上班时有很多规矩，李洪春觉得憋气，便萌生了退出的念头，想要自己出去单干，就像以前挑班唱戏那样。参加戏曲研究院时，院里给每人都发了一个徽章，那天，李洪春终于忍不住了，他把徽章摘下来，扔到桌子上，说辞职不干了。这下可惹了大麻烦了，当时的负责人田汉决定开大会批评李洪春。当时说李洪春参加了戏曲研究院就是参加了革命，想走就是脱离革命，脱离革命就是反革命。那场批斗会开了很久，李洪春这辈子都没听到过那么多人说他这么多难听的话，一时间还真有点招架不住。以前人家见他都叫洪爷，现在随便捏了。这种震撼力超乎想象，从那以后，洪爷似乎被管住了，管得老老实实的。

辞职未果，还得好好地唱戏，李洪春并没有因为这件事就不认真唱戏、教戏，用李玉声的话说，"唱戏就像大烟似的，上瘾，认真也上瘾"，李洪春这辈子唱戏非常认真，李玉声亦然。

一切归于平静，李洪春开始正常地唱戏。田汉也主动团结李洪春，总是向他借书看，因为李洪春手里有很多很好的资料，特别是关于关公的资料。李洪春有个习惯，每到一地，必定要去老爷庙、老爷坟祭拜，并抄下那儿的对联，回家后，通过这些对联创造老爷的身段。从新中国成立以前开始，他在全国各地演出，去哪都去当地的关帝庙。有的地方有上千关帝庙，有的风景区也有，特别是四川，他记录下来的资料之多可想而知。李洪春没上过学，不会写的字就用画来代替，比如大锣的锣，不会写，就画一个圆圈，画一个锣锤儿，他过去的本子上有很多图画。就这么写写画画，李洪春一共记录了两千多本，可惜，"文革"时全烧了。

不让唱红生戏，李洪春要唱什么呢？京剧院给每位演员发了张白纸，让演员上报自己所会的剧目，李洪春没有写，他说："这几张纸不够我写的，只要你们听说过的戏，都可以派给我。"李洪春是出了名的戏篓子，为何他会这么多戏，除了见多识广记性又好之外，传闻，王鸿寿曾有两箱戏本子放在李洪春家让他学，后来，王鸿寿应邀回上海演戏，走的时候没有将这两箱宝贝带走，可这一去就再也没能回北京，而这两箱东西就留给了李洪春，李洪春也因看了这些王鸿寿一生所记的戏才成了"通地教主"。曾任中国京剧院院长的阿甲说，李洪春是"中国京剧的辞海"，这话不假。

过去给人搭戏，一定要懂的戏多才有饭吃。过去排戏不像现在，剧本都弄好了，背词儿就行。过去演戏的很多不识字，戏词都是师傅口口相传下来的，不过那时的演员舞台经验丰富，只问对方是跟谁学的，梨园行的人互相都知道，特别是角儿，大家知道了传承也就知道了演戏的大概路子，所以大家不用对戏，心里也都有数，谁怎么唱怎么演。有文化的演员有时会弄个本子出来，不过也是个糙本，不是具体的本子。有一次，师兄麒麟童周信芳排《普陀山》，让李洪春演伽蓝，前一天给了李洪春一个糙本，然后说，"明天我们上这个"，两人第二天没有对戏就这么顺利地唱下来了。不过下戏之后，周信芳问李洪春："师弟，这个不是我给你的词儿呀，你这些词哪来的？"李洪春的词从哪来的是很多人的疑问，李玉声说，父亲"好多词是从庙里伽蓝的横幅、对联来的，还有舞杵，伽蓝的杵呀，指天天开，指地地裂，所以你走的时候必须横着，不能指天地"。李洪春的舞台艺术就是从这些民间实物中提炼出来的。

就这样，李玉声在学校学戏，李洪春在单位演戏、教戏，他们在一起的时光并不多。在戏校学戏的时候是住校的，小玉声平日里看不到父亲，每个礼拜只回一趟家。回家也是个大工程，因为一个礼拜没洗的衣服都得打包拿回家去洗，如果小玉声兜里还有钱，他就坐公交车回家，那时车费也不多，三分五分的，如果兜里没钱了，小玉声就叫一辆黄包车拉自己回家，到家门口了喊爸妈出来付钱。

回家后，父亲李洪春一定会了解一下他在学校学了什么戏，以及跟谁学的。李洪春如果觉得这个老师教得不对，还会给这个老师写信，或者打电话，告诉人家词儿应该怎么念，动作应该怎么做。然后老师就会改。戏校的老师之所以如此谦逊，一是因为李洪春德高望重，二是在李玉声看来，当时的人都很谦逊，发现自己真不及人家说的就会改。

　　李洪春会提议戏校的老师如何教小玉声，可是自己却从来没有教过儿子整出的戏，最多就是拉拉走边，说说手应该摆在哪，这点劲头再大一点，这点你不要僵劲之类的。李洪春教学生演戏的时候会比较严格，有时候也会动手，在梨园行有"打戏"的说法，就是不打学不出来的意思。李玉声回忆，他这辈子学戏就没挨过打。那时候，学校的老师教戏已经不兴打戏这套了，父亲呢，估计也是舍不得打。李玉声说："父亲没有在教戏的时候打过我，他在家教徒弟也都是示范，不打也不骂，都是大人了，很多都是角儿呀。"不过李洪春也不是谁都不打，李玉声听父亲讲过两个故事。李洪春在荣春社教学的时候，一日，一名徐姓学生和老师学《滚钉板》，有一个抢背的动作，他让老师给走一下，那老师挺大岁数了，而且这

李洪春82岁时在中国戏校说戏

些技巧应该是在武功老师那练的,这是演戏课,不该在这让老师给演示。李洪春从教室那儿路过,以为这个学生是故意撅这老师,便说:"你让他给你走?好,我给你走。"李洪春随即就给他做了个示范,走完之后说了声"打",便让人打了这个学生。为何打?因为学生不懂礼貌,不懂尊师重道,在老艺人的眼中,这是非常重要的。

还有一次,李洪春在中华戏校教学,当时他非常喜欢的学生王金璐也在那上学。一次排戏,和王金璐要好的演员该上场了却不见踪影,王金璐便去催他上场,结果,自己误场了。因为李洪春很看重这个学生,误场对演员来说是天大的错,是不可纵容的,李洪春气得不行了,忍到戏排完了,李洪春下令"打通堂",就是所有排戏的学生都要挨打。这是后来王金璐讲给李玉声听的,他知道,师父是因为喜欢他才会这么生气的,后来,王金璐也没辜负李洪春的厚望,成为观众和行内人都认可的大武生。

因为选择了学习武生,李玉声在1955年时遇到了一次班级调整。这一年,原来四维戏校东北分校的大部分学生被合并到北京来了,中国戏曲学校做了一次内部的调整。因为李玉声原本的那个年级没有武戏班,他和另三名同学被调到了下一个年级的武戏班里。如此,他便比一起考入学校的同班同学晚毕业了一年。也是在这一年,戏校再次搬迁,这回搬到了宣武区的里仁街。

五 功是练出来的

1958—1960年间，除了在课堂上练功之外，李玉声有了一天练三次私功的习惯。练功为了什么？李玉声多年之后回头想想，似乎也没有什么特别的想法，就是要强，就是想练。

第一遍功的练习是在吃完中午饭后。大家吃饭之后一般都去休息了，李玉声一个人跑到五楼的练功房，穿上箭衣，练习《八大锤》和《一箭仇》。李玉声喜欢把练习当作正式演出一样对待，所以，他总是穿全套的行头，还会自己搭一个小舞台，把八块又软又厚的毯子铺在地上，在毯子上练技巧，专练一些有难度技巧的四击头。因为穿上厚底在毯子上很难站，毯子越厚越难站，所以每次李玉声都铺软毯子练，那是很吃功夫的，这样，到舞台上就不怕软毯子了，就能稳稳地站住了。

第二遍功的练习是在吃完晚饭之后，上晚自习之前，这次李玉声会扎上靠，练靠功。靠是从学校借的，早上起来去借，签个名，晚上还的时候，把自己的名字划掉就行了。不管是冬天还是夏天，李玉声里面都穿着棉裤棉袄练靠功。为什么要这样做呢？里面穿这么厚，行动起来很笨、很麻烦，而李玉声就是为了练这个，克服了这种麻烦，表演的时候会显得十分顺畅。每次练功之后，棉袄都会湿透，夏天搁在太阳底下晒一下午就干了，冬天就放在暖气上烘干。事实上，演出的时候是没有棉裤棉袄的，就一个胖袄，胖袄的肩膀是垫起来的，因为这样人的比例看上去好一点。李玉声自己总结出了用靠的技法，"首要范儿顺，利用惯性，四两拨千斤。技法简略：抖、变、侧、踅、旋、撞、让。各有程式要领，劲头儿都在腰里和脚底下，腰带动背和肩与脚底下结合。戒用力气拽，要用'心'法，气要匀称，气随心而运，身随心而动，不可乱提气。松弛自然，用巧劲儿、寸劲儿、顺着劲儿。用智慧的功力、方法与身体相结合,用智慧练习和掌握靠的技法。演员表演善智慧,又悟得融会贯通,必胜人一筹"。俗话说,要想人前显贵,就得背后受罪,这个叫山后练鞭,李玉声深知这一点,所以他并不觉得练功很烦很累,只知道要当像父亲一样、像杨小楼一样的人就必然要吃苦。

第三遍功的练习是在半夜。晚自习之后,李玉声跟着大伙一起去睡觉,半夜睡醒了,便自己去练功楼练功。那时候的练功楼是个山字形的大楼,深更半夜,小玉声独自在练功楼四楼尽头的练功房里练功,之所以选择这间房,是因为它离宿舍最远,小玉声怕练功的声响吵到别人,那就不好了。李玉声一般会在这个时间穿上厚底,练飞脚、扫堂、旋子等技巧,正飞脚上桌子,再反飞脚下桌子,来回来去,反复不断地练。李玉声同样也自己搭了个台子,用一张软毯子,上半截铺在一张桌子上,下半截耷拉着,地上再铺一层软毯子,这样,即使不小心腿撞到桌子上,也有一层毯子垫着。李玉声会一口气练到飞不上去,摔跟头了为止。停下来歇一会,然后继续练习。练功楼很大,一个人都没有,日光灯发出青色,有时还忽闪忽闪的,小玉声觉得那环境阴森森的,特别恐怖,但还是壮着胆子练功。有一天晚上,嗒……嗒……嗒……正在练功的小玉声听见门外传来像水管子滴水一样的声音,起初,他并没有在意,以为就是水管子漏了,继续练功。可是,第二天还有这声音,第三天还有这声音,第四天还有这声音,小玉声心里就有点害怕了。在那个夜里,他穿着厚底在练功,好像听见木头鞋的声音,"踢踏……踢踏……"声音越来越大,然后停在了练功房门口,小玉声的汗毛一下子就竖起来了。他很怕,也不敢去看个究竟,但就这么僵持下去也不是办法,呆住几秒之后,李玉声赶忙脱下练功的衣服鞋子,头也不回地冲出房门,一边跑一边大声地骂,这是为了给自己壮胆子。练功房旁边就是楼梯,李玉声顺着楼梯跑下去,一直跑到院子里,一颗悬着的心才算放下来。回想当时的情景,李玉声说,他也想过是不是别的同学也深夜来练功,还是哪个老师看到练功房灯亮着便过来看看,可是,如果是老师的话,肯定推门进来说几句话,而且谁会穿木头鞋呢?真相如何,现在已无从得知了,不过,那天受到惊吓之后,小玉声再也没有深夜去练功了。

笔者听到李玉声说半夜都要起来练功，觉得他很刻苦，不过，当问他的一位师弟的时候，他说："那时候是赛着大半夜练功的，这一点不稀奇，不过，玉声师兄练功不一定最苦，但效率是最高的，他对自己的判断很准确。"

很多戏校的孩子因为练功或者演出落下一身的伤，李玉声是幸运的，他演戏就受过一次伤，走抢背的时候蹉了一下锁骨，不过也没什么大碍。练功也没有留下什么疾患，只是摔到一次头。在李玉声看来，受伤多半是因为动作不正确导致的，再者，武生虽然有一些技巧，但这些技巧是为了展现美的，不是为了残害身体的，那些高难度动作无益于身体，也与美无关，所以大可不必强迫自己做那些难度系数高又不好看的动作。

对李玉声来说，最严重的伤就是那次摔到头。那时，戏校练功房的地是方砖地铺上地毯。武功课练毯子功，他走了一个小翻提，落地没落好，脚下一滑，后脑勺摔在了地上，起身后小玉声就不动了，直直地站在那儿。练功中有什么磕磕碰碰在老师看来是很平常的事，监功的寇老师走过去说："别愣着啦，继续翻跟头呀。"李玉声说了一句，"我走不了了"，然后就昏过去了。小玉声就这样昏迷了一下午，天黑了才醒过来，可是头还是晕晕的。第二天，他又跟着照常练功了，因为那时候还年轻，并没有把伤当回事，可是慢慢地，他发现摔这一下留下个后遗症，怕勒头，一勒盔头就恶心，一次演出《八大锤》，车轮战下来，在后台止不住吐起来。武生得带盔头，怎么能不勒头呢？为此，李玉声练出个功，勒头不那么紧也不掉盔头。勒头也是很有讲究的，好的勒头师傅勒头不缓扣。什么叫缓扣，就是系第二个扣的时候，第一个扣松了，那样盔头就容易掉。

上课练功，下课还给自己加私功，这需要很好的体力，但李玉声从小身体就单薄，体力比别人差，所以他练功练得很巧，平时也常动脑筋，看哪点得少使点劲，那点得卯上劲儿，行里人管这叫"叠褶（儿）"，就是演戏想想办法，想招应对。一次，李玉声晚上要演出《长坂坡》，为了保存精力，他白天便不想练功了，那天的武术课也不想去上了，便让同学告诉满福山老师他不去练功了。老师一听，晚上演出白天就不练功了，哪有这样的道理，便让同学把他叫来。小玉声一听老师叫他，心想，坏了，赶紧去吧，到了之后老师说："晚上演出就不练功啦？练。这一节课单给你一个人练。"结果，不但没歇着，还加练了。

台上一分钟，台下十年功，台下苦练终究还是为了能上台演出。李玉声第一遍功练《一箭仇》不是白练的，他后来常常演出这一剧目。1959年，在灯市口文联礼堂，李玉声演了《一箭仇》，饰史文恭。一进门，堂中放着一个签到簿，虽然是来表演的，但毕竟都是孩子，大家出主意比赛，比什么呢，就是写字，写戏曲家协会这几个字，比谁的字好。那次签字比赛的胜利者是李仲鸣。这天的演出是不卖票的，什么性质也不知道，很多演出的性质李玉声都不知道，老师让去演便去演了。后来，有人撰文描述那场演出，文称，当天江南活武松盖叫天也坐在台下，他是来北京庆祝新中国成立十周年的，因为他的到来，李玉声有些紧张，但压力等于动力，那场演出很完美，盖叫天对李玉声的表演也是赞赏有加，还指名要这孩子毕业后去杭州和他学戏，而这一场演出也改变了李玉声的命运。对文章说的这件事，笔者特意问了李老，他笑称，虽然后来有人也和他提过盖叫天称赞他的事情，但他那日并不知道盖叫天在台下，后来到了杭州，去盖叫天家排戏，盖叫天也并不认识他，更谈不上点名叫他去杭州了。权且把那当作故事听听吧。

从在学校演戏的时候开始，李玉声总是会在戏里加自己的东西。比如这出《一箭仇》，老师教怎么演，父亲李洪春也给小玉声讲各家是怎么演的，再加上小玉声看了不同人的演出，自己便能找到一些适合自己的东西加进去，再把不适合自己的东西摘出去，最后呈现在舞台上的已经不是老师教的了。幸运的是，教这戏的老师并没有说什么难听话。李玉声记得一个有趣的细节，教戏的老师去看他演出，戴顶帽子在台下看戏，看见这儿改了一点，就把帽子往下压一点，戏演完了，脸快被帽子挡上了，着实有趣。

李玉声练功时长练的另一出戏是《八大锤》，演出《八大锤》对李玉声来说是种挑战，因为他没人家那么壮实，所以就要自己动脑筋了，有的地方留点劲儿，有的地方补上点东西，让观众看得高兴，自己演的也舒服，这些简单的"叠褶"在戏中经常出现。《八大锤》这出戏厉慧良十分善演，他扔枪的技巧动作堪称一绝，往往能赢得观众的掌声。具体怎么做呢？将右手的枪向台口方向抛出，迅速将左手的枪交到右手，并用其勾回刚才抛出去的枪，再用左手接枪，如是，双枪又回到了手中。这一招式练起来着实不易，那些基础瓷实的武生学起来还能轻松些。然而，很多人练会了这一招，用起来却怎么都没有厉慧良演的那么扣人心弦。何故？在李玉声看来，"问题出在'心'上。后学者只注意宗仿厉氏的动作路数，恰恰舍

李玉声十七岁时拍摄的《八大锤》照片，此时，他恰与戏中所饰之人岁数相仿，正是英姿风发的年纪

本逐末，忘了最根本、最关键的一点：表演意识。且看厉氏的意识，枪未出手之前，眼神先领，枪一出手旋转，面部神气、带上身段，渲染出表演的氛围。其实枪扔得不很远，但观众看来似乎觉得那枪快飞下台来，极感紧张。一个扔枪接枪的路数，细究之下，发现不仅是手的功夫，眼、身、步、表情……一个都不能少，而这一切均肇端于'心'，即演员的表演意识。缺乏意识的绝技，只是干巴巴的表演路数，完成任务而已，无法给人以震撼人心的艺术冲击、澡雪精神的美学陶冶"。

李玉声对厉慧良十分熟悉，因为两人的父亲是结拜兄弟，所以李玉声管厉慧良叫二哥。厉慧良的父亲厉彦芝从小就重视对儿子的培养，七岁时，厉慧良便能演大戏了。李玉声看过很多厉慧良的戏，且认为厉慧良"创造能力非常旺盛，创造欲望非常强。……我看那《望海楼》，他穿的是白箭衣大辫子有这么一场，有这么一下：从上场门那儿往下场那边一个四击头，一个旋子落地借劲辫子飞起来缠在脖子上。过去我听我父亲说过《铁公鸡》踢辫子，我小时候好像看见过，但是不懂戏印象不深。我真

正懂了看到用辫子的是看厉慧良,我也学他这招……从厉慧良这个扔枪、撇挑技巧,正如我说过的练功方法,练功必须是从外练起,从外练到里,从形练到神,从神练到心,再以心领神,以神引形的方法。如果你没有心和神,光是这个形,没有韵味,没有韵律,就不吸引人。演员表演要学会掌握'四两拨千斤',我们戏曲舞台表演艺术要会运用真真假假虚虚实实。在舞台上表演,不能都用真的,不能都用实的,都是真的实的就累坏了,你必须要知道要掌握要会运用真假之分、虚实之法,也就是四两拨千斤的技法"。李玉声就是这样,懂得看戏,能看出门道,能将他人的优点化为自用。

从不同人身上学到了好的东西,最终是为了自己演戏,能在自己的戏里将化来的东西运用自如是种本事。李玉声喜欢根据自身条件,参考自己所会的玩意儿改戏。当然,也不是什么戏李玉声都改,比如《恶虎村》。这戏是孙玉坤先生教他的,编得确实好,他觉得这戏也没有什么需要改的地方。一次,李玉声演这出戏,孙先生搬了一把椅子,就坐在舞台上,椅子在侧幕里,人露出来了,这叫把场,新中国成立前是很常见的现象。李洪春作为师父也常给徒弟把场子,过去大角儿给徒弟把场子就是给徒弟脸呀。李玉声听师兄王金璐讲过一个故事。一次,王金璐演《走麦城》,这戏是李洪春教的,当王金璐走到台口打引子时,李洪春撩台帘上去看他,观众哇哇地鼓掌,王金璐当时就慌了,这地方不该有好呀,观众为什么叫好呀?这是正好还是倒好呀,怎么这么大的好呀?他心里直犯嘀咕,因为他是背对着李洪春的,他不知道师父上台来了,硬着头皮演吧,后来念完词一转身,看见李洪春在台上呢,这下算是明白好从哪来了。把场的事李玉声只经历过这么一回,因为后来不让师父给徒弟把场了。

在戏校,小玉声很少练习老爷戏,他的专长是武生戏,他自己也认为他的武生戏是最好的,老爷戏不是他的强项。跑圆场是武生的基本功,李玉声为了练跑圆场花费了十足的功夫。跑圆场是功,跑十年和跑十天是不一样的,那种节奏感、那种协调性,是长时间磨练出来的。好的圆场幅度小,跑得快,跑得稳。李玉声的圆场和别人有些不同,他的脚是平出的,这样可以又快又稳,这是李家家传的方法,跑圆场时不能是脚跟脚尖那样，得有点向前踢的范儿。

李玉声练圆场时会扎上靠，然后摆一个小钟在那，给自己规定要跑一个钟头。一般人跑一刻钟就喘了，他每次都要跑够一个钟头才算完。演出时，有的人把飘带缝上，有的披在衣服里，否则容易挂上，或和手里的东西缠上，会造成麻烦。但李玉声不披，他能保证缠不上，一起步，飘带、靠旗能够让他落在后面，随风而动，靠旗带子飘起来好看，这都得归功于他圆场功扎实。后来有一次，他从杭州到北京演出，借京剧院的场地练习，结果被人赶出去了，为什么？因为他在那练习跑圆场，次数太多，力气太大，把人家地板给跑坏了。

李玉声的心里除了练功什么都没有，什么男欢女爱，什么吃喝玩乐，一切他都不懂。不过，他不懂爱，并不代表没人爱他，也许，青涩的爱情是校园生活一段美妙的回忆。李玉声在中国戏曲学校收获了第一份爱情，或许也谈不上是爱情。戏校除了教演戏，还有文化课，上课时每人都有一张课桌，不知道从哪天开始，李玉声的书桌里总是出现一些铁盒的高级点心，其中以饼干居多，而且老换不同种类的饼干。虽然李家也不缺这些东西，但小玉声的心里还是觉得甜滋滋的。一段时间之后，他终于知道是谁悄悄地塞点心给他了，这个女孩是学青衣的，也是出身梨园世家，小玉声觉得她像山口百惠，虽然是单眼皮，但很有味道，他对这个女孩也有些好感。李玉声不确定女孩喜欢他什么，他个子不高，但气质还可以，也许是因为业务好吧，很多人都说他生活中瘦小，舞台上高大，感觉他在舞台上会发光。初恋是最单纯的，两个彼此有好感的人事实上连手都没拉过，即使是晚上在黑得伸手不见五指的地方坐着聊天，中间永远都隔着那么一大块距离。这段感情并没有维系太久，女孩中途转学，离开了北京，女孩曾托人问过李玉声，打算如何处理他们之间的关系，当时的小玉声一心扑在演戏上，只回了一句，我们就是同学呗，缘分就此便尽了。他们至今仍有联系，偶尔打电话问候彼此，说说当年的事，都只当作笑谈了。70多岁的时候，女孩给他讲了一件当年的事：那个时候，女孩子不会系板带，正着急，小玉声看见了便帮她系上了。就是那么一个瞬间，一个贴心的举动，女生可能就心动了。

除了那一点还没燃起就熄灭了的火花之外，李玉声没有再遇到过这样的事，因为他只知道练功演戏，平日里又是独行侠，女孩子一般都不喜欢这样的木头。据师妹张逸娟回忆，那时候大家经常会见到面，因为一周六天大家都在学校，谁都不许出校门。平时在校园里，李玉声给她的印象是这个人比较孤傲，作为普通人来说，他有点不食人间烟火，不知道家长里短，不知道说好听的话，和人拉好关系，生活中比较呆板，从来没有看见过他和谁在校园里打打闹闹或者闲聊，天天就知道练功，只干专业不苟言笑。那时候的中国戏校排演场谁都知道，因为又演戏又演电影，是对外开放的娱乐场所，戏校的学生也常在那演戏，有时也去中和、广和、长安、西单、民主等剧场演出。那时候一晚上一般同时开四台戏，432、401、5楼戏房，还有下面排练厅，谁在哪演出大家都知道，大家想去看谁就自己去找房间，很多武生都去看李玉声的戏，他不高大，也不英俊，但学弟学妹就是觉得他有"份儿"，镇得住台，一提他，都说他是大武生。

除了练功，戏校的学生间也玩一些游戏，与其他孩子不同的游戏。在戏校的时候，班里几个同学一起排戏玩，那时候中国京剧院有个节目叫《猎虎》，是《猎虎记》中的一部分，那时候还没有折子戏这个说法，几个小同学合计着一起排《巡山遇虎》，李玉声任导演，其实也没想怎么样，就是玩，这就是戏校弟子的游戏。后来史若虚校长和有的老师知道了，他们很支持学生的创造性尝试，就张罗着给他们响排、彩排，有的老师逗李玉声，一见他面就喊"李导演"。因为老师支持，学生们也有积极性，后来又排了《救女除霸》等戏。

练功是不是就一定是好事，那倒未必，因为在那个特殊的年代，闷起头练功不失为一种白专的表现，虽然业务上得到公认，但品德和交友等方面却常受到诟病。学校提倡红专，如果你走白专道路，在培养上是会受到抑制的。但有才能终究是会被认可的。正是因为李玉声一心都在演戏和练功上，所以老师们对他的评价都很高。茹富兰就说："玉声十几岁的孩子，在台上的火候儿像四十几岁的。"越到后来，李玉声获得了越多的主演机会。就像在戏校的时候，李玉声多次演出过《雁荡山》，最初他并不是主演,快毕业的时候,班里有一次到人民大会堂演出此戏的机会,几经掂量,学校决定由李玉声担纲。

"瓮牖绳枢之子,氓隶之人,而迁徙之徒也;才能不及中人,非有仲尼、墨翟之贤,陶朱、猗顿之富,蹑足行伍之间,而倔起阡陌之中,率疲弊之卒,将数百之众,转而攻秦;斩木为兵,揭竿为旗,天下云集响应,赢粮而景从。"这是汉代贾谊《过秦论》中的句子,文中称,秦始皇"有席卷天下,包举宇内,囊括四海之意,并吞八荒之心",他一统天下后,希冀着"子孙帝王万世之业",与此相似的是隋朝,隋炀帝穷奢极侈,暴政引起了民变。"锄耰棘矜,非铦于钩戟长铩也;谪戍之众,非抗于九国之师也;深谋远虑,行军用兵之道,非及向时之士也",然而,人们推翻杨广的决心是不容置疑的,河南的瓦岗寨、河北的窦建德、太原的李渊、洛阳的王世充……群雄四起,在不同地方与隋军作战,其中有一支军队是由孟海公领导的。雁荡山,三岔口,隋将贺天龙正想越山而逃,谁料,险峻的山峰上突然降下了一支起义军,这支队伍的首领便是孟海公。贺天龙仓皇应战,垂死挣扎,狼狈逃窜,孟海公穷追不舍,二人决战于湖中。贺天龙再败,退至雁翎关,但仍难逃一死,孟海公获得了最终的胜利。

这并不是一个真实的故事,却在戏曲舞台上常演不衰,《雁荡山》演的就是这个故事。《雁荡山》全戏无唱无念,是经典的武戏,剧团还常用这出戏做跟斗比赛,因为戏中有大量的跟头,当然也有大将的打斗,夜袭、水战、攻城,两军对垒,翻转腾越考验着演员的基本功,一场接一场的壮烈的战争场面引人入胜。

1957年,北京电影制片厂决定将《雁荡山》拍成彩色电影,该片由岑范导演,能演《雁荡山》的演员很多,由谁来主演这部电影呢,没人知道当时导演组是如何考量的,只知道最后的主演之一定成了李玉声,还有柏之毅、胡学礼、袁国林和刘习中。风华正茂的几个青年将这部电影演得令人拍掌。李玉声此时还是个在校的学生,其他人多已在剧团工作了。这部电影,或者,该叫戏曲纪录片,只是简单地摆了一些布景,然后把戏曲直接录下来。

那个年代拍电影还是挺困难的,第一个问题就是得批胶片,李玉声说："这个胶片是我父亲原本要拍却没拍成的电影《华容道》剩下的。"为何没拍成？当时要拍《华容道》的电影，萧长华提议由李洪春出演关公，因为他演得好是公认的，而马连良、袁世海等人提议由李万春饰演关公。李万春也是李洪春的徒弟，两人起初关系甚笃，但后来因为拌了几句嘴而将关系搞得很僵，李洪春在其口述史《京剧长谈》中还特意说了这件事的原委。李万春十岁便能在戏班挑梁，那个时候，北京最红是杨小楼，然后就是他，观众一看这小孩就喜欢，就给叫好，很多人指着他吃饭。李万春十三岁开始和李洪春学老爷戏，李洪春对这个徒弟可谓尽心尽力，李万春的戏演得也不错，受到很多人的追捧。两个要拍《华容道》的人都有实力，都有受众，该由谁演就不能定，最后，不知何故，《华容道》并没有投入拍摄，这个胶片就剩下来了，拍了《雁荡山》。

李玉声第一次看到自己拍摄的《雁荡山》是在电影院，它是以加片的形式播放的。何为加片？是那个时代影院放映电影特有的形式。比如电影院要播放《鸡毛信》这个电影，你买票的时候是买这个电影的票，但是放映之前，影院会先放一部别的短片，这就是加片，不是所有电影院都有加片。以前看电影老有，看正片之前加个科教片什么的。李玉声第一次看到自己的《雁荡山》便是在电影院，40分钟的《雁荡山》以加片的形式出现在观众面前。

《雁荡山》算是李玉声在戏校后期的代表作，他不仅拍了电影，还多次到政协礼堂、人民大会堂、中南海怀仁堂演出《雁荡山》，观看者都是大有来头的人。政协礼堂始建于1945年，新中国成立后常在此举行娱乐活动，一次，李玉声在此演出《雁荡山》，演出的目的很特别，是为了教育"右派"。当时的"右派"认为戏校这种制度是培养不出人才的，应当得打，打戏打戏，不挨揍怎么学得出来呢。所以就叫戏校派学生去演出，然后把"右派"都叫来，让他们看看，看看戏校培养出的人才，他们不是说后继无人了嘛，这次就是要用事实证明给他们看，戏校培养出来的学生不是也挺好的嘛。也许台上演成什么样都无法动摇台下观者的信念吧，直到今天，到底打戏对不对仍在争辩。

另一次给李玉声留下深刻印象的是在人民大会堂演出《雁荡山》，那次，毛泽东陪着伏罗希洛夫坐在头一排，手里还拿着扇子。克利缅特·叶夫列莫维奇·伏罗希洛夫是当时苏联著名的军事家，是社会主义劳动英雄。另一次，也是在万人礼堂演出《雁荡山》，毛泽东陪着赫鲁晓夫来看戏。

在人民大会堂的小礼堂给国宾演出《雁荡山》时还发生了一件趣事，戏中有个射箭的动作，现在演都是拿着箭不发射，那时候是射到后台去。李玉声把箭射出去了，本来应该掉在幕后才对，结果箭没掉下来，不知道哪去了，找了好半天也没找见，只能作罢。后来，又去小礼堂演出《雁荡山》，这次，箭射出去了，结果掉下来两支箭，原来，上次的那支箭是射到吊大幕的绳子的铁环里了，这回这支箭射到了同一个位置，把上次那支箭也给打下来了。李玉声半开玩笑地说："这证明了我舞台调度是相当标准的，站位规范，动作也很规范，射箭的位置是一样的，所以给震下来了。"

在戏校的时候，李玉声所在班级是以武戏好著称的，班内有很多优秀的苗子，像身材魁梧的左振清，长于技术动作的李光，以及左成、马玉璋、赵宝庆、周宝奎、徐玉浩。最初，《雁荡山》中的大将不是由李玉声出演的，后来几次才由他饰演。在一次于人民大会堂庆祝建军节演出《雁荡山》后，宋富亭老师说了一句，李玉声"这孩子坑儿坎儿麻杂儿都好"。

中南海的怀仁堂也是李玉声等戏校学生常去演出的地方，刘少奇、朱德、陈云等人常在台下看他们演戏。一次，李玉声和同学们在后台准备演出，几个不知道是谁家的小孩子也在后台跑来跑去玩耍。李玉声的一个同学坐在凳子上逗那些孩子，一边摸小孩的头一边问："你是谁呀？几岁啦？姓什么呀？你爸是谁呀？"小孩子说："我爸爸是刘少奇。"这一句吓了那戏校学生一跳，腾地一下就从凳子上起来了，对那小孩说，你坐你坐。其他同学在一旁抿嘴而笑。那次演出完了，小玉声急忙跑去厕所，迎面来了个老头，两人差点就撞了个满怀，一旁的警卫赶紧拦住小玉声，并说："留神呀。"在小玉声的眼里，这老头很矮，长得很怪，长胡子，大脑门，穿大褂，拄拐棍。人都说，奇人有异相，眼前的这位虽然长得怪，但气度不凡，这长相小玉声好像在哪见过，后来回想才想起来，原来自己看过他的照片,照片上他就是这个长相。他就是张澜,是毛泽东的谋士,七君子之一。张澜是四川人,清末的秀才,1911年发起了四川保路运动,1917年任四川省省长,1941年参加了中国民主政团同盟,新中国成立后还当过中央人民政府副主席。李玉声听人说张澜是位会夜观天象的奇人,而那次的偶遇也给他留下了很深的印象。

六　与武术的四世情缘

　　李玉声小时候在草厂三条和其他家族成员同住了一段时间，后来，父亲李洪春又带着一家搬到了新鲜胡同。新鲜胡同那儿有位邻居是前清的御医，女主人则是身怀绝技的旗人，刀枪剑她都会。学校放暑假，小玉声便跑去和这位旗人学武术，当时去学没有什么目的，丰富表演之类的想法都没有，就是想学，就是喜欢。旗人教了小玉声一些兵器的套路，在小玉声眼里，她那些动作特别漂亮。李玉声记得学这些差不多是在1957年的时候，虽然当时没有什么特别的感觉，但这些东西对之后的表演有潜移默化的作用。

　　武戏演员和习武之人向来常有互动，很多武术人的传记中记录了他们与武戏演员的交往，而这些记载可以填补武戏史的空白之处。一位不知名的武术爱好者撰写了一本武林轶事类书籍，其中提到了李洪春和格格拳师的故事。文中称李洪春的对门是清代肃王府的格格爱新觉罗·受之，时年四十岁，从小和府中镖师沈辅臣习武，精通查拳、通背、太极、八卦、春秋刀、雁翅镗和花枪。1955年，李洪春请爱新觉罗·受之教两个儿子武术，后来还帮她成立了金受之武术社。虽然这段描述与李玉声记忆中的时间和人物身份不尽相同，肃王府家谱中也不见这位格格的名字，但也是一个可供参考的故事版本。

　　现在人们说到李玉声，认为他除了是出自梨园世家，同样也出自武术世家，因为他的祖辈都是有真功夫的。李玉声也觉得小时候习练武术给自己带来了很多好处，比如眼快手快，还有，有些人比他力气大，但好像脚底下没他站得稳，他认为自己能四两拨千斤，把一个大个子撂倒。在朋友看来，他武生戏演得好，多少都得益于他会武术。红生戏虽然是家传

李玉声舞剑、舞刀留影

的，但李玉声认为自己还是擅长武生戏，香港报界曾称李玉声是大陆中年武生三鼎甲之一。习武多年，加上无数场的武戏表演，李玉声总结出了武生表演的十八字诀和二十一戒：

我把这个武生表演，总结出来十八字诀：简而美、急而稳、脆而帅、柔而威、松而劲、静而重。简而美，简单而优美；急而稳，急、快但是要稳；脆而帅，有脆劲、帅气漂亮；柔而威，就是不能见太多棱角，要柔，但柔不能媚，要有威，要有分量；松而劲，松弛不是松懈，要松弛自然，劲就是有骨子；静而重，要沉静，不能飘。

除了这十八字诀，我还总结了武生表演二十一戒：转身横着、翻身直着、腰里活着、靠旗晃着、脚脖子软着、脚底下飘着、步子乱着、身上懈着、手里拙着、嘴里佫着、脸上木着、眼睛愣着、心里空着、神气散着、肩膀端着、下巴领着、脖子梗着、四肢撂着、上下拧着、周身僵着、力气拽着，二十一戒。这二十一戒不是犯在一个人身上，犯在一个人身上那就不能看了。大家一定要注意，比如转身不顺横着难看，翻身不塌下去，塌下去靠旗要圆，翻身直着立着不成，这都是功夫不到。脸上木着不表演，下巴领着，走什么东西你下巴先走了，肩膀端着僵着劲等等，这些很多毛病都是要不得的。

所谓"转身横着"，是指有些武生转身不顺、皱（上声）着。所以转身不顺，盖转身时用力不得当，使蛮力，拽着转身，"过犹不及"，就会造成"转身横着"的弊病。无论做什么身段，切忌使用蛮力，一使劲一过火，身段表演则达不到行云流水的自然舒展之境界，不免显得小气而做作。

所谓"翻身直着"，是指有些武生在翻身时腰挺得很直，转不起来。武生翻身，应该身子低下去，腰上用力，翻身如旋风，似火团。我设计的《小商河》里有各式各样的鹞子翻身，如单腿翻身、大翻身等，后者更是要求演员走翻身时不但快，且尽量低。若是"翻身直着"，靠旗无论如何是扫不到台板的。

所谓"腰里活着"，即老先生所说的"活腰眼儿"。腰若活而乱动，则靠旗必前后扇动、左右乱摆，一片混乱。靠旗的功夫全在腰上，转身、翻身，靠旗旋转、飘舞，其力皆发自于腰，腰上使劲，靠旗乃动。靠旗动而有致，须由腰控制；靠旗不动沉着，须由腰施力。武生表演艺术，腰至关重要；有的演员腰功不济，腆着肚子，颇不雅观，腰里活着固然不好，腰里僵硬，亦为武生一病。

所谓"靠旗晃着"，是指演员由于"活腰眼儿"，控制不好靠旗，以致一转身或一做动作，靠旗乱晃；靠旗晃则靠旗带子容易挂在盔头上，演员在台上只能不时地整靠旗，这一问题实与上一戒紧密相关，可以说"腰里活着"是靠旗晃乱的原因。我曾看过小王桂卿的《四平山》，其耍锤时上下翻飞，靠旗仿佛不在他身上似的，纹丝不乱；靠功之佳，难出其右。靠旗飘舞应当与翻身循同一舞蹈轨迹：翻身以腰为中轴，身体做圆周转动；靠旗舞动或抖动，亦是以某一点为中轴的转动，而不是左右摆动。左右摆动者，可见演员腰上功夫尚欠火候。

所谓"脚脖软着"，是说武生演员在走台步或跑圆场时，脚脖子发软，老先生亦称"软脚脖子"。其他表演上的毛病通过刻苦练功、努力钻研，也许尚能克服，但"软脚脖子"有些属于天生，并非后天学戏误入歧途乃尔。

所谓"脚底飘着"，是指武生演员跑圆场脚下无根，如踩棉花一般。圆场跑起来应该轻如浮云，却步下有根基，决不是脚底飘着。相反，有的演员跑圆场倒是不飘，但步步拙重，没有如云般的美感，同样不足取法。

所谓"步子乱着"，是指武生演员开打步伐混乱，上步时有多余的步子。譬如原本应该一二三步到位，有些演员迈步时常有碎步、废步，三步能走成六步。步伐混乱，当是基础不瓷实、不规范所致。观众看舞台上的武生演员开打时有凌乱慌忙之感，很多时候就是"步子乱着"造成的，当然还有手上的因素。

所谓"身上懈着"，是指演员身上塌而懈，毫无精气神。需要说明的是，"懈"和"松"是两个概念，截然不同。演员在舞台上的表演应当松弛自然，但"松而劲"，外松而内紧，表面看松弛自如，内则如含钢筋。"懈"是说演员身上好像撒了气的气球，乃表演气质之大病。

　　所谓"手里拙着"，主要指武生演员开打时，打上把的手上功夫不过硬，刺枪或削头用力过猛，手上的劲头没控制好，打下把的若稍一迟延，很容易当场挂彩。如演《铁公鸡》这样以"真刀真枪"为招牌的武戏，若开打时"手里拙着"，开瓢毙命，非可小视。现在武戏开打往往反其道而行之，似乎演员很少能碰得上的，削头也如同故意闪躲，观众看起来觉得很假，不过瘾。京剧确实是写意的艺术，但写意不是开打碰不着的借口。碰不着的原因很多，可能是演员上步来不及，可能是演员伸手够不到，可能是演员彼此配合不默契，总之还是基本功、开蒙戏没学扎实，加之平时练功不多，手上生疏，临上台生怕出事，导致艺术质量下降。另外，编开打荡子也很有讲究，编荡子者应该兼顾"站中间的"和其他武行，最好是"站中间的"能自己设计荡子，所谓"如人饮水，冷暖自知"，这样编出来的东西会更合乎自己的艺术风格。

　　所谓"嘴里侉着"，是针对武生的唱念而言。有些武生演员不注重唱念，吐字归韵随意，诸如"江阳辙"唱成"言前辙"，或者唱念带地方口音，并不罕觏。因上面专门谈过武生的唱念，这里就从略了。

　　所谓"脸上木着"，是指某些武生演员脸上没戏，表情僵化，神情木然。大概在某些武生演员和某些观众看来，武戏看的就是演员的跟斗把式，其余均可忽略，不必计较。真是大谬不然。演技巧只是表演艺术的低级阶段，如果连演戏情戏理阶段尚不能企及，欲进而攀登体现美、追求韵的境界，不啻异想天开。

　　所谓"眼睛楞着"，与"脸上木着"是同一病理的不同症状。手眼身心步，缺一不可，缺一则不为完美的京剧表演艺术；任何行当均要注重眼神的运用，不独花旦而已。杨小楼演戏时眼神的处理，颇有独到之功。看杨小楼表演，仿佛总是闭着眼睛，宗仿者亦以闭眼为杨派特征，其实"杨老根本没有闭眼，只是把眼睑缝着。杨老生就一双吊眼角的细长眼睛，稍稍一眯，从台下远处看去就同闭着眼一样"。杨小楼是否不使用眼神呢？当然不是。杨老板对眼神的"收与放"可谓运用自如。收者，含眼凝神，放者，睁目扬神；"眯缝着眼意味着把神情含敛于内，决不轻易使用眼神，等到剧情发展到关键时刻，需要用眼神了，他就猛地把眼一睁，该出的'戏'一下子通过炯炯双眸表露无遗，真是有威有神，令人望而生畏。"杨小楼眼神的运用，非艺臻化境者莫为。

所谓"心里空着"，是说演员表演时心中没戏，没有表演意识、感觉。正因为"心里空着"，才造成"脸上木着"、"眼睛楞着"、"神气散着"，病根即在于此。关于"'五功五法'心为上"，我们有另文详述，这里不多展开。

所谓"神气散着"，是指某些演员在台上表演不能拢神。演员自己神气萎靡，仿佛梦游；身段、开打节奏没有快慢缓急的变化，亮相没有劲头，整个表演"一道汤"。观众看这样的武生演出，自然精神不能为之振奋，台上台下，集体散神。

所谓"肩膀端着"，是指某些武生演员肩膀不能松弛下来，端着架子。肩膀端着的毛病最易暴露，演员往那一站，两肩往上一耸，谁都能看得清清楚楚。有的演员走什么身段都端着肩，极其难看。肩膀一端，则显得缩脖，工架极不美观。未走身段之前，一戳一站首先要做到松肩、拔背、提裆，把气放匀，才是武生工架好看的开始。

所谓"下巴领着"，是说某些武生演员转身时，身未动而下巴先行，仿佛转身须靠下巴颏儿引领，整个身上不甚协调。"下巴领着"的毛病，也许是演员下意识所为，自己可能没有感觉到；一般观众看武生表演，也不大会如此细究。但艺术无小事，应当精益求精，不可"宽宏大量"。

所谓"脖子梗着"，是说某些武生演员梗着脖子，整个上身没有形成一条直线。脖子梗着，大概是因为脖子紧张、不能放松的缘故。一般说走"硬僵尸"时先要梗一下脖子，让背脊着地，但也须力求做到不让观众发现，因为梗着脖子毕竟是身段上的瑕疵。

所谓"四肢撂着"，是指武生演员没有工架，手脚撂着，与"身上懈着"殊途同归。工架漂亮，膀臂要圆，达到"柔而威、松而劲、静而重"的艺术境界，首先须力戒"四肢撂着"。

所谓"上下拧着"，是说武生演员上下身不协调，走身段满拧。例如转身，上身已转，下身跟不上，或反之。上下身不能协调统一，观之颇觉别扭，遑论美感！

所谓"周身僵着"，与"上下拧着"相反，"上下拧着"看起来很不协调，"周身僵着"倒很协调统一，却沦为僵硬。头、脖子、手、身、腰、腿如同缠了绷带，动起来堪与机器人相媲美，什么风拂柳摆之势、行云流水之美，在此了无痕迹，看来只觉滑稽可笑而已。

所谓"用力拽着"，是说武生演员走任何身段，尤其是翻身等技巧，大使蛮力，毫无自然松弛之美感可言。"武生表演十八字诀"中有"疾而稳、脆而帅、柔而威"，"用力拽着"者显然是达不到这一要求的。欲让观众感到演员在台上走任何东西都游刃有余，演员自己首先得游刃有余；"用力拽着"是"游刃有余"的"天敌"。有的演员以为使蛮力就能达到火爆的舞台效果，这是等而下之的见识。

现在我们武生有四大时弊：第一唱念不讲究，不讲究嘴里头，字眼不是味儿；第二不善表演，不会用眼睛；第三不注重功架，偏重于技巧；第四不练把子，不注重手里头，手里头不干净，脚底下不干净，脚底下忙乱不漂亮，到台上打把子凭力气拽，而且速度还不够。过去打把子，这套把子还没亮相呢，观众就受不了了，就得给你鼓掌了。打的时候得下下着，现在是下下不着，两个人打把子，谁也碰不着谁。过去我们打把子一下没碰着，这心里头咯噔一下，认为自己错了，现在是碰着一下不容易，碰不着是常有的事，这些方面都得注意。

读书期间和邻居学武之后再一次系统的学习武术是2006年的事了，李玉声那时年已六十六，他听人说起一句老话，"人老先老腿"，为了延缓自己腿部功能的退化，他决定练习太极拳。2006年6月6日到12月间，他看了很多太极拳名家的视频，给他留下印象较深的太极拳师有古朴威严的杨振铎，朴实沉着的陈思坦，技术全面的王二平和潇洒大方的孔祥东，还有田秋信气势逼人的太极刀，以及范雪萍优雅婉转的太极剑。这些套路李玉声陆陆续续都练过。2006年9月，李玉声在四十二式的杨氏太极拳基础上编了一套属于自己的五十六式太极拳，他特意增加了锻炼腿部功能的十四个式子。

喜欢武术可能是骨子里带来的，李家四代都与武术有不解之缘。李玉声的老祖叫李友朋（尽管《京剧长谈》中称老祖名为李友明，但李玉声清楚地记得，父亲告诉他老祖叫李友朋，所以此处按李玉声口述为准），就是爷爷李春福的父亲，李友朋是山东无棣农村人。家里给李玉声等小辈讲故事的时候说，最初李姓人家住在南京，朱元璋得了天下之后，因为李家会武术，都是唐的后人，怕他们造反，便把南京的李姓人士都发配到了山东，又把他们集中到山东李家村，以便管理。李家祖传的武术有三刃竹片刀和十二只金钱镖。因为家里的生活很苦，无法维持生计的李友朋后来做了保镖的镖师，且有了些名号，人称"花鞋李三"。清同治年间，因山东大旱，全家逃荒去了天津，又辗转到了北京，经前门外粮食店万胜镖局的保荐，老祖李友朋到程长庚的三庆班做护院，兼教武术给戏班的演员，儿子李春福不再做镖师，而是改学了唱戏，孙子李洪春出生后也跟着学了唱戏。但李家人一直都喜欢武术，尤其是李洪春。

李洪春所擅长演的关公是中国的战神，为了体现关公的武艺和刀法，在跟父亲学习了祖传的武术后，李洪春又特意拜了武术家孙文奎学习"关王十三刀"，同时还学了乾坤剑、五虎棍和形意拳。孙文奎一门对中国武术的发展有一定的贡献，除了李洪春将其武术带入京剧武戏中外，其弟子还有1960年北京市武术学校的首任校长刘佩伟，其子孙占鳌同样长期从事武术教学与研究工作。李洪春曾两次向孙文奎学艺，一次是在十四到十七岁，一次是二十五岁从南方再回北京之时。在和王鸿寿学了舞台上的关刀架势，又和孙文奎学了武术中的关王十三刀后，李洪春将它们化进了自己舞台上的关公刀法中，行里人一提到李洪春就会想起他的关王十三刀，这武术招式几乎成了他的象征符号。

于今，武术中的春秋大刀大致有两种材质，一种是以不锈钢做刀头，护手和刀钻铜制，刀柄用木头，长度在190—210厘米，重6—8千克。另一种是软刀头，用弹簧钢电镀，舞时刀头可以颤动，刀柄用木头，这种材质的刀较轻，长度一般不超过 2 米，重量一般在 1—3 千克。舞台上的春秋大刀因表演需求更加华丽，"三老板（王鸿寿）创新的青龙刀样式非常新颖，制作也很费事：刀头用木板锯成，中间是空的，两边蒙上铜心用立粉（胶与白粉的混合物）挤出一条青龙与吞口的海水江涯，这样的龙不是画的而是挤出来的，不但突出龙出水面的形象美，而且立体感非常强。龙头上方有红色圆珠镶在刀面上，能转动，意思是青龙偃月，铜心藏有小铃，刀杆一颤动就会发出清脆的声响，以加强气氛，烘托人物。刀杆改黑色为金色，加大刀攥的尺寸。"李洪春的春秋大刀与王鸿寿相似，刀头中空有龙纹，刀头约 60 厘米，刀杆约 110 厘米，刀钻约 30 厘米，全长 2 米左右，耍起来既大气磅礴又不显笨重。

1963 年前后，李洪春和师弟刘佩伟来了一场淋漓尽致的切磋，随后，他便在好友吴素秋于灵境胡同的住宅内拍摄了一组便装照片，摆出的是关王十三刀各式的造型，共有一百多张，并将这些照片与舞台上演关公时摆出的造型一一做出对比，让人清晰可见武术和武戏中关王十三刀用法的异同。这些珍贵的照片存了两份，一份在李洪春的单位，供后人研习，一份留给了子孙，让他们揣摩。由于部分照片在动荡时代流失，现家传仅有 36 张素装黑白照片，以及 36 张与之对比的舞台照片。这些照片在拍摄之后，李洪春与朋友为它们标出了名字，即其关王刀的动作名称，依次是攀鞍立刀、归门背刀、挑刀纫针、扭身抱刀、回马刀挑、青龙盘巢、提刀上马、拨草寻蛇、背后藏刀、转刀刺心、迈步扬刀、力劈三刀、劈马切蹄、拦腰斩将、撩阴刀挑、劈撩掏心、盘肘撩刀、海底捞月、飞虎撩搜、闪身换影、连环三刀、单凤朝阳、走马回刀、撩刀归还、别刀翻转、转刀反劈、横刀架梁、白蛇吐信、朝天立柱、左右甩刀、仙人指路、凤凰展翅、背刀转还、甩刀还原、勒马背刀、二郎担山。

从照片中我们不仅可以看出武术中春秋大刀为单片，武戏中春秋大刀为镂空式，还可以看出，在武术习练和武戏表演中，李洪春动作的细微差别。归门背刀一招，武术中后脚需内扣，而在舞台表演中则需外摆，前者是为了实战中可以发力，后者是为了形象更具张力。青龙盘巢一招，在舞台表演时身体较平时稍微倾斜，以增加韵律和动感，且春秋大刀由平变立，迎合观众的视觉需求。迈步扬刀一招，手拿大刀的把位明显不同，表演时下手并不握于大刀根部，这使得大刀张扬的程度降低，不至过火，更好地体现出关羽儒将的内敛气韵，同时，其手部收紧程度也有所不同，武

　　上面三组图片中的招式分别是归门背刀、青龙盘巢和迈步扬刀，李洪春特意拍摄了武术中春秋大刀的技法和在舞台上相同招式的演变式

术习练中,双手紧握大刀,而在戏曲表演中,其手部放松,上手拇指展开,下手小手指展开,也可通过舞台上光影的作用呈现出镂空的花纹美感。

根据剧情需要,李洪春将关王十三刀的招式分别用在了不同的戏里。在《白猿教刀》中有全套的春秋刀法,由白猿舞十几式,关公舞余下的五十多式,李洪春自言,"这趟刀之所以叫春秋刀,据说是春秋时柳展雄所创,共六十余式,一式三招变化很大。后人所创的关王刀十三式,一式三招就是据此而演化的"。关王十三刀除了在此戏中展示过,仅在《阅军教刀》一戏中完整使用。

由于有扎实的武术功底,李洪春在氍毹之上舞刀得心应手、游刃有余。刀随人行、人随刀走,顺达圆活、刚柔并济间吐露出儒将的大雅之风。因对分寸和节奏掌握得炉火纯青,李洪春呈现出的关羽舞刀,时而潇洒飘逸,时而古朴稳健,时而气势恢宏,观众也便沉醉在了这万千变化之中。

李洪春舞春秋大刀留影

七　毕业巡演起风波

1960年，李玉声就要毕业了。按规定，毕业班要进行毕业巡回演出，巡演完须再劳动三个月，然后便可以分配工作了。一般巡演就是张家口、保定、安阳、邢台、邯郸、呼和浩特还有包头，李玉声记得他们那届去了内蒙。去的时候天还很冷，无论到哪个地方演出，几乎都是《猎虎记》《三打祝家庄》《打店》《虹桥赠珠》《金山水斗》《雁荡山》这些戏。

一般第一天的戏码是《猎虎记》，李玉声饰解珍，李仲明演解宝，李光扮乐和。《猎虎记》身上的把子都是学生们自己设计的，因为没人教，偶尔有中国京剧院的先生来辅导一下。抗美援朝的时候，志愿军回国，李玉声等人去慰问演出，演的就是《猎虎记》，演出的地点在丰台，搭了个露天舞台，就那么演了。据李玉声的师弟张关正回忆，当时他在学校，李玉声给他留下最深印象的就是演《猎虎记》里面的解珍。《猎虎记》是范钧宏根据《水浒传》第四十九回编写的，由中国京剧团于1953年首演，该剧于1956年获得了中华人民共和国文化部颁发的剧本奖。故事讲的是登州府下令捕获伤人猛虎，猎户解珍和解宝两兄弟射中的老虎跌落到毛善家中，毛善便去衙门领赏了，解家兄弟到毛府理论却反遭诬陷入狱，后经孙氏夫妇、乐和、登云山邹氏兄弟等人营救，逃出大狱，众人一起投奔梁山。巡演的第二天一般会演《三打祝家庄》，李玉声饰演石秀。

当巡演到呼和浩特的时候，李玉声第一次尝到了爱情的滋味。女孩也是戏校的学生，比李玉声小两岁，出了名的漂亮，而且业务也很好。那晚，戏散了，李玉声躺在舞台上的长凳上休息。女孩静悄悄地、怯怯地从小玉声面前走了过去，小玉声不知道她要干什么，舞台上没有别人，也没有什么要收拾的东西，她上来能干吗呢，算了，小玉声并没有理会，继续躺着养神。少顷，女孩又走过来了，微颔下颚，脸上泛着一丝丝羞涩的粉，走到小玉声面前停下了脚步。气氛有一点尴尬，一点微妙。女孩俯下身子，轻吻了小玉声的脸颊，旋即转身离开了。那一刻，说不上幸福，谈不到甜蜜，小玉声只是吓了一跳，这是他第一次被女孩子吻。小玉声不知所措，不能动弹，依旧躺在凳子上，不一会儿，女孩子又过来了。李玉声回忆起这段的时候开玩笑地说："她这一圈一圈的是跑圆场呢，我们的爱情是从跑圆场开始的。"而当女孩再回来的时候，小玉声也不知道是想让她再亲自己一下，还是不想，是期待，还是害怕，身上还有点抖索，那种感觉说不出道不明。女孩又轻轻地吻了他一下，然后没留一句话就走掉了。小玉声这次回过神来了，他似乎明白情窦初开这个词的意思了，他开始有些期待女孩再次出现了，可是等了许久都未见倩影。

小玉声开始纳闷，人呢？还是自己去找吧。李玉声从凳子上起来，从下场门那儿走，女孩看见了他，便走了过来，往他手里塞一个东西就转身离开了。李玉声摊开手一看，是一盒中暑吃的人丹，那东西应该一粒一粒的，哗哗响的，可手里这盒东西并没有声音。李玉声反应过来了，估计里面是纸条呀，他的心怦怦地直跳，不敢在人前打开，便找了个没人的地方，像做特务似的，打开了纸条来看。纸条上面写着哪个晚上，几点，在哪见面。

到底要不要赴约呢？徘徊纠结了老半天，小玉声还是决定去赴约。两人约在离驻地不远的火车道，找了个没灯的地方，也不敢干什么，牵手都不敢，就那么傻傻地待着。本来是特意挑个黑的地方，以免不好意思，结果，火车过来了，那么大的灯，照得和白天似的，这把小玉声吓的，两人赶紧跑开，躲了起来。小玉声觉得这恋爱谈得和做贼似的。有时，演完戏，大家卸妆之后回驻地，排着队走，小玉声背着手，天挺黑，女孩过来拉他的手，爱情的力量是超乎想象的，人那么多，女孩也不怕，敢爱敢恨的，有时候男人在这方面反而小心小胆的，小玉声就是这样，怕让人家看见他俩牵手，赶紧把女孩的手打掉。慢慢地，也许是爱让人变得大胆，小玉声的心里有只小鹿在乱撞，他终于变得主动了。他们继续巡演。一次，大家化好了妆在候场，女孩坐在外边的台阶上，小玉声看四下无人便走过去亲她，男生开始主动了，女孩反而开始羞怯了，挡住小玉声不让他靠近，也

此照片是李玉声十七岁时在长安戏院演出《打店》的剧照，稍有可惜的是，李玉声在戏校时期的照片至今只留存两张，一张是《八大锤》的装扮，一张就是这个《打店》

许是怕弄花了妆。这段爱情的开始就是这样交织着甜蜜与苦涩。

李玉声演戏很少出差错，可是这次毕业巡演，他却五次三番地失误。在《三打祝家庄》里，李玉声饰演石秀，一个转身飞脚不小心把枪踢旁边去了。演拿手的《雁荡山》，到折桂令，亮相时枪缵别在靠旗子里了，后来想想大可不管这枪，下去就得了，可当时却一抻、两抻，把枪给掉了，耍枪的时候掉枪倒是有情可原，折桂令时把枪掉了，人家会说你是棒槌。不过，这些都是小事故，不算什么。在包头演出《打店》时出的差错才要命呢。

《打店》对于李玉声来说也算拿手的戏，很多演员演《打店》就是一个飞脚抹上去，蹲在桌子上再站起来，李玉声当时可以起飞脚上桌子，而且基本上就在桌子上站直了。这出戏的一个看点是武松和孙二娘的武斗，其中一幕是孙二娘拿着刀与武松缠斗。那晚，李玉声正演这段，当他埋头再抬头的时候，他发现孙二娘面有异色，浑身僵硬，站在那不动了。原来，孙二娘手中的刀飞出去了，不是向幕后，而是飞向了观众席。

要知道，演《打店》的刀尖可是开刃的，因为有个动作是要将刀剁在地上，不开刃，刀扎不进地板。这下子，观众席可乱了套。这晚的观众有位来头大的，是位大校，身边还有卫兵。这飞出去的刀刚好奔着大校头上飞过去了，卫兵吓一跳，赶紧去捂大校的头，保护他。结果这刀从大校头顶飞过，最后打在了一个十七岁姑娘的头上。那姑娘的头擦破了，被人送去了医院。后来，观众把刀子给扔回台上，李玉声接着演完了这出戏。可这戏演得是处处不顺，为何？因为李玉声心里也紧张害怕呀。之后有个剁攮子的动作，因为怕勾不住再飞下去，反而劲头使大了，剁歪了，剁深了，这回往出拔可费劲了，晃悠了半天才拔下来。

那受伤的姑娘由母亲带着到医院挂了急诊，包扎完又回来看戏了。当时去当地演出的少，太需要看戏了，所以，娘俩匆匆处理了伤口后就回到了剧场，戏还没完，她们又看了一出《虹桥赠珠》。《虹桥赠珠》原来叫《泗州城》，讲的是孙悟空斗水妖的故事，为何会改名呢？1953年的时候，周恩来在上海的兰心大戏院看了华东京剧团张美娟演的《泗州城》，结束之后，周恩来对演员说，孙悟空一直是反压迫的形象，这出戏里的孙悟空怎么是镇压别人的形象呢，你们改改吧。因此，张美娟等人大改此戏，并将其改称为《虹桥赠珠》。新戏"突出表现凌波仙子婀娜多姿……打出手摈弃了过去慢腾腾的'四门抖'的打法，而是在空中、地下、前后、左右各个方位，以投、撇、掏、挑、闪、踢、打等手法表现神仙斗法时刀枪飞舞的场面，创作出'稳、准、狠、快'，又'巧、帅、真、美'，令人眼花缭乱的新出手套路"。不仅武打套路有所改变，故事情节更是脱胎换骨，成了水族仙子与人间公子互生情愫，于虹桥之上，仙子送情郎一颗明珠作为定情的信物，本来一段佳缘却遭二郎神等天神不容，天神兴师问罪，仙子率水族反抗并取得了最后的胜利。这出戏有大量的打出手，受伤的姑娘本来坐在前边，一看要打出手了，娘俩儿赶快往后头去，坐在了最后一排，怕那枪再掉下来。

第二天，李玉声等人去看那受伤的姑娘，学校花钱给买了水果罐头。李玉声一进去就看见那姑娘盘腿坐在床上，头用纱布缠着，从头到尾都没说话。她家里特别穷，桌子都是土的，炕也是土炕，窗户用纸糊的，还有破的地方。全家都是老实人，没有想过要追究演员的责任。

为什么刀会飞出去？有人说是李玉声用力过大，把女演员手中的刀打飞了，有人说是女演员做动作时劲儿使大了，刀子才脱手的。别说事情过了这么久，就是在当时也没人说得清究竟是谁的错。不过，最后这个失误算在了李玉声的头上。而且舆论上对他很不利，一面倒地指责他。当天晚上，通宵开了批评李玉声的大会，同学们轮流发言，说的话太多了，李玉声已经记不住他们都说了什么，他只记住了一句话，一句深深刺痛他心的话："李玉声，好角儿思想，拿我们当跑龙套的。"什么叫好角儿思想，就是个人主义，是自私的落后的思想。当晚没有人敢站出来替李玉声说话。

等回到了北京，学校又让李玉声写了检讨，还给了处分。李玉声在学校有两个处分，第一次处分是因为文化不及格，老师让他去补考他却没去，那时文化课是5分制，一般要考试了，大早上起来看看就去考了，不过小玉声向来不喜欢也不重视文化课。第二个处分就是因为这次的事故，而这也多多少少影响了他的毕业分配。

虽然受了苦难，还好女朋友一直不离不弃。回北京后，两人感情越来越深，李玉声带她回了家，见了父母，二人也得到了家长的同意。李玉声还给女孩买了银项链，就算是定情信物吧。

巡回演出回来之后，毕业生面临的下一个问题就是填志愿。事实上，分配到哪并不是学生自己能做主的，但学生依旧要填志愿，也许老师会把它作为参考吧。在当时，每个学生可以填三个自己想去的地方，李玉声的首选当然是能留在北京，除此，他的第三志愿填了杭州。常言道，上有天堂，下有苏杭，小玉声觉得那个地方一定很美很好玩，所以想去看看，而且，当时北京有谭富英、马连良等人，李玉声想着先飞出去，翅膀硬了，再飞回来，可是他没想到，飞出去了，就再也没法飞回来了。

1960年7月，李玉声已经得知他最终被分配到了杭州京剧团。最初，他听到可靠消息，他和他的女朋友都留在了北京，可到头来，他去了杭州，而女朋友留在了北京。虽然两人分到了两地，但并没有因此分手，两人开始了异地恋。而李玉声为什么会去杭州，至今仍是个谜。有人说，当他们毕业的时候，北京的武生有很多，老一辈的李少春他们也才四十左右，而且前三届毕业的武生很多留在北京，所以能留在北京的武生名额很少，他们这个班又有很多名门之后，父亲们都希望儿子能留在自己身边，所以，不善交际的李洪春没有帮上儿子的忙；也有人说是校长史若虚觉得他应该去杭州继承盖派衣钵；还有人说是杭州京剧团的团长看中了他，点名要他去的。什么原因都好，去杭州工作是不可改变的事实了。与李玉声同分到杭州的同学还有小生张树林，老生马可久，旦角叶盛华等人。

得知孩子要去杭州，李洪春虽有不舍，但也无可奈何。一日，李洪春将李玉声叫到跟前，孩子即将远行，怎么也得嘱咐嘱咐呀，除了嘱咐还得教孩子点本领。李洪春知道杭州那有位陈大濩，他肯定要唱《定军山》《阳平关》，这里边有个赵云，李洪春便让李玉声跟着学怎么演。李洪春断言，李玉声到了杭州，一定会让他给配赵云的。让你演你就得上，不上就丢人了，所以把这些戏都先给他说了一遍。事情的发展也正如李洪春所料，李玉声到了杭州之后，团里还真给他派了这个活，老先生就是老先生，见多识广，对各地方的角儿都有所了解，不得不叫人信服。

八　伶僜抱影栖江南

　　南下的火车已驶出北京站，车厢里，一个二十岁的大男孩哇哇大哭，止不住，劝不停。列车员都在看他，生怕他再跳车了。谁都没想到，连李玉声自己也没想到，自己会有这样的表现。这一刻，他根本就管不了旁人奇异的目光，同行的朋友也一点办法都没有，似乎全车厢都在看他哭，一个大男人在放肆地哭。眼泪拉不住火车的闸，也抚不平李玉声内心的苦，从离家的那一刻起，他就开始想家了。

　　李玉声被分配到的杭州京剧团始建于1952年，起初它是民营的，叫杭州人民京剧团，1956年改为国营，并更名为杭州京剧团。最初的京剧团演员大多是来自江南武生大师盖叫天的班底，所以有人也称杭州京剧团是"盖派艺术的大本营"。而后，杭州京剧团陆续形成了八大头牌的阵容，包括盖派的张二鹏、鲍毓春、陈幼亭，余派的陈大濩，高派的宋宝罗，麒派的赵麟童，梅派的刘云兰和张派的李瑛。那时候剧团有专属的演出剧场，叫东坡剧场，剧团一般都在那演出，很少到其他剧场演出，偶尔会去红星剧场。而这八个人的名字总是挂在东坡剧场的外墙，作为宣传海报。挂头牌的现象当时在其他地方已经不存在了，这也是杭州梨园行的一个特殊现象。李玉声到了杭州后也是主演，年轻的主演，也演大轴，也挑大梁，但不是头牌，他的名字不会出现在剧场的外墙上，这点让他很

李玉声二十岁时的模样，这是他戏校毕业证书上的相片

不服气，但塞翁失马，焉知非福，因为他不是头牌，不知道躲过了多少政治劫难。直到"文革"，挂头牌名字的现象才消失不见。

初到杭州，有很多事让李玉声不适应，家人不在身边不说，南北演戏风格的差异也让他不适，和女友异地分离也是原因之一。距离产生的不是美，而是误会和猜疑，李玉声从朋友口中得知，女友为准备出国演出在云南排戏，结果因为和一位东方歌舞团的舞蹈演员聊天而误了场。李玉声从小接受传统文化的教育，他当时认为女子就应该三从四德，遵守礼法，怎能因与人聊天耽误了排戏，这是天大的事呀。听了此事，李玉声一下子就火冒三丈，从那时起，两人渐行渐远。即使后来李玉声回京探亲，女孩来找他，他也是爱答不理的，十分冷漠，女孩不知道为什么会走到这一步，李玉声也绝口不提这样做的原因，几次三番，有情人变了陌路。

杭州虽然比不上北京、上海这样的大码头，但其戏曲文化也同样源远流长。13世纪末，随着经济中心的南移，杂剧的活动中心也移到了杭州。只是不得不说，一方水土养一方人，不同地域的人喜欢不同的音乐、表演和辞句，康德涵称："南词主激越，其变也为流丽；北曲主慷慨，其变也为朴实。惟朴实，故声有矩度而难借；惟流丽，故唱得宛转而易调。"还有人总结说，"北主劲切雄丽，南主清峭柔远"，从这些文字中我们可以感到南北观众的喜好是有差别的，观众喜欢的戏曲样式是由山川和风俗铸成的。

杭州的演出市场以越剧为主，但京剧还是有大量的演出机会的。尽管也有人说南派武生和北派武生风格迥异，但李玉声的路子还是受欢迎的，也为观众所接受，这并不构成李玉声的困扰。李玉声的风格从来就不是豪放的，而是含劲的，往下沉的，如他所言，如果演老爷戏，他的内心藏有石佛，就是石佛的心境、眼神，像石窟的佛爷或者灵隐寺的佛像，宁静且有海纳百川的感觉，再加上功架，那是身心统一，内外一致，不仅漂亮，而且有韵味，有气场。

到了杭州后，李玉声每周都有很多演出。那时候，几乎天天演，周六还加一场，白天黑夜共两场演出，周日有早场、日场、夜场三场演出，根本没有什么休假。只每年夏天有十二天的假期，李玉声总是趁那个时候回北京探亲。只是有时的演出会让他心不顺，因为他看不惯搭戏的人不规范的舞台表演,特别是跑龙套的,很多是当地杂班子归在一起的,不是科班出身,甚至没有一点基础,所以表演起来毫无美感可言。对李玉声而言,找一个合适的配戏之人很难,他在正规的学校苦练了九年,很难找到一个人可以跟得上他的速度,和得上他的节奏。在戏校,打把子讲究下下着,两个人的刀枪都得碰上,而且速度快,跟飞似的,一套把子没打完,观众肯定会叫好,初到杭州之时,他很难做到这一点。无奈,他只好打乱自己的节奏,配合别人的节奏。

下乡演出是李玉声那时常做的事情,剧团到了农村,就找个地方搭个野台子演。当时的条件比较艰苦,不过李玉声年轻体壮也不觉得累。剧团的演员们都是自己扛着大包大包的行李去的,车会将演员从杭州拉到农村,下车后,演员还得自己把行李扛到驻地。一般会住在庙里头,如果是学生放假的时候,就住在学校里。驻地的环境有多差呢,大家都得打地铺不说,要是赶上下雨天,外边下大雨,屋里下小雨,大家把脸盆、尿桶、漱口缸子都摆出来接雨,有时漏雨漏得太厉害了,就没法躺着了,得把这铺盖卷起来坐着,真有点像电视剧里演的贫民家那样。冬天更惨,外边下大雪,屋里下小雪,而且这里房上的瓦和北方的不同,北方房上的瓦是砌上的,此处房上的瓦是一块一块码上的,一阵风吹过,瓦就会被吹动,哗啦哗啦地响,遇上下大雪,一起风,雪顺着瓦的缝就飘进屋子里了,屋里就开始下小雪了。

不止住的条件不好,演出的条件也很简陋,有时候就在古老的庙宇里,很多时候台板是坑坑洼洼不平的,这对于要做武术动作的武生而言是很大的挑战。尽管没有舞台那样平整,但演员也得照样演戏,李玉声也依旧表演《挑滑车》。幸好还年轻,还有把子力气,还有副好身子骨,否则怎么吃得消。一次,李玉声在寒冷的冬天里于广场的野台上演《挑滑车》,狂风乱舞,让人站不稳,理论上应该脱去棉衣裤穿上戏服,可是太冷了,谁敢脱呀,就那么穿着毛衣、棉裤、胖袄演了《挑滑车》,演完了,一点汗都没出,不是因为不卖力,是实在太冷了。

杭州的观众似乎更喜欢技巧表演,火爆一点的表演,李玉声要演《挑滑车》,直着叉每次最起码要七个,转身叉至少也要七个,否则观众就不给你鼓掌。他看别人演《花蝴蝶》，演员走旋子，观众会给你数着，你做得少他就不理你。李玉声在学校学的是比较中正、比较规范的动作，而且向往做个京朝派的大武生，但为了迎合观众，又不得不稍作调整，当现实与理想相悖的时候，才二十出头的李玉声难免彷徨、无措，走弯路。那段时间，他自己感觉好像台上做什么都不对了。直到1962年，李玉声回京待了两年，才明白了自己的路该怎么走，自己的表演风格该朝哪儿去，才懂得了把持自己。但在南方工作的经历也练就出李玉声独有的表演特色，用厉慧良评价李玉声的话说，他这是"南功北戏"，也不失为一种风格。

才在杭州待了几个月，李玉声就无法忍受了，演出上的不如意还可以克服，但想家的心躁动不安，他一刻也无法留在异地他乡了。他和家人说想要回北京，那个时候父母也疼孩子，就拍电报来，说是母亲病危，李玉声便请假回京了。到了家，李玉声和父亲说在杭州发展受限，想回北京工作，家人当然也希望孩子能有好的发展，而且的确也想孩子，便试着托人将李玉声调回北京。在李玉声的眼里，父亲李洪春是个老实人，而且从来不求人，过去都是别人求他的，这次为了孩子，李洪春去求人了，可惜没成功。无奈，在家暂住了三个月后，李玉声不得不回杭州工作，回去后还被扣了三个月的工资和粮票。

梨园世家，科班出身，戏校的高材生，李玉声身上有很多头衔和烙印，杭州京剧团事实上也是很重视他的，会派给他一些杭州当地人喜欢的戏码去演，就像《乾元山》这戏。《乾元山》也叫《乾坤圈》，乃短打武生戏，源自昆曲，主人公是哪吒，参照《封神演义》第十三回编纂而成。讲的是哪吒误伤乾元山上由青石化成的石矶娘娘的女徒，石矶娘娘来为徒报仇，二人缠斗起来。哪吒的师父太乙真人前来劝解无效，无奈以神火罩收了石矶娘娘。这出戏是盖叫天的代表作。本来哪吒的乾坤圈只是个小圈，史书里的乾坤圈都是手拿着的，盖叫天将其改为大圈，能套在身上。因为道具的变化，盖叫天设计出了很多武打和出手的动作，受到观众的欢迎，后来再演《乾元山》，则几乎都按照盖叫天的路子演，连动画片、电视剧里哪吒的形象都参考了盖叫天创造出的哪吒的形象。

李玉声曾和师哥袁金凯学过《乾元山》，袁金凯和王金璐一样，都是父亲李洪春中意的弟子。袁金凯的表演是以干净利落、勇猛矫捷闻名的，他给人留下深刻印象的表演有很多，像扮演《四杰村》中的余千，他可以在舞台上连摆三张桌子，每个相距一米左右，然后连起三个飞脚越过桌子，不仅碰不到桌子，还不会给人落地后再吃力起脚的感觉，整个动作一气呵成，轻松自如。李玉声对袁金凯的评价向来很高，他认为袁金凯的功好。就说这个腿功吧，袁金凯把腿练得跟手似的那么灵活。在袁金凯家里，李玉声说，"师哥，你抬一腿试试"。袁金凯当时还穿着棉裤棉袄，慢慢地站起来，一吸腿，左腿膝盖一下就贴右胸脯了，再来个抬腿，脚几乎粘到了帽檐，这令李玉声很吃惊。袁金凯的腿功好在舞台上也是有目共睹的，他演《挑滑车》，还没有到台口就能赢得三次喝彩，这是因为他那三蹁腿太漂亮了，那真叫月亮门儿，从十字腿蹁起，跟手似的，而且左右腿一样，这动作空前绝后地有美感。李玉声在北京的时候，刚好袁金凯也在北京养病，他是山东省京剧院挑梁的武生，因为腰不舒服回京疗养，李玉声就趁这段时间和师兄学了《乾元山》。李玉声学数儿学得很快，但乾坤圈有很多技巧，很多南方的出手的东西他没练过，而袁金凯呢，虽然是北派武生，但表演中融了些南派的东西。

虽然之前和师兄学过了这出《乾元山》，但李玉声已然忘却了许多细节，现在团里要求演出，他只得自己重新编排。也许到杭州给李玉声带来了很多不适，但这方山水令其受益匪浅，于表演，自然给了他很多的灵感。就拿《乾元山》来说，在创作哪吒的身段、感觉、意识的时候，其灵感源自断桥柳树，他把清风拂柳的这个感觉放到了表演当中，贯穿于内在全部。舞蹈动作的具体设计则需要根据自己的功、自己的体力而定，李玉声不太会加入一些卖技巧的高难度动作，一是因为那样容易受伤，二来，他并不认为那样的动作是美的。比如以前腿飘起来，像燕子似的，平的，现在飘起来还转腰，360度再落地，这个并不潇洒，还容易受伤，对演员来说，受伤太残酷了。艺术不是竞技体育，它要表现的是美，不需要非得做别人做不到的高难度技巧，李玉声认为那样艺术就走向歧途了。即使是盖叫天那样公认的会真功夫的武生，他台上也没有特别高难度的技巧动作，他不一定不会，不过他在台上不用，因为那不一定有艺术的美感。

设计好动作，接下来就是要练习了，这也是李玉声第二次集中的高强度的练功。李玉声告诉自己一定要苦练，因为从派戏给他到演出只剩半个月的时间了，不狠练，哪敢练十五天就上场演出。那时候天天演出，演出完了以后，李玉声就从剧场按跑圆场的要求跑回宿舍，这段路大概要四十分钟。如果是在练功房里练功，首先从头到尾拉一遍《乾元山》，然后，他要求自己把每个四击头、每一个技巧动作、每一个出手动作都各做一百次，而且要成功地连续做一百次，即使做到九十次，出手失误了，就不算，就重新做，从一开始做起。每次练完，李玉声都累到恶心，他住在三楼，可是已经上不去了，只能躺在练功房地上休息。有时在团部的小剧场里练，练完也躺在地上，他不敢睁开眼睛，一睁眼睛就觉得顶棚在转，天旋地转的，好不难受。每次都要缓一会儿才有气力回去休息。

功夫不负有心人，1961年，李玉声在杭州首演《乾元山》，出手一下没掉，只是最后一个档子出了点小问题，这个动作是鲍毓春给说的，李玉声先来一个正叉，叉手的虎跳前蹦，嘣噔，坐地上了，幸好起来得很快，仗着年轻，亮住了，演出算是顺利完成。那天，小三王桂卿（王桂卿的三儿子）在台底下看了李玉声的这出戏，下了戏，便问李玉声："这戏是不是和袁金凯学的，这路子很像袁金凯的。"李玉声回答："是。"李玉声觉得他眼光狠毒，竟然能看出来。小三王桂卿又问："袁金凯还有一下子，用手转那个圈，你怎么没有？"李玉声答："他确实有那个，不过我没用，因为那范儿我还找不好。"看过李玉声《乾元山》的观众回忆说："（李玉声）灵巧地抛接乾坤圈，一会儿把它拿在手里，一会儿又套回身上，转换速度十分之快，有叫人目不暇接的感觉。……第五小节……舞蹈最为复杂，火尖枪和乾坤圈交替出手。李玉声先生以一腿支撑，以另一腿或枪杆旋转拨弄地上的乾坤圈……至于一手抛接乾坤圈，另一手同时快速转动火尖枪的技巧，就更令人赞叹不已了。这一小节有一个霸气十足的弓步蹬腿亮相，之后是犀牛望月的造型。"这戏能给观者留下如此深刻的印象，看来李玉声的功没白练，演得着实不错。

此后，李玉声多次演出《乾元山》，对有一次出现的失误他记忆犹新，因为因祸得福，虽然是失误，反而丰富了他的表演。这出戏里有一个动作本来是脚往上一踢圈，手接住，一亮相就完了，没有难度，然而那次李玉声一踢圈没往上走，往前奔着观众去了，他随即往前一个大垫步，手接住圈，来了一个很低的翻身，然后亮相。观众哇哇叫好，以为这个弥补失误的动作本来就是这么设计的呢。那之后，李玉声觉得这个动作挺好的，就保留了下来，此后每次演出都这么做。演员在台上难免会遇到问题，好的演员懂得随机应变。据说慈禧属羊，所以，所有带羊字的戏都禁演。一日，陈德霖进宫演《玉堂春》，其中有一句戏词是"羊入虎口有去无还"，这可如何是好，这词要唱出去了，慈禧定会将他治罪，陈德霖灵机一动，将词唱成了"鱼儿落网有去无还"，两句都是比喻，意思相同，还巧妙地避开了慈禧的忌讳。慈禧听了很开心，陈德霖在梨园行也有了老夫子的赞誉。

关于出手失误这个问题，李玉声觉得是可以理解的，捡回来再来一次是可以的，但是不好，有人觉得失误后再重做一次是有勇气，他觉得这只是习惯，他出手要是失误了，一般不会重来。李玉声觉得重要的还是平时多练习，尽量保证不要在台上失误，因为失误就是失误，即使重来成功了，还是破坏了表演的流畅性，这是怎么也补不回来的。李玉声练出手也很玩命，那时候练宝剑入鞘，宝剑在手里拿着，剑鞘在背后拿着，扔剑鞘，从后面扔到前面，用宝剑接住，一天要练一万下，膀子都不成了，后来膀子练出功夫来了，扔多少下都没事，这样才保证了台上发挥的稳定性和成功率。他演《乾元山》这次的失误弥补得很好，但也不是每次失误都能完美弥补的。一次，他拿双锤耍锤花，因为灯光太暗，没接到，锤子从地毯上咕噜到乐池那边，这真的没法挽救了，明显就是失手了，李玉声也只好老老实实地走过去把它捡起来，也没重来，因为心气已经没了，就继续往下演了。戏曲艺人对现代化的舞台灯光有时不适应，有人不喜欢灯光太亮，因为接兵器的时候晃眼睛，李玉声觉得灯光亮比暗好，抬头扔兵器看见大灯是有影响，但不打紧，因为接兵器的时候，已经看不见大灯了，灯光亮一点他比较容易看准兵器的位置，接起来也顺手。要想有一场完美的演出，真需各个部门配合得当。

六七十年代，传统戏让位于现代戏，李玉声也再没演过《乾元山》。"文革"过后，恢复传统老戏了，团里又让李玉声演《乾元山》。这戏在之前也就演了那么十几场，"文革"的时候一点也没摸过，几乎都忘光了，怎么办？还得去找袁金凯学。于是，李玉声只身来到济南找师哥袁金凯。出发的时候他心里有个小算盘，从北京坐火车，当中可以签票，在济南待五天，然后还用这张火车票回杭州。他想着，以前就会这出戏，复习五天一定没问题。等火车到了济南，袁金凯已经在那等着接站了，李玉声心里觉得暖暖的。安顿好了之后，李玉声便开始随袁金凯复习《乾元山》。由于袁金凯当时身任校长一职，所以比较忙，刚开始时叫大儿子袁振林陪着李玉声复习，袁金凯则每天下班回来给他说戏。头场边的动作李玉声看哪下都眼熟，但就是记不住。眼看剩两天就要走了，李玉声还是记不住，这才知道当初高估了自己的能力，以为五天就能搞定，可眼下看来是不成了。无奈之下，李玉声心里想，"算了，这出戏我不演了，就当来看看师哥吧"，然后便如期回了杭州。回到杭州之后，李玉声老想这出戏，觉得就这么放弃不演有点冤，怎么办呢，仔细一琢磨，还是自己编吧。用了大概三五天的时间，李玉声又编了一出属于自己的《乾元山》，后来再演这戏，就是演他自己的路子了。

演出顺利往往不能给人留下印象，失误却常让人无法忘却。关于《乾元山》演出中的失误，李玉声还记得另一件事。那是80年代了，李玉声在北京人民剧场演出《乾元山》，接下来是宝剑入鞘的动作，那一刹那，他好像听见有两个人在舞台原本乐池的地方打赌，一个人说："他第一下进不去，第二下才能进去，你信不信？"就那么一两秒的功夫，宝剑真就没有入鞘，但也没掉在地上，用手接住了，所以虽然失误了，但也不太难看，后来，又来了一下才成功。究竟是谁在打赌，是因为晃了神才失误的吗，业已成谜。

除了《乾元山》，李玉声在初到杭州的时候常演的戏还有《林冲夜奔》。虽然后来李玉声以长靠武生闻名，但年轻的时候，他的短打武生戏也很好。《林冲夜奔》源自昆曲，有句老话叫男怕《夜奔》，女怕《思凡》，可见《夜奔》很难演。昆曲的《夜奔》是一场干，就是从头到尾只有一个演员，边唱边舞，演这戏必须嗓子好，得满宫满调，就是高八度。杨小楼四十多岁的时候，在上海和一个吹笛子的学了昆曲的《林冲夜奔》，回去之后重新设计身段，将其改成了京剧，京剧的《夜奔》不再由一个人演，而是分了五场，穿插一个徐宁，抓林冲，最后是两个人开打。

很多京剧武戏是从昆曲来的，比如《石秀探庄》《林冲夜奔》，包括《挑滑车》的唱，都是海笛伴奏。但是武生的鼻祖在京剧，过去戏曲没有武生，发展到杨小楼的老师俞菊生那儿才有的武生，但武生戏老早有，归武小生、武老生。李玉声一直都说，他的红生戏不如他的武生戏，他对武生是很有研究，他认为"武生不但要重视身上，还要重视唱、念、做，武生有武生的念法和唱法。要重视表演，要会用眼睛，要学会运用眼神"。而且，《探庄》《夜奔》《蜈蚣岭》三出武生开蒙戏，"从内容、情节和表演形式各方面来看，最有嚼头的是《林冲夜奔》"。为何说《林冲夜奔》有嚼头，且听李玉声的专业讲解：

　　比如说这几段唱的：【点绛唇】、【新水令】、【折桂令】、【雁儿落】、【沽美酒】、【收江南】、【煞尾】，从唱曲上来说，我认为越简单的越难唱。第一难唱的是【煞尾】，第二难唱的是【点绛唇】。为什么呢？【煞尾】是站着唱，连身段都没有，【点绛唇】有简单的身段，但是观众听觉上占主要的，不像后头那四场边，一场紧似一场，舞蹈很激烈，能吸引观众的视觉，在某种程度来说，影响和忽略着听觉。从这方面来说，就比那两段好唱一点。当然都不好唱，都得唱调面那才对呢。难唱难在什么呢？不动，你得把情唱出来。比方【煞尾】，有期盼，有希望，又有渺茫；【点绛唇】悲凉、悲愤、无奈，情是难唱的。开打完了，林冲对杜迁、宋万说："多谢二位搭救。"杜、宋二人说："奉了王伦大哥之命，有请林壮士上山。"原来林冲回答："好，请哪！"我认为这个"请哪"好像彻底胜利了，当时林冲不是这样的，他应当还没有完全把情绪转换过来，不会那么快的。他有希望在里边儿，还有渺茫在里边儿，这腔的音符要少，"穷性命"要利用这个音波、利用嗖，"到梁山借得兵来"【煞尾】要尽情地抒发，没有身段全注意你演唱注意表演了。【点绛唇】也是一样，"数尽更筹，听残银漏，逃秦寇，好教俺有国难投"，有家难奔、有国难投，他是这种心情。我是根据杨老板那个唱片的唱法这么处理的，大概也没学好，我的印象当中是这么唱的，他更符合当时的心情，更符合有家难奔、有国难投这种心情。《夜奔》

它是唱念做打舞，手眼身心步全方位的表演，最有嚼头在于此。一定要学好、学实受。还有二场边【折桂令】里头有一个字我要说说：皋陶这个陶字，它是姓陶的陶那个字，我们不要唱皋陶，要唱皋陶（yao遥），我初学《夜奔》是跟我大哥学的，他这《夜奔》是跟丁永利丁先生学的，丁先生是专教杨派武生戏的，我大哥给我说的皋陶是正确的，后来我又跟一位先生学了《夜奔》，我唱这皋陶的时候他说，哎不是皋陶（yao遥）啊，这是陶字，皋陶。我相信他了，就一直这么误认为是皋陶了。后来我有一个朋友是复旦大学的老师，我把我这个【折桂令】的录音给他发过去，他一听，说李老师这个皋陶要唱陶（yao遥），这是古音，名字上要念陶（yao遥），姓上念陶。

李玉声就是这样，对每出戏都仔细再仔细地琢磨，每一个细节，每一个情绪，每一样道具，甚至每一个字都会反复揣摩。

在杭州的日子里，他常常像这样自己编戏，有时是改他以前学过的戏，有时是将以前看过的、学过的戏中的技巧编入新戏当中。就像二十二岁时，他将在中国京剧院看过的张文熙的《高亮赶水》中的武打动作用在了自己的戏里。那是一个出手的动作，踢枪、靠旗子打李玉声都用过，但用得不多，因为那是武旦的活，而这次，李玉声将看过的戏中的动作移植改造成了自己的动作，一个高难度的踢枪动作，一个人背着他，有点像大背跨，李玉声在那人背上来个踢枪动作，或者一个人把他从头上扔过去，他一按那人的盔板，两腿向两边从那人头上过去，同时两只脚就踢两根枪。当然，完成一个动作不仅要靠李玉声一个人的高超技艺，还要靠配合，扔得也要好才能不失误。还有后来排《济公》这个戏，李玉声在当中饰演华云龙。最初演这戏时，李玉声用的是双钩，后来，他希望能够调回北京工作，那除了原先的东西，怎么也得再带回去点新的东西。北京这个地方的观众与南方的观众有所不同，特别是北京的老观众，他们喜欢看范儿，对出手不屑一顾，最初还管这些花哨的东西叫化学把子，但随着年光消逝，新生代观众的口味有所改变，他们也认出手，演员出手打得漂亮，他们也叫好。所以，李玉声开始琢磨新的东西，再排《济公》时，他放弃双钩，改用双锤。

九 同盖叫天在燕南 寄庐排戏的日子

"水光潋滟晴方好,山色空蒙雨亦奇。欲把西湖比西子,淡妆浓抹总相宜。"这是苏轼描写西湖的传世佳句。西湖,是文人墨客的宠儿,慰藉了多少避世人的心。白居易、苏东坡……不少雅士都曾驻足西湖之畔,为何?诚如苏东坡诗中所言,"若往西湖游一遍,就是凡夫骨也仙"。古人留恋西湖之景,今人亦爱幽居湖畔,静赏西子美景。林语堂讲得好:"到西湖时,微雨。拣定一间房间,凭窗远眺,内湖、孤山、长堤、宝淑塔、游艇、行人,都一一如画。近窗的树木,雨后特别苍翠,细茸茸绿的可爱。雨细蒙蒙的几乎看不见,只听见草叶上及四陌上浑成一片点滴声。村屋五六座,排列山下一屋虽矮陋,而前后簇拥的却是疏朗可爱的高树与错综天然的丛芜、溪径、草坪。经营毫不费工夫,而清华朗润,胜于上海愚园路寓公精舍万倍。……其时远处尽为烟霞所掩,绿洲之后,一片茫茫,不复知是山,是湖,是人间,是仙界。"也许同样看中了这仙境,盖叫天在西湖之西置了宅子,给它起了个文雅的名字——燕南寄庐。

燕南寄庐远离市区,想找到它的身影十分不易,此处今已成为盖叫天的纪念馆,为了便于有心人前来凭吊,公路旁修起了大的牌坊和华丽的门面来引导人们进入通向故居的小路,这条羊肠小路的一侧是花草和流水。信步良久后,你可能会看到燕南寄庐,也可能会与之擦肩而过,它真的很不起眼。盖叫天住在燕南寄庐无异于隐居。在这,他远离了城市的喧嚣,静心研究表演艺术。这里山明水秀,给了盖叫天很多艺术灵感,他曾说:"借用飞禽走兽和生活景象中各种美妙的姿态来丰富舞蹈动作,正是要吸取生活中诸如龙行虎步、猫窜狗闪、鹰展翅、风搅雪、风摆荷叶、杨柳摆舞等具有特点引人注目的姿势,来表现人物的神态,来美化身段。"自然开

85

2016年12月22日，作者到西湖畔寻访盖叫天先生的故居。故居隐匿于花草树木间，若你稍不留心，便会与之擦肩而过。也许，这便是屋主人的本意

阔的气象慰藉了他的心灵，也成就了他的艺术。

燕南寄庐是四合院式的住宅，白墙青瓦，淡雅简朴。进门首先看到的是盖叫天的铜像，摆着他的招牌动作迎接来者。左边是盖叫天生前会客的百忍堂。堂后有个门可以进入后院，那是盖叫天练功的地方。还有一间佛堂，里面供奉着很多尊罗汉，都说盖叫天会在这焚香打坐，看青烟袅娜的上升轨迹，从中感受到某一种韵律的存在，所以他的身法中有一种很自然的东西。他还看着香烟创造出异样美感的身段，能反其人之道，研究出一些反着走的东西，很美，也凸显了他的艺术个性。盖叫天钟情的另一件事是独自揣摩罗汉像的造型，这令他的亮相充满了雕塑的质感，特别有艺术张力。仿效罗汉像还给了盖叫天另一种本事，那就是亮背，他管这叫四面八方的艺术，亮相要有雕塑般的雕刻美感，每一面面对观众都是美的。这处宗教静地让盖叫天的表演艺术多了几分神秘性和故事性。

盖叫天早年间跑野台子的时候就在杭州龚振桥那边，他喜欢杭州这方水土，并把家安在了这。燕南寄庐前前后后建了近几十年。他的儿孙

后来回忆说，盖叫天没事出去遛遛弯，看哪块石头不错，就搬回家，看哪个树根基的形不错就想办法弄回家，燕南寄庐里的东西都是他中意的。50年代，周恩来要到盖叫天家做客，警卫按例到燕南寄庐来说该怎么安排，结果盖叫天和警卫说，周总理已经来过了，都走了。原来周恩来是自己来的，没有通知警卫，那天下着毛毛雨，周恩来住的地方离盖叫天家不远，打着伞就来了。来了之后问问盖叫天生活过得怎么样，盖叫天说："我这没电灯，对外联系也不方便。"第二天，电灯也有了，电话也安了。盖叫天说的话让人感动，"生我者父母，知我者共产党"，这是盖叫天公开说的。在北京饭店和周恩来吃饭，饭桌上，看着发亮光的白米饭，盖叫天说："哎呀，这是什么？"他不是不知道这是什么，就是夸这个好，说明现在我们翻身了，能吃到这么好的东西了。盖叫天深谙说话的艺术。"文革"前他的日子也过得不错，只是到了那个特殊年代，他难免劫难，燕南寄庐也遭到破坏，虽然后来燕南寄庐得以修复，但已不见当年的样貌。笔者在此找寻李玉声讲述的故事中的地点，可只寻得了些片断。

盖叫天被众多戏迷追捧不无道理，看看他口述的《粉墨春秋》便可以知道要成为武生宗师要吃多少苦，受多少磨难。无须赘述他取得了什么样的成就，但凡喜欢戏曲的人多多少少都知道他的故事和荣耀。于今，人们认为南北武生风格不同，主要指的是以气度见长的北派武生杨小楼和以短打戏闻名的南派武生盖叫天，二人是武生的两座高峰，至今无人逾越。刘海粟在《黄山谈艺》中利用比喻对比了两人不同的风格，"杨小楼如泰山日出，气魄宏伟，先声夺人，长靠短打，明丽稳重，纵横中不失精严，如大泼墨做画，乍看不经意，达意实极难。……盖叫天如版画绣像，线条流畅，洗练沉雄，一动一静，一个眼神，从活脱中见功力；又善妙悟，罗汉面人，皆能悟出奇招"，实是各有千秋，喜欢哪一种，但凭观众的口味了。

李玉声结识盖叫天的时候，盖叫天已经七十二岁了。那时候，杭州京剧团的演员常到盖叫天的燕南寄庐去排戏，然后一同演出。当时盖叫天已经是闲散之人，他想演戏就用杭州京剧团的人。李玉声觉得盖叫天演戏有仙气，现在很多戏没了，不是因为剧情、剧本没了，是人没了，现在人没有他那个火候、那个感觉。李玉声觉得第一代艺术家的表演是自然天成，他们的唱跟青铜器似的，是出土文物，如若把他擦干净了反而完了，要的就是他那个不加修饰的古劲儿。

虽然有传言毕业时史若虚校长用心良苦，为让李玉声能到杭州继承盖派衣钵力排众议，但盖派的风格与李玉声并不吻合，李玉声走的是杨派的路子，讲究唱念和功架，善演扎靠的大将，而盖叫天却是以短打著称。尽管如此，李玉声在杭州看了很多盖叫天的东西，也受益匪浅。李玉声到盖叫天那，有的时候是去排戏，有的时候就单纯去做客，和团长鲍毓春一起去，盖叫天总是热情接待，亲自给沏茶。

盖叫天排戏很认真，李玉声也是。每次排戏，李玉声都是第一个到的。一般大门都是开着的，到了就直接进去。当时盖叫天家门口养了一条草狗，李玉声怕狗。有一次，他到了燕南寄庐，可是门还没开，大概门里那狗知道来人了，汪汪地叫，李玉声有点怕可又不敢叫门，就坐在门前的下马石那儿等着。少顷，盖叫天可能是听见狗叫，知道有人来了，便出来开门。门一开，李玉声看见盖叫天穿了一个大褂，背着手看自己，他连忙站了起来，叫了一声"盖老"。盖叫天道："排戏来啦？"盖叫天没有让李玉声进屋，而是坐在了高的下马石上，然后招呼李玉声坐在低的下马石上，两人就这么在门口坐着聊天。

百忍堂是盖叫天会客的地方，桌椅摆件都很考究，从后面的门出去就来到了后院，盖叫天常在这里练功。燕南寄庐不算大，但很精致，栖身于此，不失为养性佳选

"你是学什么行当的呀？"盖叫天问李玉声。

"学武生的。"李玉声回答。

"什么戏开蒙呀？"盖叫天接着问。

"《上天台》。"李玉声的回答很简单。

"哦，王帽戏，好。"盖叫天转换了话题，"你们家是干什么的呀？"

"我们家是唱戏的。"

"你爸爸是谁呀？"

"我爸爸是李洪春。"

"哦，李老夫子。"盖叫天对李洪春的称呼很值得玩味。

两人正聊着，从小路那儿头走过来一个人，三十多岁的样子，个不高，背着个包。李玉声不知道来者是谁，从后来来人与盖叫天的谈话中，李玉声得知他是文化厅的。那人走到了盖叫天的跟前，盖叫天开口便问他有没有带纸笔，对方说有，并从包里拿出了纸笔。

盖叫天对来者说："咱们这个电影呀，头一个镜头就是我这四个字，燕南寄庐，第二个镜头是他的。"一边说，一边指着李玉声，"拍他从我门口这条溪水走过来"。那人拿笔认真地记录着。盖叫天接着说："再有，我这门一开，我从里边出来，他来向我求教。"李玉声不知道这要拍的是什么电影，虽然盖叫天把镜头都想好了，但这电影最后没有拍成。电影镜头的设计说到半截，其他排戏的人陆续都来了，就不说了，进去排戏了。李玉声看过很多人排戏，盖叫天是他看过的最认真的，七十二岁了，就那么在砖地上做抢背，可想而知，他定是每天练功，天天练才能做到那个份儿上。

在李玉声眼中，盖叫天是个聪明绝顶的人，他做很多事都是有深意的，但他人不一定能理解，为何这么说，因为盖叫天和李玉声说了一句意味深长的话，像个哑谜，只可惜李玉声当时没有领悟。

那天，李玉声和鲍毓春游玩之后一时兴起便合计着去盖叫天家喝茶，去得也不算太早，但盖叫天尚未起床，二人便在客堂那儿等。一会儿，盖叫天起来了，先要烧香。盖家的香炉很大，这是盖叫天特意要的，因为要用这个练功。如何练？一手提溜着，一手插香。盖叫天的子孙在回忆他的文章中也常常提到，盖叫天平日里处处都在练功，盘腿坐着练脚腕，扎起架势扫地，燕子抄水扫桌底……点了香，没磕头，盖叫天便来到了八仙桌前，他坐在了小边，大边给人留着呢。下人给他送来点心，牛奶、鸡蛋……牛奶用玻璃杯装的。盖叫天开始吃东西，李玉声就那么一直看着他。那天，盖叫天穿了一个大褂，安静地吃饭，对小玉声来说，盖叫天那是大人物啦，当时李玉声只是一直盯着他看，以一种敬畏的心情，注意着他的一举一动。

没有征兆，盖叫天突然说："诶呀，我的鸡子呢？"盖叫天管鸡蛋叫鸡子，过去北京人管鸡蛋也叫鸡子。不知何故，盖叫天反复说了好几遍："我的鸡子呢？我的鸡子呢？"李玉声也很纳闷。最后，盖叫天从自己的袖子里把鸡蛋拿出来吃了。此时，李玉声心里合计："怪了，我一直看着他呢，这个鸡蛋怎么进他袖子里的？"那是个生鸡蛋，本来放在牛奶杯子里的，直到现在李玉声还没能破解这个谜题，究竟是怎么进去的呢？而且袖子里有生鸡蛋应该有感觉呀，为什么反复说了那么多次"我的鸡子呢？"

后来，李玉声把这事当个有趣的故事讲给朋友听，一位朋友说："你应该趴地下磕头呀，说，子在。"李玉声想想，好像也有点道理，盖叫天反复地说"子呢？子呢？"谁也不知道这种猜测对不对，李玉声说："朋友说的如果是真的，那我太笨了。没准真这么做就认我当干儿子了，太难猜了，你看孙悟空学艺不是师父敲他头三下，然后一背手。也许我和盖叫天就没有这个缘分吧。"

李玉声这辈子只有老师，没有拜过师父。原因之一是父亲李洪春的辈分太高，有资格收他做徒弟的人很少。60年代初，有那么一阵子，全国都兴拜师，北京的李少春、李和曾拜了麒麟童。说到李少春，李玉声平日里也管他叫二哥，对他的表演也是认可的。李玉声认为，"他在这个真假虚实转换上，在这个劲头的变化转换上，如同吴昌硕笔下的紫藤神鬼莫测。……少春先生舞台上的《野猪林》……比方说八十大板在打他的时候，那个高侉桌前边，一碗香油用毛笔蘸油，往脸上一画，气氛就不一样了，乱锤的时候，四肢把身子撑起来，就在这导板头子过门里头横搓，咱们五功五法里头没有这招，谁练趴着走搓步？没有这程式，他在白虎大堂有这招，他还没唱导板哪，台底下就炸窝了。……《野猪林》那场扮相是不一样的，舞台上演出是罪衣罪裤，红的短衣服、白大袜草鞋方枷手杻。那一场表演太好了，绝了，空前绝后。有这么几下：他在台中心偏下场门那边，带着方枷手杻坐在地下，也是右腿盘的左腿支出去的，解子打他，他想起来起不来，他就在这锣鼓里头这几下表演，触动人心呀，到现在我忘不了他那神情"。那时，文化局的一个人建议李玉声拜上海的李仲林。年轻气盛的李玉声有点看不起他，自己从学校开始就是挑梁的，是学校培养的高材生，一直都是主演。事实上，李仲林当时也是很有名的，是上海挑梁的武生，可在李玉声的脑袋里，他还不够好。李玉声还故意放出风去，说不拜李仲林，要拜拜盖叫天还差不多。不得不说，还真是年少轻狂。

再说说盖叫天和李玉声的事，盖叫天把鸡蛋拿出来吃了，然后就开始和李玉声他们闲聊了，聊聊过去武生的事。像切忌吸大烟、嫖娼什么的，因为那样力气就没了，力气没了就不能当武生了。那时候说唱戏要当半辈子和尚，唱武生的得当多半辈子和尚。

聊了一会之后，盖叫天说，"你们先坐着"，然后他就出去了。李玉声很好奇他干什么去了，便站起身跟出去看看。出去一看才知道，原来盖叫天在那舞剑呢。李玉声回忆到当时的情景时用了极富感情的话语："这几下舞剑呀，真是神仙，太美了。他那个劲儿呀，真帅。就舞了那么几下，我没走到月亮门那，我在月亮门旁边的小窗户看他，然后他发现我看他了，不舞了，把剑放在石头上。然后我就回客堂了。也不是怕偷师，大概就是一个习惯，我就有这么一个习惯，练功的时候喜欢一个人，如果有人我也会停下来，也不是怕人学，怕人偷师，就是一种艺术情绪的破坏。后来剧团的人都知道我这个习惯了，我练功从来没有人看。我一般会错过大家练功的时间，等大家都练完了，我才开始准备。"这大概是所谓的英雄惜英雄吧。

十　正式向李洪春学艺

　　1962年夏天，趁着探亲假的机会，李玉声再次返回北京。这次离开的时候，他就没想过再回来。临行前，李玉声整理了所有家当，刀枪把子，被窝褥子，还有一大箱子的东西，一样不留。他没有和任何人打招呼，决定就这样带走自己所有的东西，一去不复返。

　　李玉声没有想过这么一走了之的后果是什么，大不了就是没有工资了。李玉声当时是十二级演员，每月的工资是六十八元，他刚毕业的时候工资是三十二元，那是全国统一的，中国戏校毕业生都是这个工资，转年他就拿六十八元的工资了。说到工资，这也是李玉声要离开杭州的一个原因，因为他在北京的同学像他这样的都从十二级演员变成十级演员了。有特殊贡献的，比如拍杨门女将的杨秋玲、钱浩梁等人连升了三级，其他人也至少升了一级，可是杭州都没涨，李玉声还是十二级演员，这令他心中不平。他想，即使没有收入也可以暂时吃父亲的，应该说，他当时没想过没饭吃，觉得不可能没饭吃。李玉声一心只想着回北京，因为在杭州不开心，只有在北京才有机会露自己的本事，没想过第二步。

　　那时候，想从杭州到北京，还得到上海去倒车，李玉声就把刀枪把子放在张翼鹏的儿子家了。李玉声不仅和盖叫天有缘，和他的子孙也有缘分。在团里的时候，大家都住在集体宿舍，李玉声和盖叫天三个孙子住在一个屋子里，他们一个比李玉声大好几岁，一个和他同岁，一个比他小四岁。李玉声说，他们都遗传到了盖叫天的聪明劲，而且很孝顺，他们工资一个人50元，发下工资寄100元回上海给家里，三个人剩50元生活。

　　回了北京的家，李玉声没有间断练功，母亲高剑雯给李玉声找了一个拉胡琴的，天天吊嗓子。那个时候，李玉声的嗓子遇到了倒仓的问题，幸好他倒仓倒得不苦。有人倒仓时十分痛苦，说话都困难，有的就必须改行当了。经过一段时间吊嗓子，嗓子过来了，幸好有这段时间正确的保养，李玉声至今仍能唱老生戏，而且一直都是以嗓子好的武生著称的。吊嗓子，是一辈子的事，即使是现在，不吊嗓子、不练功，李玉声就不敢演出。

也是在这段时间，李玉声开始正式和李洪春学戏。小的时候，李洪春不舍得儿子练功，所以没有教过小玉声唱戏。后来上戏校了，主要靠老师教，李洪春也没有正经八百地教儿子唱戏，直到此时，可能李洪春觉得儿子基础打好了，有资格让他深造了，所以才正式教李玉声唱戏。

平时要练功的时候，李玉声和他两个弟弟就去吉祥戏院，负责人看李洪春的面子，一般上午戏院不演戏的时候，就让兄弟三人在舞台上练功，只是毯子没铺开，就在地板上练。每天早上，兄弟三人从家出发去吉祥戏院，戏院旁边有个早点店，李玉声特别喜欢吃那儿的奶油炸糕，所以每次先去吃奶油炸糕，吃完再去练功，练的一般是《挑滑车》。李洪春不会陪儿子们去练功，他每天早上要遛弯，去遛鸟，上午还要去单位上班，即使班上没事，也得去那么一趟。

李玉声在北京的生活很简单，上午去吉祥戏院练功，下午和晚上在家。李洪春下午从单位回来就在家教李玉声唱戏。再后来，李玉声觉得三兄弟一起在剧场练功效率不高，一个人拉完戏，其他人才能练，他在台上练，小弟弟就只能在边上耗腿，浪费时间。如果一个人，一个小时就完了，他们三个人得互相等，就得三个小时。所以，两个弟弟仍旧去吉祥戏院练功，李玉声一个人去日坛公园练习《乾元山》，公园里虽然有很多人，但没有人特别注意他。公园里有一块较大的空地，李玉声就在那儿练习哪吒的乾坤圈，一手拿一个圈，一手拿一根枪。李玉声去公园练功的另一个也是主要原因，是公园空气好，喊嗓子舒服。

李玉声学戏学得很快，是真有唱戏的天赋。父亲李洪春说他学戏就像吃戏一样。一日，李洪春正在家里头教儿子唱老爷戏，李玉声顺口一溜，问了一句："您看这个人物该怎么刻画？"李洪春听到儿子口中说出了刻画人物的字眼顿生怒气，双眉微锁，反问了一句："什么物？"李玉声知道父亲这是不高兴了，从那一刻起，李玉声的心中就留下了深刻的印象，中国的戏曲不是刻画人物的艺术，他一直秉承着这个理念，至今亦如是。

50年代初，苏联的戏剧理论被引荐到中国并迅速弥漫开来，很多人奉之为绝对真理，即使在今天，斯坦尼斯拉夫斯基的刻画人物的表演论调也是演员最为肯定的理论。李洪春一进国家剧院就接触这些外来的表演理论，他很反感，老先生从来不说这些。京剧，在老先生眼里是角儿的艺术，是中国古典文化的结晶，是写意的水墨画，是以四功五法为基础的综合性表演，与真无关，与体验生活无关。所以，李玉声问出这句话之后，父亲就火了。除了那句话，李洪春什么都没说，没再具体解释别的，李玉声也不敢再问了，那话就已经表明父亲的态度了。

那么，如果想向父亲请教一个角色的表演方法该怎么表达呢，不说人物二字，直接说角色的名字吗？学戏似乎和笔者惯有的思维不同，学戏时没有请教二字，只有做这一个字。如何做？就是模仿。师父给示范一遍，徒弟跟着做就是了。先打引子，一遍一遍地，做得不对，师父自然就会给纠正，然后再学身段，那叫落地。就像李玉声所说："你还问什么怎么演呀，他不都教你了嘛，唱腔、动作、细节都告诉你啦。还怎么刻画呀，人家已经是定式了，那些程式不就已经体现角色了吗。他们说那个刻画人物，就是一个笼统的帽子呀，你再往下问，怎么刻画，他不也得说，手怎么做，眼睛怎么做，这不京剧都告诉你了嘛，你还刻画什么呀。脸谱、服装、程式，已经到了一个美的饱和点了，已经表现得非常完美了。"

京剧从形上开始，形上不正确，一辈子感觉没有，演员如果外在的东西都不正确，就更别提揣摩内在的东西了。戏曲演员得先练外在的形，再慢慢摸到内在的心，练出神韵之后再指挥外在的东西。有了神才能摸到心，心是最后一层。为什么要耗膀子呢？就是为了固定动作，李玉声小时候耗膀子，一般都耗到下不来了，僵到那地方了，老师一下子给扒拉下来才算数，以后一抬手就是这个位置，这就是标准的。这是几代艺术家提炼出来的，最美的地儿。各行标准的山膀位置也不一样，像短打武生的山膀要张腋，腋下硬，过肩，李玉声认为盖叫天的山膀最标准。至于山膀这个称呼，有人说是像山，有人说是闪膀，有人说是展膀，李玉声更倾向于展膀。

李洪春一方面是教孩子唱戏，一方面还得张罗儿子的工作。为了孩子，向不进行社交的李洪春不得不再次去托人找关系，李洪春找过当时的艺术局局长马彦祥，中国京剧院二团团长李和曾，但都未能如愿。虽然没能如愿留在北京工作，但李玉声也不想就这样放弃回去，他最后决定逾假不归。两年多的时间里，他学戏好像能过目成诵似的，共学了一百七十五出戏，这些戏大部分是向父亲李洪春学的。为什么能学这么多戏，李玉声认为学戏是这样，第一出学半年，第二出也得学半年，到毕业的时候，半天就能学一出，一刻钟就能学一出，他学戏特别快，是因为底子打得好。李玉声到杭州工作后，一次，团里让他演出《柴桑关》（《周瑜归天》），这是出南方戏，他之前并未学过，只好由鲍毓春临时教授给他。上午学晚上演，时间如此短暂，没有功夫谁敢应承这活？李玉声敢！那晚的演出不能说完美，但总算是顺利。80年代的时候，李玉声还将此戏与《卧龙吊孝》重新整合，编了一出《隔江斗智》。对于这样的经历，善于总结的李玉声还做了辨析：

> 我觉得，所以能够半天学一出戏，全得益于一年学一出戏的扎实基础。红生戏也是如此，四十多出关老爷戏，《单刀会》《古城会》《水淹七军》三出是基础。从唱腔上讲，《单刀会》属于昆腔，全是曲牌；《古城会》前面是皮黄，后面是吹腔；《水淹七军》属于拨子，须唱出徽味儿。从身段来讲，《单刀会》动得不多，《古城会》有趟马、开打，《水淹七军》则边唱边舞，一句甚至一个字换一个身段，舞蹈性强。这三出老爷戏每出都有独具神采、特殊风韵的关老爷话白。可以这样说，这三出戏基本囊括了其他老爷戏的主要五功五法，若学懂学精，便可化用，迅速而准确地掌握其他几十出老爷戏。过去学戏时，家父常说："这戏的开打和哪出戏一样，就这一下不同。"只要学不同的"一下"即可，很容易就能够学会练熟，登台奏技。因为演员学的是行当的表演艺术，表现的也是行当的五功五法、程式动作，乃至于某些段落，如唱腔、身段、开打等，均有雷同之处，可以执一驭万。这便是行当的最大魔力和价值。正是由于行当的存在，使得京剧成百上千的剧目不致成为一盘散沙，仿佛用一根线将粒粒珍珠串联成项

链，演员易学，观众易赏。这与传统的中医相似。昔日老中医教授弟子，命其先背熟《汤头歌》等基本用药处方，一如京剧的本行基础，然后根据实践诊断对《汤头歌》进行加减，以适应不同患者的病情实际，一如京剧的学习其他剧目，这似乎也体现了既追求变化无穷、难觅踪迹的"活"，又有一定之规、有章可寻的"法"，以不变应万变的中国文化的特性。

这两年多在北京练功学戏对李玉声来说既即时又有效。初到杭州时，李玉声走过一段弯路。1960—1961年，李玉声自己觉得在舞台上做什么都那么别扭，走路、山膀都不顺，经过这两年多的练功才慢慢调整过来。他认为练功可能有这样的规律，比如每天压腿踢腿，每天在练，有时候会觉得今天这腿怎么这么硬呀，硬这么几天不硬了，好了，这个好其实是提升了。也是在这两年多的时间里，他的艺术有了一次飞跃，飞跃之后就稳住了，慢慢上升。

戏，吃得快，忘得也快，李玉声在一次录制内部资料时说，曾经会两百来出戏，现在"一出也不一出了"。他到底会什么，现在可以从1987年他给工作单位列出的他能够演出的戏单子上略知一二。他当时会的武生戏，包括猴戏，有《石秀探庄》《夜奔》《蜈蚣岭》《雅观楼》《摩天岭》《乾元山》《八大锤》《神亭岭》《金雁桥》《白水滩》《一箭仇》《战濮阳》《战马超》《景阳岗》《狮子楼》《十字坡》《快活林》《飞云浦》《三岔口》《洗浮山》《霸王庄》《恶虎村》《骆马湖》《连环套》《小商河》《挑滑车》《长坂坡》《金锁阵》《栖梧山》《猎虎记》《麒麟阁》《潞安州》《绝燕岭》《鹰愁涧》《劈山救母》《安天会》《十八罗汉斗悟空》《十八罗汉收大鹏》；会的红生戏有《斩熊虎》《走范阳》《三结义》《造刀投军》《斩华雄》《斩车胄》《屯土山》《破壁观书》《赐袍赠马》《三许云阳》《白马坡》《诛文丑》《阅军教刀》《破汝南》《封金挑袍》《千里走单骑》《古城会-问樵-斩蔡阳-训弟》《收关平》《教子观鱼》《新野慈放》《火烧博望坡》《汉津口》《临江会》《战长沙》《单刀会》《收姚斌》《水淹七军》《走麦城》；会的文武老生戏有《上天台》《马芳困城》《黄金台》《搜孤救孤》《捉放宿店》《审潘洪》《红鬃烈马》《四郎探母》《桑园会》《失空斩》《当锏卖马》《断臂说书》《哭灵牌》《宝莲灯》《草船借箭》《战樊城》《文昭关》《鱼藏剑》《法场换子》《汾河湾》《击鼓骂曹》《将相和》《盘河战》《借赵云》《忠义臣》《武昭关》《三家店-打登州》《问樵闹府-打棍出箱》《打渔杀家》《大保国》《二进宫》《战长沙》《定军山》《阳平关》《五截山》《伐东吴》《战太平》《南阳关》《秦琼表功》《扫松下书》《徐策跑城》《响马传》《野猪林》《独木关》《李陵碑》《洪洋洞》以及《战宛城》。

李玉声说，他学戏的方法和他人不大一样，比如去看戏，别人是去看数儿，他是在看会数儿的同时看会方法，他说的方法指的是表演内涵。父亲李洪春教他的百余出戏，虽然具体的数儿都已淡忘，不能原封不动地演，但其中的东西李玉声还会，这些玩意儿可以用在其他戏里。且举一例，那时候剧团里排《济公大闹秦相府》，由李玉声出演华云龙，他当时就想到拿双钩，舞台上没有拿双钩开打的，但老戏有一出《李家店》，里面的花脸是拿双钩跟黄三泰比武的，李玉声就将这出戏的把子功夫用在了自己的新戏里。那时剧团没有这件道具，李玉声知道武术里有双钩，就按武术里双钩的尺寸和样子做了道具，只是武术里的双钩是铁的，他是用竹子做的，然后再贴上的银片。

这两年多，李玉声除了练功和学戏外，另一件重要的事就是去看其他人演戏。他看戏一般是不用花钱买票的，有时候就在开戏之前，从后台溜进去，开戏了就有人站那管了。当然，李玉声大多情况从后台进入也是为了看看主演，一般到后台和主演都认识，大家都知道他是李洪春家的少爷，即便有不知道的，也看着他眼熟。李玉声常去看马连良和李万春的戏，他管马连良叫马先生，管李万春叫万春哥。李玉声特意总结过他对李万春表演艺术的看法：

　　一个演员艺术风格的形成，受着他的家庭、环境、朋友、艺术基础、表演的本领、对程式的认识，还有他的性格、品行、文化和文学这方面的知识和修养等等的影响。比如说李万春先生，我叫他万春师哥的，因为他的爷爷是我父亲的老师，他的父亲跟我的父亲是磕头把兄弟，所以我管他叫万春师哥。他从13岁开始就跟我爸爸学戏了。李万春10岁挂头牌，小孩养活一群人，这群人都指着他，天天演出，分份养家糊口。10岁挂头牌，所以，使得他的艺术程式不够规范，基础应当说不大瓷实。但是他的艺术、他的基础都是从舞台上练出来的。私下没有时间练功，有时间要学戏要演出。所以形成了他自信、自傲、自豪，自己有一个任意性，我想怎么亮怎么亮，他是老板他是角，我想怎么走怎么走，怎么亮都对，观众就是捧他，10岁的小孩啊！听我父亲说，那个时候除了杨小楼就是李万春，红得不得了，他怎么走观众都叫好，所以他很自信，他就有任意性，几十年这么下来，他从10岁就站在当中间就是主演，站了一辈子，他那"份"就有了，把站当中间那角儿样练出来了，他就是角，这种情况形成了他的那种自由放纵的艺术风格。丁字步他不肯站，但是他怎么站都好看，有一种霸气，也是他一辈子养成的。他的唱念真漂亮，嗓音一发声就有味，他是宗杨（小楼）的，但是也宗黄（月山）。他的一辈子舞台经验太丰富了。我看他的《骆马湖》，那时候他已经50开外了，这出戏有一套"大杂拌"——单刀枪，在打的当中他这一环手一压刀，这环手哇就是给锣鼓交代，这也是给观众领神，给他下串交代，他拿的是刀，啪飞脚，他的飞脚实际上已经不成了，但是他的飞脚非常脆，就是这个脆谁也达不到，实际他飞脚不高，拍右脚时左脚已经落了地了，观众还是给他叫好，脆，神领得好。他的踢大带也很大气，不像有很多踢大带的，大带那么踢这么踢，转圈完了再踢过来，分开踢搭十字，完了再踢一扭身，从后头搭在肩膀上，他没这些东西，很大气，就是一下，这一下比你那十下都管用。他踢大带的力度和劲头比不了，我看他武松，记得系的丝绒大带，扣的板的大带，他这一踢呀，啪，有声儿，脆是他很大的特点，唱脆、念脆、身上脆，武打、表演都是脆的。他的《三岔口》《打店》有一手，从桌子上飞脚下去，从桌子上飞脚落地跟猫似的，一点声儿都没有。过去那个地毯很薄哇，不像现在的地毯这么厚呢，真跟飘下来似的，落地一张纸似的没声儿。后来我也学他这个，我那《打店》我也有这下，啪，上面见响了，落地没注意蹬一声，声音很大。后来我单练这下，也能没声了，但是没有他那种飘的劲头。这是他的绝活。

练功、学戏、看戏，就这样，李玉声在北京耗了两年多，调动工作的事依旧没有着落，李玉声不得不再次返回杭州工作。这次回到杭州，单位按例又扣了李玉声两年多的工资和粮票，并给了他降级降薪的处分。

十一　和爱新觉罗·载涛学猴戏

"十万熊罴，星辰齐聚，遵天旨，歼灭渠魁，扫尽如斯辈。大将桓桓出玉庭，雄兵十万列连营。天罗地网安排定，管取妖猴一命倾。……某，托塔天王李靖是也。奉御旨前往花果山水帘洞擒拿妖猴。……俺这里神通奇异，妖气不与瑞光沸。俺这里祥天霭霭，他那里，他那里冷气凄凄。俺这里一般雄心多智慧，他那里千般魔力逞机宜。……俺这里天兵天将施威武，他那里猴卒妖兵各逞威，只杀得星斗依稀。……好恶妖猴也！俺只见雄威赳赳勇如罴，不枉他，不枉他号天齐。只见他往来南北，摧退东西，他那里奔驰一似如儿戏。俺这里神通广大，怎可也难逃避，俺与他一会价辨个高低。昏惨惨四野征云起，闹垓垓几处的军声沸，恰更似平地上起个轰雷。只见水怪山魈尽挂铁衣，摇也么旗也却也助军威。可笑那无知物，怎好迷痴，这壁厢吹觱篥，那壁厢擂鼓皮。他怎当俺法力大，可也尽披靡披靡。……满山头天雾黑，四下里，四下里刀枪密。眼跟前把暗天昏，耳边厢鬼哭神啼。蓦地里山崩海沸，只杀得紫微垣，斗转星移。这妖王法力果精奇，不能够把他欺。又见他狰狞相貌多奇异，他只是三头六臂铜筋铁骨，吼一声恰似野霹雳。"这是《安天会》中托塔李天王李靖的唱词，他要抓的妖猴就是齐天大圣孙悟空，为何天庭要抓他，因为他捣乱了王母娘娘的蟠桃会，又偷吃了太上老君兜率宫中炼好的仙丹。

《安天会》是一出传统的猴戏，依照《西游记》改编而成，是杨小楼的拿手好戏，杨小楼除了擅于演长靠武生外，还极善猴戏，其最初的艺名就是小杨猴子，他也是北派猴戏的代表性人物，他演的孙悟空没有猴里猴气，而是气度不凡的猴王。后来，翁偶虹等人将《安天会》做了修改，并改称《闹天宫》，以前叫《安天会》，是从天庭的角度来说的，改成《闹天宫》

则是突出了孙悟空的主角地位。

李玉声也演猴戏，虽然没有他演武生戏和红生戏那么出名，但他的确也擅长演悟空戏。李玉声的《安天会》最初是和师兄袁金凯学的，第一天上午学了曲子，下午学了走边，第二天的上午学了开打，一共就学了这么一天半，但已经基本学会了，可以演出了。袁金凯教给李玉声的开打是老的，大小把子八套，大小荡子八套。

1962年，李洪春让在京学艺的李玉声跟着自己去爱新觉罗·载涛家再学学《安天会》，主要是学怎么走边。爱新觉罗·载涛这走边是杨小楼教的，他还和杨小楼一起接受过张淇林的指导，所以，他这出《安天会》古色古香，很地道，路子也正。爱新觉罗·载涛是清朝的皇族，光绪的弟弟，溥仪的叔叔。清朝的统治集群中有很多戏迷，最有名的就是乾隆帝和慈禧太后，光绪还和杨小楼的锣师学过打大锣，其他的王爷和格格中也有不少票友，爱新觉罗·载涛就是一个，他不仅喜欢听京剧，还喜欢自己唱，且随众多名角儿学过戏。

爱新觉罗·载涛的一生极具传奇色彩，三岁当将军，未成年就过继给了其他王爷，民国时沦落到每早都要去德胜门外摆摊养家。其实他有机会再过荣华富贵的日子的，敌伪汉奸找过他，希望他出来理政，伪满皇帝溥仪找过他，希望他帮自己再复大清辉煌，而爱新觉罗·载涛拒绝了这些邀请，宁愿做个闲散的人。新中国成立之后，爱新觉罗·载涛因擅长养马而被任命为中国人民解放军马政局顾问，又因为他擅长演猴戏，所以毛泽东打趣说他是不折不扣的弼马温。爱新觉罗·载涛最初住在后海西面柳荫街27号的涛贝勒府里，那里有过千平方米，府里有住房、花园、戏楼。本来溥仪逊位，国民政府还让他住在紫禁城中，且保障皇族的开销。1924年11月，溥仪搬出紫禁城，皇族也不再能得到经济支援。因清朝覆灭后生活拮据，爱新觉罗·载涛将涛贝勒府售出，他与家眷搬到山老胡同。1949年，他再次搬家，这次他搬到了西扬威胡同原来养马的马厩居住。

那日，李洪春带着李玉声到西扬威胡同去看爱新觉罗·载涛，载涛去政协上班还没有回来，李玉声和父亲便在家中等待。为什么李洪春会认识前清的皇族？过去有种说法，唱戏的都是通天的，也就是说，皇族喜欢听戏,唱戏的名角儿和皇族常有来往,认识也很正常。李玉声看见爱新觉罗·载涛的时候,他已风光不再,已是团结的对象了,但是因为他不做汉奸,有气节,成了一位政协委员。

李玉声对载涛的家还有些印象,他的家是原来养马的马棚,但是改装过了,也是很讲究的。一进门,一个小跨院,一个小房子,这是过去看马人的房子。再往里走,有一排房子,这是过去的马棚改装的,也很大,以前也养了很多马,是一条长院子。一进屋子,李玉声就闻到一股檀香木的味道,再往里看,原来他这屋里头一进去有一个隔扇,是用檀香木做的,雕得很讲究。载涛的家比过去肯定是一天一地了,但比起穷人家还是好很多。

下班回来的载涛看见李洪春很高兴,两人开始闲聊,聊杨老板,聊老戏。聊到《安天会》时,李洪春说,"能不能给我儿子说说",载涛很高兴地答应了。知道李玉声有向他学戏的想法,但由于那日时间已经太晚了,便约了另外的时间教授。这时厨房已经做好了饭,载涛准备吃饭,他吃饭有个圆桌,旁边站个老太太,墙犄角还站一个穿着短衣服、年纪比较大、长得挺黑、拿着拂尘的人,李玉声认为那是名太监。第一次与载涛的见面就这样结束了。

再去,就是约好去学戏了。这回,李洪春不再跟着,李玉声独自一人前往。李玉声没有向载涛学整出的《安天会》,只学了走边,李洪春主要也是希望儿子和载涛学走边。教戏,也是过戏瘾的过程,载涛教授的时候很热情,先是给李玉声整体演了一遍。这一遍下来,李玉声基本就会了,用他的话说,他学戏能达到过目成诵。还有一些小细节,载涛又一一做出了纠正和指点。李玉声觉得载

李玉声《安天会》剧照

涛的走边、亮相都很大气，一来是杨老板的猴戏就是大气的风格，再者也与载涛皇族的身份有关。

李玉声学得怎么样，可以从央视《名段欣赏》栏目为其录制的《安天会》中窥见一斑。那次录制的是《安天会》中的两个片断，选的当然是具有代表性的两段，一是"潜入瑶池时的《喜迁莺》"，一是"在太上老君门外的《出对子》"。李玉声遵循了杨派大气的路子，动作舒展，有猴王风范。无论是入瑶池时环望四下，还是偷食酒桃时的近看远眺，抑或是饮至微醺兜率盗丹，显出的都是机警之态，而非梁上君子之相。优美的身段，明快的节奏，有度的松弛，令李玉声所演之《安天会》古朴耐看，有味可回。

李玉声所演其他猴戏的视频今已难寻，但有位老先生观看李玉声猴戏后写了一篇文章以表感佩："李玉声先生当年演出《齐天大圣》从玉帝诏孙悟空官封弼马温开始——大闹御马监、闯天门、诏齐天大圣、大闹桃园、乱蟠桃、兜率宫、闯天门、反天宫、老君炉、大闹天宫（这之前全不扎靠）；剧中休息后，《十八罗汉斗悟空》开始扎靠，有别致的扎靠打出手的

《齐天大圣·斗青龙》的剧照

荡子，照片是《斗青龙》一场，吸取了太空步，有快有慢，步法精彩，剧场效果十分强烈。"

李玉声除了和袁金凯、爱新觉罗·载涛学过北派的猴戏，还和郑法祥学过南派的猴戏《金刀阵》。那时候还是在戏校，学校从上海请来了今有南派猴王之称的郑法祥教学生们大圣戏。

《金刀阵》是郑法祥的代表作，由其根据老戏删减改编而成。故事不是出自《西游记》，所以是一个人们较为陌生的故事，讲的是孙悟空修成正果以后，帮助南极仙翁赶走霸占他昆仑山的金翅大鹏，金刀阵是金翅大鹏所摆之阵。据其传人讲，郑法祥的孙悟空里有红生戏的元素，"郑老青年时期，曾受到红生泰斗王鸿寿的提携与熏陶，酷爱红生戏。因此，他塑造的斗战胜佛，借鉴并融入了许多红生戏的表现手段，为这一角色增添了一份神采，既威且美，动静相宜，一改以往桀骜不驯，调皮多动的习性。表演上注重人物气度，各种造型亮相如同雕塑一般彰显内在张力，一旦发威则有地动山摇之气势"。如果他不说，真的很难想象郑法祥会将王鸿寿红生戏的表演方法用在猴戏当中。

为了更好地表现孙悟空有上天入地的神通，有七十二变的本领，郑法祥还在大圣的身段上下足了功夫。他将形意拳的十二形毫无违和感地化入了悟空戏中，其所学十二形为"龙、虎、猴、马、鼍、鸡、鹞、燕、鸵、蛇、鹰、熊十二种动物，……龙的搜骨、腾云；虎的离穴、扑食；猴的缩力、纵山；马的疾蹄、垂缰；鼍的浮水、舒筋；鸡的抖翅、独立；鹞的穿林、翻身；燕的抄水、钻天；鸵的坚尾、超升；蛇的拨草、伶伏；鹰的目精、爪力；熊的坠肘、摇曳"，形意拳十二形模仿十二种动物，概括了天下动势，这些刚好体现了孙悟空的通天本领。伏羲、阴康、仓颉、华佗以易经、舞蹈、文字、中医导引术等方式将中国古老的象形文化流传下来，形意拳的拳师又以象形拳为载体诠释中华象形文化，郑法祥等艺人用以演绎象形文化的则是舞台表演艺术。郑法祥的悟空戏不单是表象的演绎拥有京剧艺术的魅力，其中还蕴含着百年象形武术的文化底力。与盖叫天相同，郑法祥也是以真功夫著称的，他学过猴拳、通背拳、螳螂拳、八卦掌、形意拳等。形意拳十二形属象形拳，是拳师动物图腾崇拜思维的动作延伸，给武术动作附以给人想象空间的动物名称，令习武富有诗意。诗意是形意拳十二形与京剧的一个共通点。

孙悟空和关公在中国同样代表着尚武精神，前者因自由性、趣味性、想象性等因素而更受年幼者崇拜，关公更多地受成年人尊崇，因为他并不是单纯尚力的代表，其忠义的人文精神对人们更加重要。武生为演猴戏而学习中国传统武术的实例颇多，以演猴戏著称的杨小楼曾向李尧臣学猴拳，张翼鹏则将螳螂拳化进了猴戏当中。武术套路的美感和韵律为与武戏互动提供了可能性，武戏也因吸收武术元素而更具张力和鼓荡感。

十二 特殊时期的艺术转型

　　1964年，传统戏已经逐步退出了演出市场，各地纷纷排练、演出现代戏。仍在北京等待调工作的李玉声看了几场现代戏，不只为了看戏，更多的是看旧友，看那些分配到各地的回京参加京剧现代戏汇演的老同学。中国戏曲遭遇质疑从新文化运动就有，"五四"时，因为政治上的动荡，令学者们冲动地质疑一切中国传统文化，出现严重的轻视、否定戏曲的倾向。1931年，上海左翼作家联盟组织了关于文艺大众化问题的讨论会，瞿秋白等人开始正视戏曲。1942年，毛泽东在延安平剧院说戏曲应该推陈出新。1951年，中华人民共和国政务院发表了《关于戏曲改革工作的指示》，要求"改戏、改人、改制"，继续批评戏曲中的封建糟粕，称应只吸收民主性的东西，要编反应社会主义新生活的戏，要用历史唯物主义的观点编创历史题材的戏，戏曲应为社会主义文化建设的一部分，戏曲要反映人民革命斗争和劳动建设的现实，发扬爱国主义精神，树立新英雄，确定"现代剧、传统剧、新编历史剧三者并举"的制度。到了60年代中，现代戏已然成了主导。

　　1964年6月5日，五千多位来自全国各院团的戏曲从业者齐聚人民大会堂，此处将举行京剧现代戏汇演的开幕式。此后，《红灯记》《奇袭白虎团》《芦荡火种》等三十五出戏陆续登上首都的舞台。至1964年7月31日，共有来自十九个省市的二十九个剧团在北京的天桥剧场、二七剧场、人民剧场、民族文化宫以及北京市工人俱乐部等剧场为观众献上演出。这次大会有积极作用也有负面影响，江青、康生等人就借此机会抨击传统剧。

　　12月底，李玉声调动工作无望，自知长此以往也不是办法，便启程回了杭州。这次回杭，传统戏已经不让演了，开始练习、演出现代戏了，像《红灯记》《芦荡火种》等。剧团排《芦荡火种》，让李玉声演郭建光，虽然违反规矩去了北京，但再回来，他依旧是主演。《芦荡火种》是北京京剧院编的，后来变成了样板戏《沙家浜》，北京把这戏的曲谱下发给各个团，李玉声等人学会了唱腔就能演出了。刚演的时候也别扭，穿现代的衣服，手都不知道应该往哪搁了。

排练了一段时间后，剧团开始四处演出。业务越好，喜欢李玉声的人就越多，也就避免不了有爱慕者会给他带来麻烦，人们给了它一个凄美的名字，桃花劫。剧团在外地演出的时候，李玉声等演员都住在舞台旁边。其中有一位女演员对他格外的好，早上他还没起床呢，就把早点给预备好，烧饼麻花什么的，都给李玉声买好了，暖壶水也给他打好。因为是冬天，还给他弄好暖水袋。对此，李玉声也很受感动，有时候两人就出去走走。女演员老对他那么好，他不会用嘴说，那时没有现在那么开放，胆儿也没那么大，李玉声觉得自己也应该表示一下态度，就给她写了一封信。没想到，这信被一个领导得知，不巧的是，这领导也喜欢这演员，于是便找李玉声谈话。领导问，"你最近写什么东西没有？"李玉声回答，"没有"，无论怎么问，李玉声也矢口不提，最后领导只好直接问，"你是不是给人写情书了"，那语气和态度就像审犯人似的。在那个时候，这是不得了的大事，也因为这事，决定不让李玉声演出了，转去拉大幕，后来还将其调到杭州制药厂，就相当于劳动改造了。

为了制造中药，李玉声得去采药，就相当于干农活了。在药厂不仅不练功了，还添了个习惯，抽烟。最多时，李玉声一次抽了七支"前门牌"香烟，他第一次感觉抽烟抽醉了。那时住在药厂的宿舍，几个人一个屋子，一个礼拜让回家一次。不过，李玉声在杭州也没有亲人，回去也不知道看谁，而且，回单位也没有饭票吃饭，还得到处借饭票，所以干脆不回去。李玉声在制药厂那儿待了半年左右，再回团里就快"文革"了。

回团后不久，一日李玉声到西湖的四照阁喝茶，突然乌云滚山，那个气派进入李玉声的脑子里，他顿时体会到了一些东西。一般人，一辈子也许都看不到一次这种景象。西湖真是胜境，李玉声在西湖旁得益良多。

还有一次，下午五点左右，李玉声骑自行车贴湖边而行，在南山路拐弯的时候，一看西湖这么漂亮，便把车停住了，到湖边看，感觉整个杭州西湖风景区变成了清澈的黄色，淡黄色的，但不是夕阳的原因。后来，李玉声特意在这个钟点去同样的地方找寻那景色，却再也看不到了，这一生他就看到过那么一次。这种干净的东西进到了他的心里，他演戏的时候就可以有这个安逸干净的感觉。

1966年5月，一场动乱席卷中国大地，渗透进各个领域，戏曲界是重灾区。不少知名戏曲人如马连良、奚啸伯、周信芳、李少春、荀慧生、尚小云、言慧珠都遭到迫害。盖叫天和家人被赶出了燕南寄庐，他一生的珍藏被洗劫一空。"文革"中，李玉声并没有和盖叫天有什么接触。再后来，"文革"快结束时，李玉声去看了盖叫天的遗孀。她住的一个小黑屋子里面一张床，一张桌子，没有地方放别的了，就是那么的小。盖夫人还记得李玉声，还夸奖说，"你呀，得挣两百五十石大米呀"，就是好角儿的意思。

据说，有"江南第一名丑"之称的刘斌昆手中有八百七十出戏的剧本，而这些剧本于此间尽毁。类似的情况有很多，李洪春和李玉声父子也都因为害怕烧毁了很多珍贵的资料。李洪春素有戏曲字典的赞誉，有传言说，三麻子王鸿寿离开北京去上海的时候，留了两大箱戏本子给徒弟李洪春，而李洪春也是因为看了这些资料，了解了很多的戏，可惜这些资料在"文革"中都烧毁了，就连他走访各地，抄下来的关庙中的对联集也烧掉了。李玉声也做出了同样的决定，他喜欢记笔记，记录自己所演之戏的舞台调度、走位、动作、身段和唱词等，还有记录父亲教他的唱词，记了好几本，这些都是李玉声的心血，是他费尽心思写的，只是上面写的东西，别人很难理解，只有他自己能懂，比如《乾坤圈》《林冲夜奔》等戏，本子上就写"退，退到九龙口，拉山膀，摘锤，又栽垂，往上柱看"。什么叫上柱，过去老台都有台柱子，李玉声管上场门的台柱子叫上柱。九龙口则是上台以后斗袖整冠、亮相的地儿。按过去舞台的大小，一撩台帘，三步那地儿就是九龙口，现在舞台大，三步还没出去呢，也管斗袖整冠那地儿叫九龙口。台中间叫台口，差不多就是现在放话筒的地方。在李玉声的心中，舞台就像个围棋盘，一格一格的，十分规整，这样舞台调度就可以比较规范。或者像象棋的米字格。如果不符合这几条线的规格，东西设计起来就显得凌乱，不大气。李玉声设计身段、走位，每个演员站哪肯定都是合乎这个规格的，一般是对称的。然而，这些都是四旧，是不许演的戏，是反革命，是不得了的事儿，所以它们的命运皆是付之一炬。

那时候，每个剧团的主演都被批斗，李玉声没有遭受批斗，一是因为他只有二十六岁，不是权威。二来，多亏了他不是头牌。当初，李玉声还不服气自己不是那八个在墙上贴海报写着头牌的人，此时该庆幸了。虽然逃脱了残酷的批斗，可还是被人贴了大字报，原因是刚毕业的学生，不到二十一岁，就评了十二级演员，十二级演员是有特殊补贴的，即使是三年自然灾害时期，还有补品，黄豆、鸡蛋什么的，为此，贴了大字报批评宣传部部长培养黑尖子。

虽然没有遭大罪，但无论是杭州的李玉声，还是北京的李洪春，都很紧张。李洪春虽然威望很高，但已经不是当红的演员了，也不是重点批斗的对象。即使这样，他还是忧心忡忡。以前一天的饭，六天没吃完，没胃口，吃不下。看见身边的旧友纷纷被迫害，他也是惶惶不可终日。而且旧社会，他还参加过帮派，虽然新社会这些事都交代过，贺龙也亲自说了不要在乎这些事，但是，要是真有人把这些事翻起来，也够受的。

京剧院那时贴满了大字报，只要有一个人贴出一张关于李洪春的大字报来，他就得回去挨批斗。一日有人写了李洪春的大字报贴了出去，随后又有人写了批评别人的大字报，可是大字报都贴满了，没地方贴了，就问当时负责的钱浩梁应该贴在哪，最后这张大字报将李洪春的那张覆盖掉了，就是因为学生钱浩梁的这个决定，李洪春躲过了一劫，没有人看见他的大字报，他也就没有被叫回去批斗。虽然躲过了批斗，却没躲过抄家，红卫兵是中国戏曲学校的学生，知道李洪春的家在哪儿，一群人便去了，幸好有一个搞音乐的朋友和李洪春说："这两天抄家厉害，您先躲一躲，在我那住两天吧。"还真被朋友言中，李洪春刚躲出去，红卫兵就上门了，人没在，免了挨打，但家中珍贵的资料都被烧了。

总寄住在朋友家也不是办法。1967年，李洪春带着家眷投奔了在杭州的儿子李玉声，一住就是两三个月。那时候，李玉声正在唱《智取威虎山》，李洪春也帮着给看了看。也是从唱样板戏时起，李玉声开始带麦克风唱戏了。演出《智取威虎山》还出现过一个小插曲，因为个子偏矮，李玉声就在鞋底垫了一个底儿，打虎上山那场，走台的时候这个底儿就掉了，底儿掉了，人不就瘸了嘛，一高一低的，走不了原来的身段了，如果用原来的身段就让人看出来鞋出问题了，李玉声急中生智，临时创作，改走了别的身段，观众还真没看出来。

李玉声二十八岁时在杭州照相馆照的，扮的是《智取威虎山》里的杨子荣

也许是年纪尚轻，也许是大势所趋，李玉声学唱现代戏的时候也是全心全意的，而且认为老戏真的完了，再也起不来了。"文革"时期，李玉声等人被分成三个组，演三出不同的戏，李玉声开始在《沙家浜》组里演郭建光，后来调到《智取威虎山》组里演杨子荣。《智取威虎山》的唱是向母亲高剑雯学的，高剑雯是听收音机学会的。

1966年下半年到1967年初，在剧场演戏时，领导要求演完戏，演员在舞台上谢幕之后还要下台来，一直要把观众送出剧场为止。亏了那时候的观众比较矜持，否则不知道要出现多少混乱的场面。李玉声有不少戏迷，平时也经常接到观众打来的匿名电话，话不多，就是想和他说几句。在剧场，他下台送观众的时候，很多人的激动之情从眼神中流露出来，不过没有敢像今天一样拥抱，甚至亲吻他的偶像，顶多就是握握手，而且谁也不会在剧场停留太长时间，所以，虽然有送观众的特别要求，对于演员来说，也不算难事。

1967年，为了丰富自己，进一步提高唱功，李玉声开始自己钻研王力的《古代汉语》，以及《洪武正韵》和《中原音韵》。咬字对于京剧演员

1968年，在东海舰队舟山群岛的桃花岛慰问海军，于钢琴伴奏之下，李玉声饰演了《红灯记》中的李玉和

来说至关重要，京剧的唱要求字正腔圆，字出来有力量没力量在于字头，在声母，在舌尖的着力点。韵味在字腹，行腔在字腹。味道在字尾，在韵母，归韵在韵母。比如，天，t，舌头先得准备好了，然后i，然后an，每一个字都是这么拆开发音的。如果发字的整音，韵味就差在这。李玉声知道前辈有这么研究的，所以自己也开始钻研，看书的时候，稍微懂的就专进去，不懂的就先翻过去。李玉声手里有一本旧版的《新华字典》，大概有一万八千个字，他就把这些字逐一的归在京剧的十三道辙里头，写在一个本上。戏里用不着，不认识的都没有写。"文革"当中断断续续研究了很多年。

京剧的十三道辙包括"发花、梭波、乜斜、一七、姑苏、怀来、灰堆、遥条、由求、言前、人辰、江阳、中东"。有人将十三道辙编成了歌谣："正月里，正月正，刘伯温修下北京城；能掐会算的苗光义；未卜先知徐茂公；诸葛亮草船把东风借，斩将封神姜太公。（中东辙） 二月里，草芽发，三贬寒江樊梨花；大刀太太王淮女，替夫挂印葛红霞；穆桂英大破天门阵；刘金定报号四门杀。（发花辙） 三月里，桃花开，吕盟正无时赶过斋；寻茶讨饭的崔文瑞，提笔卖字高秀才；苏秦不遇回家转，卖臣无时打过柴。（怀来辙） 四月里，梨花香，镇守三关杨六郎；白马银枪高嗣继；日受双全小罗章；周瑜本是东吴将；狄青斗宝收双阳。（江洋辙）　五月里，端阳节，刘备无时卖草鞋；吃粮当兵汉高祖，平贵乞食在长街；推车卖伞的柴王主；贩卖乌梅洪武爷。（乜斜辙）　六月里，数三伏，王老道捉妖拿黑狐；法海捉妖金山寺；包老爷捉妖五鼠除；纪小唐捉妖收五鬼，张天师捉妖破五毒。（姑苏辙）　七月里，七月七，秦琼全凭铜双支；九里山前韩元帅，临潼斗宝伍子胥；马超一怒西凉反，黄飞虎反出朝歌归西岐。（衣期辙）八月里，到中秋，李三年磨房泪交流；柳迎春等夫一十二载；王三姐剜菜盼夫一十八秋；吃斋好善黄氏女；孟姜女哭倒万里长城头。（油求辙）　九月里，雁鸟飞，大闹江州叫李逵；敬德监工大佛寺；大喊三声猛张飞；东京打擂呼延庆；杨七郎归位乱箭锥。（灰堆辙）　十月里，小阳春，红袍都督盖苏文；袁达本是青脸将；孟获不驯遭七擒；匈奴大将猩猩胆；开五代刃残唐名叫朱温。（人辰辙）　十一月，雪花飘，赵匡胤全凭盘龙棍一条；大刀将军叫关胜；吴汉杀妻保汉朝；久传绿林王君可，孟良盗骨又把昊天塔来烧。（摇条辙）　十二个月整一年，金眼毛遂盗仙丹；柴君长又把昆江闹；魏化大闹万花园；南唐报号叫冯冒；窦义虎报号锁阳关。（言前辙）　十仨月，一年多，薛礼救驾淤泥河；文广御园救宋主，薛娇长安赶囚车；哪吒救驾西岐地，赵子龙救驾长坂坡。（梭波辙）"背诵这个歌谣有助于人们记住和运用京剧的十三道辙。

　　历代曲艺人都很重视字与唱的关系，李渔在《闲情偶寄》中说："学唱之人，无论巧拙，只看有口无口。听曲之人，莫问精粗，先听有字无字。字从口出，有字既有口。如出口不分明，有字若无字，是说的有口，唱曲无口，与哑人何异哉？"王骥德在《曲律》中说："乐者框格在曲，而色泽在唱。"童斐在《中乐寻源》中强调吐字要准，"凡识字必正读音，此非为歌曲也，惟歌曲者于正音为尤亟。盖歌以永言，敬字音不正，余声转折咏叹，所差愈远，人将不知所言为何物矣"。程砚秋也在《说戏曲演唱》中说："最忌倒字切韵，最忌喷字不真。"清代的徐大椿在《乐府传声》中亦云："凡曲以清朗为主，欲令人人知所唱之为何曲，必须字字响亮。然有声极响亮，而人仍不知为何语者，何也？此交代不明也。何为交代？一字之音，必有首腹尾，必首腹尾音已尽，然后再出一字，则字字清楚。若一字之音未尽，或已尽而未收足，或收足而于交界之处未能划断，或划断而下字之头未能矫然，皆为交代不清。……凡出字之后，必始终一音，则腔虽数转，听者仍知为此一字，不但五音四呼，不可互易，并不可忽阴忽阳，忽重忽轻，忽清忽浊，忽高忽低，方为纯粹。凡犯此病者，或因沙涩之喉不能一线到底，或因随口转换，漫不经心，以致一字之头腹尾，往往互异，不但听者不清，即丝竹亦难和合。故必平日先将喉咙洗剔清明，使声出一线，则随其字之清浊高下，俱不至一字数声矣。"今人也对此做出过总结，"直，指出字直，即强调字头的力度。字头的力度可促使呼吸稳定并带动腔与呼吸结合，从而带动字音清晰，产生圆润的声音。如果字头乏力，过多的音响和共鸣就会形成音包字，从而影响字的清晰度。圆，指字的头、腹、尾不能咬得太死，咬字要富有弹性，富有圆润感。紧，指把字音的首腹尾三个部分，交代得非常清楚和完整，毫不含糊，因而听起来字字入耳。……演唱中，利用字音反切的原理，把字的头腹尾三个部分略为夸大、加重。纯，指出字之后，在头腹尾上，声、韵、调不'随口转换'，始终保持不变。畅，指收音畅而圆，即尾音交代清楚，字音顺畅。重，指演唱中运用各种手法，来强调剧中的重要词义，使它突出，从而做到唱段的字真句明。因为音乐是一种时间艺术，一听即逝，'唱而声旋息，欲追其以往之声而已不复在耳矣'。要在这瞬息之间给观众以清晓的词意和句意，就需要运用强调重音的办法"。虽然大家的措辞不同，但方法和大意相近。京剧主要是听一口唱，钻研字音是戏曲人应该做的功课。

作为武生，李玉声在唱上下了这么大的功夫，足见其对京剧的执著，对自身的高要求。他还曾特意分析了几位前辈的咬字和唱腔："杨小楼的武生唱腔别开生面，独树一帜，盖杨氏赖以行腔的字音宗中州音。老生唱腔中，谭（鑫培）派、余（叔岩）派的吐字发音为湖广音，其唱腔亦独步氍毹而自有因革。京剧唱腔的每一字皆不可等闲视之，所谓平上去入，尖团上口，演员唱时须历历分明，唱腔设计者也应据字音而谱曲。……以余派《珠帘寨》'昔日有个三大贤'一段唱腔为例：头一句'昔日'二字均为入声字，故唱腔亦简短，一带而过。'关二爷马上呼三弟'的'马'字则不按普通话唱上声，而是接近于去声'骂'的字音，与《定军山》'带过爷的马能行'的'马'、《文昭关》'伍员马上怒气冲'的'马'、《沙桥饯别》'孤赐你四童儿鞍前马后'的'马'等唱法完全一致，此正是湖广音之音调。'耳边厢又听人呐喊'一句的'听'字，不按普通话唱阴平，而唱成略接近于'挺'的字音，此亦湖广音之调值，有余叔岩本人唱片《捉放曹》'听他言吓得我心惊胆怕'的'听'、《搜孤救孤》'卑人言来你是听'的'听'、《八大锤》'听谯楼打初更玉兔东升'的'听'等唱法同取此音为证。"李玉声能将每出戏的字音分析到如此程度，可见其下的功夫之深。

对于李玉声来说，"文革"期间有惊无险，有苦也有甜。1967年，李玉声喜欢上了十九岁的武旦罗玉丽。罗玉丽是剧团自己培养的学生，李玉声刚到团里的时候，她才十岁，演戏特好玩，很多大人去看，她善于表演，能做戏，能演媒婆。1967年，罗玉丽已出落得亭亭玉立，青春靓丽，在李玉声眼中，她是单位里最漂亮的，而且业务也很好。李玉声理想中的生活是，娶了她之后，请一个保姆，不用她做家务，两人就全心全意地演戏。

当罗玉丽回忆当初的故事时仍有一丝蜜意："就稀里糊涂喜欢上了呗，就是对他台上的东西特别喜欢，我是十九岁开始和他恋爱的，就是喜欢他的艺术，谈了一年多就结婚了，他追的我，我那时候傻乎乎。他没事老到我们屋里来，坐着聊聊天。他说话像难为情似的，我们俩和做贼一样的。慢慢地，我感觉他挺细心的，挺会体贴人的。他很浪漫，喜欢开玩笑，讲笑话，很会哄人。就是有时候脾气不太好。……我特别支持他演戏，他身上东西太好了，不露太可惜了，所以那时候他去北京，是没有工资的，靠我一个人工资养家，我也支持他。看他演出特别激动，会被他带到情境中。李老师整体来讲，心地很善良，但脾气很急。台上的东西聪明到极点，其他的东西，处事就不行，特别傻，你和他说什么都说不通的。当时喜欢他就是因为台上特帅，特别迷人，有光环的感觉。我本来喜欢特别粗犷的，可他个子很小，但一上台就感觉特别高大，特别压台。"对于妻子的评价，李玉声也是欣然接受，并说"我买了新围脖给她带，很高级的。我有点大男子主义，不过一旦吵架，我老和她承认错误，但是得等我火消了。"

1968年，二十八岁的李玉声和二十岁的罗玉丽决定牵手度过一生。婚后，李玉声交出了工资卡，由罗玉丽持家，就像现在人老是开玩笑说的

1969年和1970年,李玉声与妻子罗玉丽的合影

那句一样,"我婚后就没见过工资卡长什么样"。也幸亏工资卡不在李玉声手中,因为他花钱很大,常请朋友吃饭什么的。他交出工资卡的时候,卡里就只剩两块钱。

这个老婆很贴心,不仅陪他走过了很多艰难的日子,还把他的日常生活照顾得很好。李玉声怕冷,冬日每天练功前老婆都把水衣子先焐暖再让李玉声穿。李玉声感叹道:"找不到第二份了。"

再后来,两人就有了女儿。但是因为工作繁忙,没有时间照顾女儿,只好将她送到北京,让奶奶带着。李玉声回忆:"女儿两岁去北京,我哭瘫在站台上。女儿回杭州我哭,回北京我也哭。看女儿去哭,女儿送我上火车,看到女儿背身离去落泪,我号啕大哭,招得站台上列车人员前来问我。

李玉声之女李孟两岁时的可爱模样

女儿考上音乐学院哭,寒暑假来时哭,走时哭。看着信哭,接了电话哭。女儿演出前哭,演出结束哭……到了女儿结婚那一天老两口不约而同,说不出任何原因地号啕大哭。哭完谁也不说话。"直到今天,没能陪伴女儿成长一直是李玉声的遗憾。

1971年,毛泽东到杭州休养,各个剧团都准备了节目为主席表演,李玉声被选中去演《沙家浜》。为了确保李玉声的演出质量,前一晚刚刚拉练回来身体

李玉声饰演的《沙家浜》中郭建光

疲惫不堪的李玉声得到了国宝一般的待遇。单位特意派了医生来照顾他饮食起居，为保证他的精力，还给他注射了来自日本的营养针。那是个特殊时期，也许是为了安全着想，那场演出十分特别，毛泽东没有到剧场看戏，而是住在柳庄，演员照常到剧场演戏，通过设备，实时传送到毛泽东房间的电视上，他就坐在房间里看。剧场不卖票，单线直通毛泽东那儿，他说的话再通过人传达过来。演戏的时候，剧团的几位领导在毛泽东身边，主席边看戏边问问题，问哪个演员叫什么，多大了，剧团领导再打电话到剧场问，演戏过程中一直通过电话保持着剧场和柳庄间的联系。

那场演出很成功。事后李玉声听人说，毛泽东说演郭建光这演员气质不错，问了叫什么名字，多大年纪，还做出指示，让李玉声带学生，把好东西传下去。那时候，剧团的负责人已经被罢免了，由军代表管理。由于多种原因，军代表和李玉声的关系并不融洽，他也没有传达毛泽东的话，这些话还是后来李玉声从别的团的人那儿得知的。李玉声和剧团的某些领导总是没办法融洽地相处，他曾反思过这个问题，结论是他平时什么事都不计较，但戏的事很计较，也老说人，对领导也不给面子，所以也吃了不少亏。而领导对他也很头疼，总说他是刺头，很难搞。这个问题从李玉声一进团就开始有了，二十岁刚出头的李玉声，年轻气盛，还讲义气，他和业务团长特别投缘，和其他行政人员关系一般，和那些对业务团长不好的人关系不好，有时还替人出头，因此也得罪了不少人。在业务上，李玉声更是较真，别的演员台上不对不行，走得不对不行，打鼓不对他都要发脾气。李玉声十分注重鼓的节奏，他认为打鼓的应看演员的动作敲鼓，演员得事先给鼓师说戏。鼓打得要碰心气，打的重音要和演员的动作合拍，那会非常漂亮，观众看着也是一种享受。李玉声也承认自己的脾气有点大，要求还严格，所以给他配戏的演员都很紧张。现在已经是影视演员的董勇，原来是李玉声他们团的武生，董勇曾说："给李先生配戏，站在那，腿都抖索，一是紧张，一是敬畏。"只要李玉声一到排练场，所有人都像演出一样认真，因为李玉声很认真，每次排练，他都当演出一样。特别是年轻的学生，站在那，一会儿的工夫，手心儿都是汗。

时任的军代表和李玉声关系也一般，但也不敢对他太坏，因为军代表的上级喜欢李玉声。有一段时间，李玉声被派到北京学样板戏，回来给大家作报告，还讲活学活用毛泽东思想，省委领导都坐底下听，首长很喜欢他，还亲自搬自己吹的电风扇过去给李玉声吹，怕他热着。虽说毛泽东的话在那个年头就是最高指示，但社会那么乱，军代表就是敢不传达他的话，而这事也就不了了之了，李玉声继续演他的戏。

李玉声这一生也教过很多学生，教过现代戏也教过传统戏。第一次教学是在1965年，教的是现代戏，地县的演员来省团学习。1970年之后，也给浙江省艺校教过样板戏。第一次教授传统戏则到了1995年。那年，李玉声的朋友袁庆扬出资支持上海戏曲学校培养人才，并提议让李玉声去教学，时任校长王梦云是李玉声的校友，知道李玉声的本事，便邀请他到上海戏曲学校任教，教《挑滑车》。学生主要有两个，一是傅希如，一是王斌，还旁代给王佩瑜说了说《定军山》。课下，李玉声和学生嘻嘻哈哈的，怎么都行，一到课上就十分严苛，有什么说什么，不会顾及学生的面子，只会顾及有没有学会真功夫。一个学期讲一出戏，每一个动作都要求标准合规矩，拖堂是常有的事，一遍不行就十遍，什么时候到位了什么时候才算完。在李玉声看来，他教学生，只是帮学生省去找正确方式的时间，但是想达到一定的高度还得靠学生们自己练，没有捷径，聪明的有悟性的顶多是进步快。无论做什么，李玉声都喜欢全身心投入。也许是用情太多，用力太多，在上海戏曲学校教学期间，李玉声突发急性胆囊炎，只得去医院治疗。

关于教学生，李玉声有自己的想法。他武生戏宗杨小楼，老生戏宗余叔岩，红生戏宗李洪春，也就是大家所说的杨派武生，余派老生。但之于教学，李玉声觉得以学派别开始是一条死路。他自己曾撰文称，"提倡继承发展流派，有它的盲目性、片面性和冲动性。京剧流派是定形的表演艺术，若无定形，无定数，一天一个样儿，当然就没有流派可言，流派是固定的一种表演艺术风格，它有一定之规。后学者对流派的正确态度是借鉴。后学者只能是宗者、仿者，宗和仿自有优劣之分，宗的好的，仿的是样儿的，也难使人见到流派创始人的表演神髓真谛。总之，无论优或劣，都不可能与流派创始人一样。真把某一流派的神髓真谛学到手，表现出来，从历史上看是没有的，因为每人有每人的生理条件，嗓音不同，筋骨不同，神经思维不同，就是有遗传因子的儿子也不可能完全一样。盲目提倡继承发展流派，导致剧目贫乏。过去除了戏迷票友，没有一位演员是还没学两年戏，本行的基础还没砸瓷实，就专学一派了。现在倒好，不但专门只学一派，而且只学一派的代表剧目，这样的话，戏不是越来越少了吗？"齐白石曾说，学他者生，像他者死，学京剧亦然。宗师的东西可以借鉴但不能一味模仿，他怎么发声你怎么发声，他手往哪指你也这样，这不是学，而是雕版印刷。各派代表性人物的优点是他有聪明智慧，他了解自己，能够发现他和大家不一样的地方并将其转化为自己的特色。每个人的先天条件都不同，所以活学活教是很重要的。

京剧现在被划归为非物质文化遗产，非物质的文化的最好传承方法不是书籍，也不是录像，即使有音有像也代替不了口传身授，家传和拜师学艺是京剧演员学到真功夫的两条重要途径。近几年，人们又重新意识到了这一点，不再将拜师作为封建糟粕攻击，而是纷纷开门收徒，继续这一良好的传承生态。非物质文化遗产制度也要求非遗的代表性人物必须要传承，所以，最近拜师之礼名正言顺地回归。

那次演出之后，虽然得到了褒奖，但李玉声的生活并没有太大的变化。多年之后，为了纪念毛泽东逝世几周年，张玉凤到杭州来，李玉声也受邀参加了那天的宴会，席间有人来告诉李玉声，说张玉凤要见他，不知何故的李玉声走到张玉凤那桌坐下。张玉凤对李玉声说："你今年五十二岁吧，我1971年看过你演的《沙家浜》，那时候主席还说你气质很好呢。"两人还聊了聊那时发生的故事。

同样是在1971年，因为空闲的时间比较多，李玉声开始正式地学习画画。通过朋友的介绍，李玉声结识了画家诸乐三，并随其学习国画。诸乐三生于1902年2月14日，是浙江安吉鹤溪村人，原名文萱，字乐三，号希斋，别署南屿山人。他身上有很多光环，中国美术学院教授、研究生导师，浙江省政协常委，西泠印社副社长、中国书法家协会名誉理事、中国美术家协会浙江分会副主席……诸乐三师从吴昌硕，诗文方面亦有造诣，与潘天寿、吴茀之同为浙江知名画家。金石学家马国权对诸乐三有这样的评价，"其书由钟繇入，后遍攻魏晋碑刻，兼及倪元璐、黄道周，得潇洒遒劲之致；篆书于石鼓文用力至深，旁及甲骨、彝器文字之属，古拙浑厚。绘画得缶翁之传，用笔苍劲雄浑，生辣拙朴，墨气淋漓，色彩古艳，饶有

李玉声在作画

金石味，擅长写意花鸟，并工山水，表现技法与题材，较之缶翁有所发展。篆刻亦自缶翁而出，广涉古玺汉印，兼采封泥砖瓦，巧于疏密，朴茂沈雄，自成面目。"李玉声能随其学习也是一件幸福的事情。

法国的狄德罗曾说："一个戏剧演员，不懂绘画，是一个可怜的演员。"李玉声认为，他学国画之后对自己的表演是有影响的。比如细藤，像舞台上的翎子，不能软软绵绵的，软中要有骨头，要软硬结合，柔中带刚，藤虽然看起来软，但他韧。唱戏之人学习画画的颇多，袁金凯曾拜李苦禅为师学习绘画，并将绘画艺术的养分融入戏曲当中，"写意用于身段，工笔用于表情"。更有名的爱画画的戏曲人当属梅兰芳了。顾涛曾说："梅先生在对戏剧表演技术的不断改进之外拥有高于戏剧样式本身的某种追求，这种追求便是戏剧与国画的融合点，两者的共性，那就是中国古典艺术的精神内核。这才是梅兰芳艺术灵魂之所在。"梅兰芳自己也说："从这些画里，我感觉到色彩的调和，布局的完密，对于戏曲艺术有声息相通的地方；因为中国戏剧在服装、道具、化装、表演上综合起来可以说是一幅活动的彩墨画。我很想从绘画中吸取一些对戏剧有帮助的养料。"梅兰芳还喜欢用画论评价艺人，他曾用唐代张彦远《历代名画记》中的句子"紧劲联绵，循环超忽，格调逸易，风趋电疾，意在笔先，画尽意在"来评价谭鑫培和杨小楼。现代画家刘海粟在其《黄山谈艺》中更是将戏曲艺人比作不同风格的画作："梅先生的表演风格，以画相喻，应是工笔重彩的牡丹花，而花叶则水墨写意为之，雍容华贵中见洒脱，浓淡相宜，艳而不俗。谭鑫培的演技具有水墨画的风格，神清骨隽，寓绚烂于平淡，涟漪喁喁，深度莫测，如晋、魏古诗，铅华扫尽，不着一字，尽得风流，天资勤奋，实为廉美。王鸿寿演老生以古朴见犹劲，演红生堪称一代巨匠，叱咤风云，不失儒雅，倚刀理鬓，驰马观书，壮不伤秀，已至化境，实具大泼彩风情，每观演出，给人的享受是瞠目结舌之余，而后回味几十年。孙菊仙黄钟大吕，激越高昂，似乎直而暗藏波澜，如焦墨写大鹏，苍老浑厚为其特色。余叔岩淳厚自然，火候极好，如劲松清佳，笔有飞白，淋漓中见高远。……言菊朋苍凉中有低回之境，吐字清晰，行腔巧而又醇，独树一帜。……萧长华是漫画大家，谑而不虐，夸张不失其爽，诙谐出于严肃。……马连良潇洒圆熟，有书卷气。如古铜色绢上墨绘骏马，风骨奇健。周信芳如枯墨淡彩写千尺老松，虬枝挺拔，针叶葱茏，得王鸿寿老人神髓，然气度稍逊；其嗓音沙哑，但善于运用，细细辨之，自有甜润之意。……程砚秋演技如雪崖老梅，唱腔浑厚苍凉。他天生脑后音，本不适于歌唱，但他善于扬长避短，终臻曼美之风。荀慧生花旦戏风行一时，善于刻画贫苦而富于正义感的女性，技法如铁线白描，风格人情均在个中。比如乐曲，亦时有华彩乐章，绝不浅薄单调。尚小云嗓音刚正，响遏行云，为人亦有侠气，乐于帮助贫苦同行。他刀马娴熟，大处落墨，如没骨花鸟，风情有高华之处。俞振飞家学渊源，工诗能书，为昆曲宗宗，戏学名师。他演戏如工笔淡彩，有骨力而不矜持，能挥洒而不失法度。叶盛兰如大笔写幽兰叶，而配以工笔重彩兰花，有谨严，有粗犷，有浓丽，雄姿英发，百年绝唱。"

从拿起画笔开始，李玉声就没有放弃过绘画，即使今日，他最大的爱好依旧是画画。他自言其画的缺点就是太满，但吴昌硕的风格也是满，他的老师也是这个路子，他最初接触画画就是接触的这个风格，也便喜欢上了这个风格。在他看来，吴昌硕的风格是大气又不失细腻。他不喜欢过于细腻的画风，因为太细腻就显得小家子气了，有媚骨了。也是在学习画画的同时，他开始练习书法，主要是临帖，其中尤喜柳公权。不得不说，在那个满城风雨的特殊日子里，他的日子却过得鸟语花香，丝丝惬意。

1976年10月，饱受冰雪侵袭的中国大地迎来了春天，可李玉声却没能享受和风煦日，平安度过十年的他没有陷入大潮，却被洪流之末卷了进去。李玉声糊里糊涂的接到了上级对他下的隔离审查的决定，至今他也厘不清这场灾难因何而起。李玉声在剧团里的一个小屋子中失去了五个月的自由身。而这仅仅是劫难的开始，之后他要经历的是三年的劳教生活。犯了法被送进监狱那叫劳改，劳教则是另一个概念，它算是最高的行政处分了，主要是送你去一个艰苦的地方以劳动的方式教育你。李玉声清楚地记得，23日，那是他被送去金华十里坪劳教农场的日子。走之前团里开了大会批评他，他在会上的表现用后来送他去农场的文化厅干部的话说是"李玉声有骨气呀，像演《野猪林》似的"。

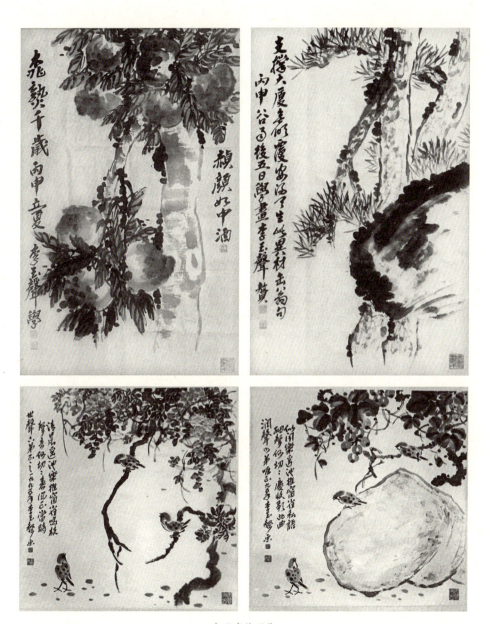

李玉声的画作

刚到劳教农场的时候，李玉声和其他人一样，要下地干农活，顶着星星出去，顶着星星回来，刮风下雨都得去，在地里吃饭。后来因为他人比较老实，团长给他派了个好差事，让他去守夜。守夜的时候，李玉声就在那儿耗腿，白天也不用干活，就回房睡觉，日子过得还算清闲。对于这三年的生活，李玉声不愿再想，也不愿再提，他只是淡淡地说这段时间里没什么特别的，也没遭受什么大罪。怎么说也是一次特殊的人生体验，乐于行文的李玉声为此也写了几首诗：

风雪彻夜被褥凉，孤寒难眠苦尽尝。愁思涌怀忆往事，苦盼尽期思故乡。关山阻隔未能望，度日如年锁愁肠。试问苍苍东流水，离乡与你谁短长。

茅屋前池水，人牛共淋浴。牛粪肥池底，马桶净鱼肥。饭后清食具，洗菜又洗衣。

改地造田挑土方，扁担横横压肩上。土箕前后不留情，腊月单衣汗水淌。肩僵麻木谁来理，腰脊伤损难神曲。两腿瘫软行无力，步步千斤路难移。夜来宽衣将欲寝，肩血凝衣暗流泣。

舍前一醉翁，南去东西行。唠唠天上语，难解语中情。酩酊扬长去，过岗身无影。

尺余立方土，全力却难移。我疑有几百，却才七十七。

茅草屋梦醒，悲雁鸣长空。声声肠欲断，雁似知我情。

昨夜悲雁鸣空，今宵哀哀惊梦。为何两夜当头鸣？唤我愁思万千重。

金喉唱青云，玉身舞动魂！奈何时机误，粪土掷埃尘。

二十八年舞台生涯，几经挫折身喉残踏。重施吴歌楚舞，还须十载奋发。

十三　衣带渐宽终不悔

己未年的大年三十，凌晨四五点钟，浙江京剧团的练功房里，突然传出高亢且坚决的声音。"三年布衣成否？……成！……成！……成！"吼出这句话后，空荡荡的练功房里，那一袭影独对的武生涌出了热泪，泪里裹挟着的是坚定不移的决心。1980年2月15日，剧团的演员都放假了，只有他早起去练功，他就是李玉声，一个在寒冷的冬日里热血沸腾的中年人。

1979年11月，三年劳教生活结束，李玉声重获自由，他先回团里报到，团里给他放了探亲假，李玉声便只身回北京去了。虽然已到了不惑之年，但李玉声回京的想法并没有改变，尤其是在杭州有了一段不美好的记忆之后，李玉声更加迫切地希望能够回京工作，况且，此时国家已经让唱传统戏了，他又可大展一番拳脚。

距离上一次回京想办法调动工作已经有十八年了，李玉声打趣自己说，他就像王宝钏苦守寒窑十八载，"这一十八载天翻地覆，不知经历了多少坎坷，多少磨难，多少委屈，多少屈辱"。这次回京，他和父母一起去找了中国戏曲学院院长史若虚以及师兄李和曾。李和曾说，"你先回去，准备两出戏，让大家看看，因为二十多年没看你演出了"。李玉声觉得这话说得也在理，便再次辞别了父母，回杭州练功去了。

这功不重新练还真不行，因为那时候，李玉声的功都废了，把腿搁在矮桌子上，左手都够不着脚尖，甚至单腿站都站不住。想要再演出，他必须苦练。从己未年的大年三十开始，他便坚持每日早起练功，一日未辍。他给自己设定了一个目标，用三年的时间恢复到自己的最佳状态，他叫唱戏时穿的用来吸汗的水衣为布衣，问自己"三年布衣成否？"就是要求自己穿三年的水衣，也就是天天要练功的意思。

  每天清晨，李玉声早早就到练功房。从家骑自行车到南山路的单位要大概四十五分钟，到单位时，其他人还没有上班，也没有人给他开门，他只有翻铁栅栏进去，然后把门打开，再把自行车推进去。李玉声有一把练功房的钥匙，他自己打开门就可以开始练功了。因为是冬天，开始的时候李玉声穿着毛衣和棉裤扎上靠练习，可是他没有想到这样的装扮令他动弹不得，起霸都不行，只得将棉裤脱去，这才找回点感觉。先练习起霸，之后再拉戏。

  为了准备演出，他主要练习《挑滑车》一戏。《挑滑车》是长靠武生戏，也叫《牛头山》，根据《说岳全传》第三十九回改编而成。故事讲的是金兵南侵，将宋高宗赵构、岳飞、高宠等人困于牛头山，金兀术使用铁滑车阻拦岳家军突围，岳飞麾下大将高宠请战，并大败金兀术，在其乘胜追击之时，金军以铁滑车迎击。高宠单枪匹马挑翻了十一辆滑车后，坐骑力尽，他也被第十二辆铁滑车压死。虽然他没有胜利，但为岳飞最后解牛头山之围立了大功。这出戏的主角高宠最初是由武花脸应工的，勾红色或者黄色的三块瓦脸谱，扎黑靠。后来，俞菊笙改变了高宠的扮相，也改变了应工的行当，自此，高宠由俊扮的武生应工，扎蓝靠。其后，不同的武生在人物塑造方面做了不同的处理，像尚和玉就扎绿靠。《挑滑车》一戏中不仅有高难的起霸、走边、摔岔、倒僵尸等动作，还延续了唱昆曲曲牌的习惯，所以，此戏乃是武生的重头戏、试金石。

  想恢复功的第一个阻碍就是体力问题。起初，起霸、闹帐之后，李玉声就已筋疲力尽了，想再练走边，可是身体不听使唤了。练了两天之后，可以一口气做完起霸、闹帐和头场边，可是到了四击头下场没力气走了。又过了几日，能做完下场了，可是二场边还是走不了。就这样，每日坚持练习，循序渐进，最后终于能当中不休息，将一出《挑滑车》一口气拉下来。

  除了体能，李玉声又遇到了第二个麻烦，因为记性不好，虽然曾经演过七八十场的《挑滑车》，可是现在全然不记得了，他一直认为自己记性不好是和小时候练功摔到脑袋有关。那《挑滑车》起霸，先整哪边他都忘了，这可如何是好？忘了就忘了，索性自己编排吧。事实上，不止这一出，很多戏的演法李玉声都不记得了，幸亏见多识广，可以借他山之石。李玉声根据自己的积累，按照自己的能力，重新编排了《挑滑车》。

李玉声每天都是同一时间开始练功，而且每次拉戏的速度都一样，精准无误，丝毫未差。何以见得？李玉声每次练到大战，四击头把金国大将黑风利扎在地下的时候，对面军区政治部就吹响了起床号。军队的号角每天都是定时吹响的，李玉声每次此时都是做同一个动作，将黑风利扎倒在地，李玉声等行内人习惯叫黑风利为大锤儿。就是差也差不了几秒。这号声正接着急急风，严丝合缝，好似神仙为其配乐，令其更加振奋。每次当他听见起床号，内心都觉得很自豪，缘何？李玉声认为大将军高宠早已上阵，起霸、闹帐、头场边、二场边、大战，把敌人扎倒在地，战士们才刚刚起床。不得不说，这位饰演大将军的人还真是饶有童趣。

不觉得辛苦，也没有复杂的想法，更无所谓节假日，李玉声没有休息过，一门心思只想练功，练好功就能再次登台表演了，这是支撑他走下去的动力。有时练习出了不该出的差错，李玉声会气自己，甚至拿藤杆儿抽自己的腿。他每次练功都是不遗余力的，水衣子肯定都湿透了。

后来，单位搬到离李玉声家不远的地方，他不再骑自行车，改每日走路回家。那年夏天，李玉声练完功，全身上下没有干的地方，水衣子湿的连袖口都透了，头发好像洗了以后没擦一样。回家的路上有一条河，李玉声经过那儿的时候，一个小孩看见他并大叫，"格老倌掉河港里了"。这是杭州的方言，意思是说，那个人掉河里了。听见这话，李玉声没有伤心的感觉，也许还觉得童言可笑，不过多年之后，再想想这

李玉声在《挑滑车》中饰演高宠

事，李玉声的内心泛起了涟漪，有了一丝丝的酸楚。

事实上，没用三年，两年多，李玉声的功就恢复了。对于练功，李玉声有自己的理念，虽然刻苦和有毅力是必不可少的两个要素，但万不可傻练，练功也要有练功的智慧，要动脑筋，要从形上练起，这形必须标准规范，再由形练到神，才能准确地把握这个神，这样才能做到神形兼备。以形练神，以神引形，这才是练功的第一步，更高的层次是由神练到心。李玉声喜欢心法这个概念，他所谓的心是指表演意识。也就是说，练到最后，你要能以心领神，以神引形，方为上品。

拿《挑滑车》来说，李玉声是如何践行他的上述理论呢？首先，不能只练技巧的东西。比如，转蹬、枪花、头场边、二场边，如果你只练技巧的东西，那么还是限于练形的阶段，练完就算练完了，这是不成的。要从头到尾，认认真真地拉戏，把练习当作演出一样来对待，而且不仅要记住自己的词，对方的词儿也要默记于心，把自己的动作做出来，词念出来，一丝不苟地把整出《挑滑车》拉完。唯有这样才能长功，才能表演出韵味，才能得到全方位的提高。

除了显而易见的动作之外，细节处李玉声也费了不少心思，而且是不断改进的。2000年，李玉声已经退休了，他养了一只画眉鸟，遛鸟的时候，把鸟笼往树上一挂，他便看树、看人、看天，看着看着，就能看出东西来。就在他的眼前，一棵树，黑似铸铁，李玉声心想，这不就是《挑滑车》里高宠的内涵吗，坚如铸铁一般，视死如归，有种生而何欢、死而何惧的劲头。再演《挑滑车》，李玉声的内心当中总会浮现出那棵树。

再者，就高宠刺兀术耳环这一动作而言，李玉声认为，此细节很值得玩味，"那么大的枪头，穿进了那么小的耳环里。它冲破了事物的极点，不受任何限制，凭空遐想，表现了事物的精神结晶、灵魂神髓，令人叹服。正是这种荒谬，造就了京剧表演上的神髓和结晶"。这牵扯到一个艺术真实的问题，"艺术真实对生活而言，是不真实，是荒谬的，但它在京剧舞台上却发挥了绝妙的表演效果和艺术效果。它展现在舞台上，使人兴奋、激动乃至震撼"。艺术和生活的确是两个既关联又不同的层面，试想一下《挑滑车》的内容，是金国大将被宋将打败，作为女真人的后代，清朝统治者不但没有禁止演出汉人大胜女真人的戏，据说慈禧还特别爱看杨小楼给她演《挑滑车》。杨小楼演《挑滑车》，扮相好自不必说，那一口唱也是耐人寻味。有人说杨小楼唱功不行，李玉声则认为："杨小楼的唱多为直腔直调，但高低不挡，宽亮脆响，铿锵顿挫，掷地有声，聆其所灌唱片，于每句末尾收音处，貌似不在调上，却如悬崖孤松，险而有致，别具洞天。……杨小楼的念白，是武生话白的典范。武生念白和老生、红生都不同：从语音上讲，武生念白多用中州音；从劲头上讲，武生念白要追求挺拔英武、响遏行云的感觉，一般调门比较高。如我过去唱老生戏是F调，而武生戏的唱、念则须升F调。"具体到《挑滑车》一戏，一句"抬枪，带马"，杨小楼唱的"如万丈高楼，拔地而起，直干云霄"，每念至此，必是满堂喝彩。也难怪慈禧中意。

从让杨小楼进宫演《挑滑车》一事可见，清廷对京剧艺术是持开放宽容态度的，《四郎探母》等戏码在那时照演不误，统治者也好，百姓也好，讲的是艺术，听的是一口唱，看的是身段功架，至于内容，不过是一个载体，不是几场戏就能把国家给败了的，观看京剧就是当娱乐，看你的玩意儿好不好，枪花好不好。李玉声认为，这个现象也证明了他所提出的京剧是用故事演绎歌舞的主张，四功五法才是京剧的核心。也许，不同的戏看点不同，不同的戏作用不同，所以京剧才说得上包罗万象，博大精深吧。

关于杨小楼和《挑滑车》，李玉声都有较深的研究，2007年曾经流传出一段视频，说是杨小楼演《挑滑车》起霸的一段。李玉声对此十分好奇，托人拿到了这段视频。可当杨小楼一出场，他便断言这绝不是杨小楼。为何？因为舞台出场位置今旧有所不同，导致今人演此戏出场时需先迈右腿，而杨小楼那时候必定是迈左腿亮相的，所以刚出来一条腿，李玉声就觉不对。而且，靠旗、靠身、厚底等行头的尺寸也不对。再往后，四击头变靠的范儿、栽锤勾脚面、第二个四击头做大蹁腿，这些都是杨小楼不会做的。而且，该武生的表演尽管也是今人尚难以企及的，但仍旧没能达到杨小楼"从心所欲不逾矩"的境界，就是多了一点火气，让李玉声坚信他的判断无误。

李玉声的父亲李洪春当年与杨小楼常常演出《挑滑车》，李洪春饰演岳飞,杨小楼演高宠,李洪春给李玉声说过杨小楼如何处理高宠的表演:"在派将的过程中高宠以为头一个就是他。不想派一个不是,再派一个还不是,这时杨老板脸上的表情极为有戏。把那种目中无人而又急切出战的心情表演得非常细致,等都派完,要撤去将台时,他实在沉不住气了。一个'且慢!'随着半个圆场,满脸怒气……因此也就博得了满堂的彩声。当听到'高宠听令'时,那种欣悦之色与听到'命你执掌大纛旗'时的惊疑之情成了鲜明的对照。高宠本想讨个冲杀的命令,没想到是个看守纛旗的轻差使,不接又不行,将要去接,岳飞一个'且慢',这时他一个转脸朝外,脸上的惊疑之情充分显露出来!每次演到这里,台下总是一个'炸窝'。岳飞跟着嘱咐他:'想这大纛旗乃军中之命脉,无令不可擅离汛地,违令者斩!'他接令之后有个两望:看看左右即将冲杀的将军们,心想我比你们爵位高、武艺强,可是来个(看令箭)看大纛旗的轻差使!跟着一撩靠肚,心中不愤地冲出帐去。在帐外再一看这不合心愿的命令,只得无可奈何地持令箭而下。"父亲给他讲的这些细节对李玉声日后的演出具有很大的参考价值。

在李洪春的教导之下,加上自己多年的表演经验,李玉声也曾总结自己演出《挑滑车》的经验:

我演《挑滑车》,就在充分研究全剧情绪脉络的基础上,力求将戏演出层次来。《挑滑车》的内容可分为四大部分:闹帐、头二场边、大战、挑车。从情绪上说,闹帐、头二场边、大战、挑车可谓层层推进,一浪高过一浪。因此,表演时所用的"劲头",也当遵循这一脉络安排。打个不恰当的比方,如果"闹帐"的情绪度数是五度,"头二场边"就应该是七度,"大战""挑车"则更进一步。观众看完整出《挑滑车》,才能对演员的表演得到完整的感受,全面地领略京剧表演艺术富有层次的美感。而不像电视大奖赛影响下的表演,一上来就拼命卖弄,只够看"十五分钟"的。这是演"技"而非演"戏"。具体到《挑滑车》四大部分之中,亦有情绪的起伏变化,不是"一道汤"。如"头二场边",头场边"石榴花"的情绪与二场边"小上楼"的情绪就不相同，我理解二场边的情绪应当比头场边激烈，其间的情绪过渡就是"黄龙滚"。据此，我在演出时，二场边的走边速度明显快于头场边，然后接提枪上马、"枪花"下场，酣畅淋漓，又为"大战"挑耳环酝酿好了情绪。现在有的武生演员演《挑滑车》，二场边的速度反而比头场边慢，戏不是越演越紧凑，而是越演越松懈，遑论情绪到位。这主要是由于走二场边时演员加了不少技巧，一加技巧，速度必然要慢下来。每位演员的表演风格、艺术追求各异，本不必强求一律，这里只谈我的个人体会。我认为，二场边加技巧，固然能博取观众叫好，但把二场边的情绪、节奏催上去，在激烈疾驰之中走出规范漂亮的身段，同样能赢得观众发自内心的喝彩。也许这种演出戏情脉络、层次的方法，更经得起推敲，令观众如嚼橄榄，回味弥甘。

李玉声还很欣赏高盛麟晚年所演的《挑滑车》，因为年纪的关系，很多技巧性的东西被剪掉了，可这不但没有影响整出戏的精彩程度，反而别具韵味。唯有全面发展的武生，即使拿掉了戏里的技巧，往"台上一戳一站，也气质超俗，重如泰山……这正是表演脱尽烟火气、走向游刃有余、炉火纯青的好兆头"。高盛麟也是善演《挑滑车》的武生，他对这出戏进行过细致入微的揣摩，他在《再谈我和〈挑滑车〉》一文中总结了演出该戏的经验，"我体会到：第一，要注意把握好高宠这个人物基调。第二，要注意高宠当时所处的环境地位，掌握好人物分寸。第三，要注意层次分明地揭示人物的内心世界，逐步深入开展，细微地刻画高宠的性格特点……挑车一场是全剧的结尾阶段，我通过各种高难度的舞蹈动作来表现高宠临危不惧、视死如归的英雄气概。尤其是摔岔、压马动作，技巧性很强，难度很大，要靠它最后掀起高潮。武打是艺术手段，要运用武打打出战场情景来，打出高宠的心情，打出人物的性格"。每个好的武生都会用心地琢磨他所演之戏的每一个细节，杨小楼是这样，高盛麟是这样，李玉声也是这样。唯有用心，方能得到观众的心，这句话虽然老套，却着实在理。

李玉声对高盛麟有着很高的评价，觉得他知礼仪，讲仁义，以前到家里看父亲李洪春，从来不坐满椅。李玉声认为，演员平日里就应该知礼讲义，这样在舞台上哪怕一拱手，就有韵味，有内涵，不用刻画，稍微这么一来，就带着劲头。李玉声在现场看过高盛麟演《挑滑车》，虽然高盛麟没有亲自教过他，他单凭看，就已经能把高盛麟的感觉拿到。李家和高家也算世交，李玉声曾专门谈论过高盛麟：

　　高盛麟先生我管他叫二哥，因为他的父亲跟我父亲交好甚厚，我父亲管高庆奎先生叫老庆，高老先生管我父亲叫老洪，哥俩挺要好。那个时候盛麟先生由富连成坐科毕业，出来以后搭他爸爸的班。我父亲看了高盛麟的戏跟高庆奎说：老庆哎我看盛麟身上有点软，我给他找个好教主，给他归置归置。高庆奎说好啊那就交给你了。我父亲就把丁永利丁先生请来给他说戏。丁先生我管他叫五大爷，丁先生的父亲是我父亲的老师，我父亲跟丁先生是磕头把兄弟，有这么一层关系，把丁先生请来给高盛麟说杨派武生戏。就拿给他说《铁笼山》这出戏来说吧，《铁笼山》一出戏说了两年，勒上头、扎上靠、挎上宝剑、戴上髯口，跟演出一样。高庆奎先生跟包的在旁边伺候着。这出戏两年给高盛麟扎下了坚实的基础，对他以后的艺术发展起到了绝对重要的作用。那时候我大哥跟高盛麟也都一块练过功的，打把子什么的，我大哥跟我说：盛麟身上有点软，经过丁先生这一说，丁先生说得有点过，丁先生这一过他又达不到，哎到这儿正合适。不幸的是高庆奎高先生50多岁就故去了。我听我父亲说：盛麟那时候在北京啊，穿着他父亲的大褂，腰里头系根带。搭些散班。比如说在这个班今天应了《斩华雄》他就找我爸爸来了，说我明天应了《斩华雄》还不会呢。我父亲就给他说《斩华雄》。《斩华雄》《白马坡》《古城会》这三出戏都是"钻锅"的，都是那边应了戏，马上来学，学完第二天就演。当时他跟我父亲也学了别的，比如说《斩黄袍》的高怀德，《逍遥津》的穆顺这些活儿他都不错。后来他到上海天蟾舞台做底包演员。到上海去的角儿，你比方说北京有大角儿到上海演出了，都找他给垫戏，他的东西是好哇。他那时候演戏不担风火，上座不上座你老板着急。他舞台上演出比较松弛、自然，无牵挂的那种感觉，如果他想卯上了，你看那个海报，《挑滑车》后头括弧"带见兀术"几个字，大伙就知道高盛麟今天要卯上了。他就这么数十年的不担风火、松弛地演出，加上他富连成坐科受过严格的中正的规范的训练，形成了他大气中正自然这种艺术风格。我看过他的《铁笼山》，谁跟他也没法比，飞脚转蹬站在台上跟钉在那似的纹丝不动，太稳了，后头卸靠甩发，你甭管走什么东西，甩发搭前边也好，搭后边也好，非常干净一丝不乱。我小时候学《石秀探庄》的时候，茹富兰茹先生跟我说：盛麟那锞子好哇，小锞子四根棒好看哪！茹先生跟我说完以后十年过去了，我看见他这小锞子了，他用在《一箭仇》里，查拳完了武松正场虎跳扑虎，他横场跑马锞子，他这锞子能摔出行当了，我一看哎武生的锞子，我第一次有这感觉，是好看，锞子不高，"四根棒"，非常规范很干净。锞子落地叠筋，一点不拖泥带水，干净。

集中练习了两年多的《挑滑车》，终于有了一展身手的机会。1984年，李玉声再次回京演出，演出的戏码就是《挑滑车》。因为太重视演出，80年代初开始，李玉声每次有演出一定会吃安眠药。如果是晚上演出，中午会吃安眠药，保证午觉的质量，让自己有足够的精力，以期晚上的演出能够完满。这个习惯一直延续到1996年，因为他发现，这样做反而影响晚上的精力了。也许是太重视演出了，在家人看来，李玉声一直有演出前焦虑症，症状就是睡不着觉，而且为了保护嗓子，不和人说话，面对面问他什么，他都拿笔给你写。别说是朋友和外人了，就连家人有时都有点受不了。可是为了演戏他这样，又能说什么呢，这是李玉声对戏的真诚和执著。妹妹还打趣他说，"你一唱戏就过着皇帝一样的生活"。侄子李孟嘉最初也学三大爷这样，后来有一次唱《八大锤》，以为越是累的戏越得歇着，下个礼拜唱，这个礼拜就开始准备，包括作息、饮食之类，结果到下礼拜准病，因为神经绷得太紧了，这样的事反复发生之后，李孟嘉开始反思。而且他看爷爷李洪春从来不这样，晚上有戏，白天还出城逮鸟去呢，爷爷演戏很虔诚，但是看得开，而且胸有成竹，收放自如，不必在乎了。所以李孟嘉也想开了，不论什么时候演出，都不会打乱自己的生活节奏，明儿演，今天我也这样，真病了，台上想辙去，结果后来反倒不病了。这种态度在李玉声看来有点玩世不恭。一次，李孟嘉去杭州录制《夜奔》，第一天上午没事，晚上练习，第二天上午录制，他就和父亲出去玩儿了。结果，李孟嘉刚回去，李玉声就跟他急了，说晚上排戏怎么还能出去玩呢，应该养精蓄锐，在家歇一天。每个人有不同的人生态度吧，李玉声的一生，一切的生活就为了配合他演戏。只是随着年龄的增长，他看得也越来越开了。

1984年3月5日，李玉声和中国京剧院三团搭班，在北京人民剧场进行了一次内部演出，一共两出戏，一出文戏《击鼓骂曹》，李玉声饰演祢衡，一出武戏《挑滑车》，他饰演高宠。一场演出，一位武生，能前后唱文武两出戏是极不容易的一件事。这次去人民剧场演出的路上，李孟嘉和父亲陪着李玉声一起去的，坐公交车的时候，李玉声全身无力，只能依靠在栏杆上，路上也有气无力，要弟弟和侄子搀扶前行，又是太在乎惹的祸。家人担心他这个状态能不能撑下来，要演两出戏呢，没想到，一上台，李玉声的精神立马回来了，和没事人一样，精力充沛。

这次的演出其实就是领导想看看李玉声有何能耐，有没有资格调回北京。戏后，几位朋友和李玉声反馈了一些信息，"有一对老夫妻看完戏说，50年代初，在吉祥看过李少春的双出，几十年了没看过这么好的戏了，今天又看到了"。还有人说，"就是这两出戏码，中国京剧院就没人拿得出来，不用说还演得这个样儿"。演出很成功，但这并不意味着李玉声能成功地调回北京工作，结果适得其反，出乎了他的意料，一个朋友对他说，"玉声不演《击鼓骂曹》《挑滑车》

李玉声在《击鼓骂曹》中饰演祢衡

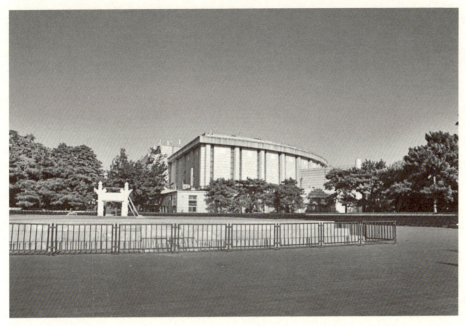

中山公园音乐堂比邻故宫，坐落在存放五色土的社稷坛旁，现在依旧是演出场所，较之过去，修缮得更为华丽

这双出，还能调回来，演了双出就难回来了，老虎嘴张得太大了"。此言何意，李玉声心里已有数了。

　　演出之后李玉声没有立刻回杭。1984年3月29日，他和父亲李洪春在中山公园音乐堂为中国少年儿童基金会义演，时任基金会理事长康克清特意接见了父子二人。当天，李玉声的戏码依旧是《挑滑车》，红生宗师李洪春则演出了老爷戏《古城会·训弟》。李玉声第一个登台，他的高宠，张关正的金兀术。张关正是李玉声的学弟，在张关正的印象中，这是毕业之后，李玉声第一次进入他的视野，他觉得和李玉声搭戏非常舒服，学生时代，他就很欣赏李玉声，很喜欢去看李玉声演戏，但是在他的印象里，学生时代，李玉声嗓子并不好，可他再次回来，嗓子特别好，真是让人刮目相看。说到李玉声的唱，听其在《挑滑车》里的唱，有观众说，那一句"俺，高宠"峭拔刚劲，那一句"气得俺怒冲霄"高亢激昂，那一句"抬枪带马"穿云裂帛。李玉声常会根据自己的理解修改戏词，《挑滑车》中，有一句词是"不知杀死多少番兵番将，也不知他们逃往何方去了"，李玉声觉得不妥,将其改为"不知杀死多少番兵番将,溃散者往何方去了?"当天最后一个出场的是李洪春,那时候恢复了传统戏,老艺人又被抬上了台面,老观众都盼着看他们演出,而久别舞台的李洪春再次登台献艺吸引了大批的观众到场,演出获得了一致的好评。

后来李玉声的一个朋友在从北京到杭州的火车上,遇见一个他的朋友,那人开口就问:"你们杭州有个武生叫李玉声?《挑滑车》演得真好。"李玉声在杭州演了上百场了,从来也没被人问过。他觉得在北京演的这一次《挑滑车》比在杭州演了二十八年的影响都大。

现在在网上人们还可以看到这场演出的录像。李玉声的表演层次丰富,细致入微:从起初认为自己必受重任而对其他受点之将职责的不屑,到热切期望岳飞快派任务给自己,再到自己无任务时的焦急,情绪的变化从面部表情和身体语言上都表露无遗。摄像师在几个关键的地方给了李玉声特写。例如,高宠以为元帅会点他为将,元帅却点了牛皋为将,李玉声面部的特写清楚地表现出高宠的惊诧,他还有一点怀疑是不是自己听错了,而后双目迅速地左右移动,将情绪又向前推进一步。闹帐一段在整出戏中占很重的分量,徐城北的《杨小楼与〈挑滑车〉》一文提到,"由于前面有了'下书',所以杨老板这出戏的重点不在'挑车''走边',反而在前面的'闹帐'……等待于杨老板的,就首先是他出场时的'起霸'以及高宠阻令时的话白……至于后面的开打,杨老板只要'意思'一下,观众就觉得'今儿个真是来着了……'"。李玉声闹帐一段的演绎也是十分到位的。

为了突出高宠内心的情绪变动,武生们会根据自己的理解和能力对这段戏进行改进,王金璐在其《我演〈挑滑车〉》中说过自己如何改变人物动作的事,李玉声在编排此处的时候也加入了些许表情和身段,还有对那几声冷笑的处理,更是让观者印象深刻。而后,高宠刺金兀术耳环这一细节,各家也是自有千秋,"高盛麟偏重一击不中之憾,张世麟则侧重对兀术的鄙视,王金璐设计了个带裂口的耳环,厉慧良干脆改为正面交锋"。李玉声另外几处的编排也是与前人不同的,他放弃了高宠安抚战马以及用枪击打马臀的动作,取而代之的是以枪为支点,奋力起身的动作,还有"第二波挑滑车时高宠力量稍懈,挑的地点不复像第一波那样站在假山脚,而是退出了一段距离,和滑车也有一番缠斗,而不是立即挑开"。另外,在李玉声版的《挑滑车》中,表现车的演员是走下来的,不是翻下来的,这不是一个特别的处理,而是遵循老的传统设计的。京剧是角儿的艺术,在舞台上角儿是焦点,也因为演员演的是车,所以为了把观众的目光聚集在高宠身上,演车的演员动作越简单越好,如果翻下来,就破坏了完整性。类似的细节变化在戏中不胜枚举。还有一个细节处理是值得一提的。一日,李玉声在杭州葛岭散心,风掠过身边大树时,树叶发出沙沙的声响,他顿觉这种声音和气氛适合用在盔头上,以表示角色的心情。在《挑滑车》里,李玉声也用了这个技巧,用在泡子上,就是红色绒球下面的像珍珠一样的东西,到唱"单单把俺高宠一字不提"中的"一字不提"时,让它们微颤如同风吹树叶一般飒飒作响,这样可以丰富表演的气韵和味道。

1984年,李玉声虽然已是四十四岁,但其表演中仍有繁杂的技巧,整体看来也算得上冲。大枪翻飞,如疾风骤雨,排山倒海;连续翻身,如秋风扫落叶,迅疾低平。最值得玩味的也许是他的圆场,轻盈不失沉稳,这是他常年练习的结果。腿功对于武生来说很重要,行内人对李玉声的评价是腿功不好,但好在会用腿。在演《挑滑车》的众多武生当中,袁金凯的腿被人说成是用得出神入化的,在高宠起霸中他有一个非常漂亮的月亮门的走法,"即是把腿控起,由斜腿到旁腿慢慢片过来……厚底几乎要蹭上头上的扎巾盔,腿部肌肉的控制力和柔韧度可想而知,且不坐腰(不弯腰)",每到此处必定是满堂彩。

随着年纪的增长,演员也会对动作做出调整,刘曾复在《回忆杨小楼的演出》一文中说,杨小楼年轻时演《挑滑车》的挑车一段时是用摔岔的,但1936年再演此段,由于年已五十八岁,杨老板走了弓箭步,但因气度不凡,表演依旧耐看。李玉声年轻的时候此处演得也很冲,曾一度采用"摔完七个岔接走七个转身岔,再走一连串的大翻身",后来摔岔变成了跳岔,七十岁再演,则又简化到了跳步跪蹉,可是赢在了火候和境界,还有那一口唱。

虽然《挑滑车》是武生戏，但唱和念白同样很重要。大部分人都说武生的唱功不行，不可否认，这的确是事实，但如果武生功夫好，唱功又好，那他的武戏便别有一番洞天了。李玉声认为武生不同于武行，武生应该全面发展，应注重唱念，"武行，一般在戏里扮演上手、下手、大刀手、大英雄、天兵、小猴、小鬼、大妖、小妖、虎形、龙形之类的角色，表演重在翻、打、扑、跌等技巧。武生，无论长靠抑或短打，表演重在功架，身上漂亮，脚底下干净，手里利落，嘴里讲究，对唱念做打舞、手眼身心步'五功五法'有全方位的要求。……不少武生戏并无繁难的翻打扑跌，只以武生唱念、身段取胜，如《连环套》《薛礼叹月》《赵云截江》等。即使是那些综合要求很高的武生戏，也不单是看翻身、开打、摔岔等技巧，如《挑滑车》'闹帐'的念词，《长坂坡》的'西皮散板'等，若能达到一定的艺术水准，是会比翻打技巧更引人入胜的"。

李玉声学唱可以追溯到1950年，为考戏校，他和身为余派女老生的母亲高剑雯学了《击鼓骂曹》。虽然当时没有深入学习此戏，但后来他又研究了此戏的演法："演文老生戏《击鼓骂曹》，祢衡在【夜深沉】曲牌伴奏下擂鼓发泄情绪，我是这样处理的：我认为观众看《击鼓骂曹》的擂鼓，不但用耳朵听演员的鼓点子是否悦耳，考量演员手腕、手臂的擂鼓基本功是否过硬，还用眼睛看台上演员擂鼓时的姿态是否优美、神情是否到位，是听觉、视觉等诸多感官共同作用的艺术欣赏过程。因此，我在处理擂鼓时，融入了舞蹈表演意识；不是说我在台上跳舞，而是我把擂鼓当成舞蹈动作去表现，即我的心里有一种舞蹈的'法儿'，以'心法'来指导我擂鼓时手臂的舒展、脸上的神情，乃至于眼神的运用、擂鼓节奏的变化等，使观众不单获得听觉上悦耳的享受，更有视觉上'舞'的美感体验。我以为，程式动作一旦由'心'生发，不啻为程式动作注入了灵魂，举手投足，唱念做打，无不鲜活而富有神韵。这样以'心'领'法'，远比简单卖弄技巧、表现程式来得高妙。"后来进了戏曲学校，李玉声又和贯大元等老师学了两年的老生。1962年在北京等待调工作的时候，母亲专门请了琴师给他吊嗓子，还和雷喜福等人学唱，从北京回杭州后也坚持每天吊两个小时的嗓子，每次吊嗓子都要带毛巾，因为唱得流汗是必有之事，热得不得不一件一件往下脱衣服，吊嗓子的卖力程度可见一斑。

1980年，李玉声开始正式向陈大濩学老生。二人1960年李玉声刚到杭州便认识了。陈大濩是知名的余派老生，唱功是公认的。李玉声觉得他唱得好，便直接去找他学。跟陈大濩学老生的时候，李玉声住在陈大濩家里。李玉声说："老先生人很好，爱说，也爱教，而且有文化。"很多艺人都说过，两个业务水平一样的演员，最后比的是文化。文化给表演养料支持，会潜移默化地对演员的表演艺术起到作用。李玉声认为，一名武生，如果表演出来的是一名勇将、猛将，那么虽然你的表演看着过瘾，但你不是帅才，那些演武生的大师，都有儒气，都是儒将，是有内涵的。又如梅兰芳所演的《霸王别姬》，其中有一段经典的舞剑，虽有人说此处的舞剑源自武术中的剑术，今天也有人将虞姬的舞剑处理得如武术一般干净利落，看起来很厉害，但梅兰芳深知，虞姬并不是侠客，她舞的那劲头有感觉，有意韵，文武相济，方有回味的空间。李玉声也一直追求儒雅武生的气度。

李玉声算是武生里唱得好的，观众能通过他演唱时顿挫变化感知人物情绪。徐大椿在《乐府传声》中称："唱曲之妙，全在顿挫，必一唱而形神毕出，隔垣听之，其人之装束形容，颜色气象，及举止瞻顾，宛然如见，方是曲之尽境。此其诀全在顿挫。顿挫得款，则其中之神理自出，如喜悦之处，一顿挫而和乐出；伤感之处，一顿挫而悲恨出；风月之场，一顿挫而艳情出；威武之人，一顿挫而英气出：此曲情之所最重也。况一人之声，连唱数字，虽气足者，亦不能接续，顿挫之时，正唱者因以歇气取气，亦于唱曲之声，大有补益。"关于唱，李玉声有自己的理念和追求，他曾撰文称：

> 《老子》有云："人法地，地法天，天法道，道法自然。"若尊"自然天道"，则必守"中正之法"；若守"中正之法"，则必取"字正腔圆""干净沉实"等"术"。反之，若尊"造作小道"，则必守"死乞白赖之法"；若守"死乞白赖之法"，必取"洒狗血""拉警报""花腔""噱头"等"术"。简而言之，什么样的艺术修养、艺术品位，必然表现为什么样的艺术追求、艺术手段。余叔岩不追求一时的"叫好"，而提

倡历久弥甘的"回味"，所以他的唱"清刚""醇厚"，决无"洒狗血""拉警报"之弊。关于"唱"，我觉得下面一段通人之论颇能予以启发："字字有天地，腔腔系乾坤。字为君，腔为臣，君明则臣贤，字正则腔圆。一字一天地，一腔一江山，字乃苍天大地，腔乃万物生灵，字定天地，腔韵乾坤。字为天地而育腔，腔为万物而润字；字是父母，腔是儿女，字应施教于腔，腔当尽孝于字。字是死的，腔是活的，字是固定的，该念什么就念什么，该怎么念就怎么念，都有一定之规，尊循的法度，字有多音字，没有两可之间的字。腔则依字，大可千回百转，不失音律、韵律、人耳则是。"每个行当的唱腔也有所不同，武生、红生的唱（念），唱（念）的是字，字音位置，非声音的位置。文老生的唱（念），唱（念）的是味，韵味。武老生的唱（念），唱（念）的是格，格调高古与否。小生的唱（念），唱（念）的是腔，旋律的处理。

李玉声不仅对唱有研究，更清楚自己的嗓音条件，唯有正确地认识自己的嗓子才能正确地运用自己的嗓子。友人问他："一个武生，如何将老生戏唱得那么有特点？"他回答道："年轻时我有条武生嗓子（有立音、高音），中音虚，低音弱。年纪老了，高音见弱，中音虽见好，但沙了，低音虽能下去了，但哑了。现在就剩下这么一条上下够不着、音色沙哑的半条吭儿（嗓子）。论唱，我是庸才。"李玉声的唱与老生自不好比，但在武生当中，如果他说"论唱是庸才"，那是自谦了。

陈大濩对他的教导令其受益匪浅。对于陈先生，李玉声有很深的感情。当陈老离世多年之后，李玉声仍无法放下思念之情。他还特意写了两首怀念陈大濩的诗：

百字祭祀

（大濩先生逝世四周年）

先生返道山，屈指已四年。

思念情切切，夺眶湿衣衫。

先生多亲善，诸事任人贤。

慧眼似伯乐,育才沥心肝。
苛刻至精细,容让量海天。
余随公十载,受益恩匪浅。
演戏须知理,理于诗书间。
铭怀勤教诲,艺以德为先。
仙魂归何处? 谆谆在耳边。
从此无明师,艺海始茫然!

第二首:

悼陈师大濩先生

(大濩先生驾返仙山十年)

先生艺绝伦,当代如师罕。
群书勤博览,见多识也宽。
诗读千百首,挥毫砚欲穿。
文墨竞显祖,一笔数百篇。
教戏又教人,孜孜诲不倦。
说曲悬河流,谈唱夜忘眠。
唇齿喉牙舌,毫厘不能偏。
字正腔圆润,听者醉如颠。
绕梁韵未尽,淘海欲翻天。
学腔求得易,变化难得全。
时而沉海底,时而入云端。
鬼斧神工曲,须悟曲中禅。
师为人楷模,如松青万年。

十四　一出《小商河》轰动京城

　　《说岳全传》第五十三回提到了这样一个故事：金兀术带领六十五万人马前往小商桥，先锋雪里花南被一马当先的杨再兴一枪挑下马来，第二队先行者雪里花北、第三队先锋雪里花东、第四队先行雪里花西也都死于杨再兴枪下；大将一死，士兵溃散，人仰马翻，互相践踏，乱作一团，尸骸遍野，死伤不计其数。杨再兴穷追不舍至小商河。小商河本不算险，但内有淤泥和衰草，此时河水被冰雪覆盖，分不出是河是路。杨再兴不知地情，连人带马跌落河中，敌军趁势万矢齐发，杨再兴命丧于此。《宋史·岳飞本传》里也提到了此事，这个故事后来被改编成了戏曲《小商河》，故事情节与文本中所提大致相同，讲的是金兵进犯宋朝疆域，岳飞派杨再兴迎击，杨再兴大胜之后追击金兵至小商河，河水被冰雪所覆盖，河水却未冻实，不知地情的杨再兴骑马过河，马陷于河中，杨再兴死于金兵的乱箭之下。

　　戏中开篇以岳飞的唱词交代了杨再兴的厉害之处："收服了杨再兴精明干练，扫平那九龙山潭州安然。统雄师剿太湖贼人丧胆，火攻计释王佐义结金兰。戚统制挟嫌隙暗施冷箭，多亏了牛贤弟妙药仙丹。今日里破阵式贼军溃散，破了那洞庭湖再征北番。"杨再兴的念白也表明了他的抱负："那金寇虽然嚣张，俺也要深入北国，直捣黄龙。纵然战死疆场，马革裹尸，为报元帅知遇之恩，又何憾哉！"后又用"石榴花牌"唱出"只凭俺匹马银枪，诛戮尽这番奴心方畅。……又只见那番儿齐涌似虎如狼，何惧他奇勇也那猖狂！……只见那烟尘弥漫，杀气腾腾摆开了战场……管叫那小番儿，管叫那小番儿，匆忙俱都疆场丧！"从唱词中人们可以感受到杨再兴的凌云壮志。老的《岳飞传》包括《赐绣旗》《苦肉计》《金兰会》《洞庭湖》《镇潭州》《栖梧山》《小商河》《康郎山》《隐贤庄》《长沙王》《五方阵》《茶陵关》《凤凰山》,《小商河》只是其中一本。

李玉声的《小商河》是父亲李洪春教他的,李洪春的《小商河》则是得王鸿寿亲传。由于六七十年代久别传统戏的舞台,李玉声已经淡忘了此戏的演法,虽然曾回京与两个弟弟一起恢复此戏,但仍不见效果。唯一的出路,也是他擅长的事情,便是重新编排,这次的编排集中在四个上午。虽说是重新编排的,但还是非常正宗、非常规范的传统戏。李玉声常说,"当你飞翔的时候,传统就是你的翅膀"。他敢改,是因为他会的老戏特别多,且基础打得扎实,虽然路数忘了,但方法和感觉没有忘。京剧的法是死法,唱念做打舞,手眼身心步,必须遵循之法,甭管是大师还是艺术家,上台都必须遵循这些。但更重要的是心法,是把死法变成活法。心法的基础则是文化修养,像文学、画画,还有环境和朋友的影响,甚至大自然万千气象的变化都会给人灵感,把这些东西融到死法当中,把死法激活,才会别有韵味。这一次锤炼出的是一出经典老戏,而今各地上演的《小商河》几乎都以李玉声编排的这版为蓝本。

虽然1984年在北京的演出很成功,可工作还是没有下文,李玉声只好又回到杭州。1986年,全国风行停薪留职,这给了李玉声一次机会。当时中国京剧院有一个团也都办理了留职停薪,有两个演员领着大家出去干。团里的负责人刘秀荣是李玉声的朋友,邀请李玉声和他们一起干,所以李玉声也办了停薪留职,再次只身回京寻求发展。不巧的是,回京不久,文化部下达指示,停止留职停薪这种形式,演员回到各自的团里演出。这样一来,李玉声便无法按原定计划演出了,但他并没有打算回杭州,而是决定留下来。在北京徘徊了不到半年的时间,李玉声终于得到了一次登台的机会。

1986年12月4—6日,梨园人士在北京的吉祥戏院为中国残疾人福利基金会举行了三天的义演。第一日开锣戏是李玉声的六弟李世声与王金璐的大公子王展云所演的《韩彦直闯营》,而后是蒋弘翔的《乌龙院》,李洪春大轴演《关云长刮骨疗毒》。第二日,温如华演了《玉堂春》,李洪春及其子李润声演了《古城会·训弟》。第三日第一出是金蓓蓓和孔新垣演的《秋江》，李玉声中轴演了《小商河》，耿其昌和李维康压轴演《坐宫》，最后的大轴由李洪春和儿子李玉声共同演出《刮骨疗毒》，两人皆演关羽，李玉声演前关羽，李洪春饰后关羽。

年已八十九岁高龄的李洪春陪着李玉声等三个儿子参与了此次演出，连演三天，这也是李洪春最后一次登台，他依旧演出了拿手的老爷戏，《刮骨疗毒》还有《古城训弟》。年龄并没有成为洪爷演出的障碍，他亮相的力度和韵味依旧是正值壮年

1986年12月4日，李世声演出《韩彦直闯营》

的儿子们所不能比拟的。也许以今日观众的眼光看，洪爷的表演有些随意，但这就是老一辈艺人的特点，表现多于表演。老爷的形象和气度已经渗入洪爷的骨髓，他平日有关公庙就要进去，每个塑像的造像不同，他都学，好的雕塑是有神韵的，进庙亲眼看到的那种神圣感、威严感、震撼力是可以让你记忆深刻的。再加上洪爷本身所经历的事，平日里相处的人，他无论在台上与否，都已然有了老爷的神韵。

这次义演，李玉声演出了他编排的《小商河》，就这么一出，便引起了反响。跑圆场，脚下生风，靠旗随风而动；高难动作，稳扎稳打，轻松以

李世声先生至今仍保留着1984年三天义演的节目单

对。后来李玉声称这次表演是他第一次艺术清醒，"在三五分钟的时间里享受到从未有过的表演意识……表演大有超脱之感，如灵魂出窍，但不离身而附于心；它打开我心房两扇门，心中非常亮堂，观众席清清楚楚，舞台下面好像亮起了灯，情如神助，人也长高了，胸展开了，傲然、松泛，有海纳百川之心神境界。我在舞台上的一切都处于超然清醒之中，这种仿佛超脱的意识使我的表演非常清透。艺术清醒它静静而来，默默而去，到来时我有感觉，离去时我丝毫不知，只是对于尝试到艺术清醒所带来的美好的表演意识，感到非常享受。艺术清醒虽然来无影去无踪，但应该就隐匿在天才的演员赋予灵性和智慧的五功五法之中"。后来有一天，演员黄宗英和武生言小朋去看李洪春，在电梯里遇到李玉声，言小朋饶有兴致地对李玉声说："你一出《小商河》轰动北京城。"

为什么《小商河》可以一鸣惊人，这有赖于李玉声的编排。他这编并不是瞎编胡纂，是在知道《小商河》内核基础上的适度调整，根据当时自己的能力和班底的人数以及各自的本领进行的调整。排戏首先要想到剧团的情况，有多少人，每个人都能做什么动作，是为人量身而做的。因为当时剧团的人员有限，只有表现杨再兴一个人才成，所以李玉声对剧本也进行了改动。在创作的过程中，李玉声坚持着一个大原则，"戏情反映剧本的情节内容，戏理表现演员的表演艺术。演员顺戏情而表演，戏情顺表演而流露。戏情若不适于表演时，舍戏情而顾戏理，展示表演。坚持三服从原则：剧中人服从情节，情节服从剧本，剧本服从演员表演"。他认为，"在中国戏曲表演艺术中，剧本不是本。……京剧若先把剧本写好，再找演员套剧本，是排不出好戏的；作者应根据剧团演员条件、阵容写剧本，才有可能排出好戏。剧本为演员服务，剧本要服从演员的表演"。老的《小商河》第一场是皇上赐酒予众人，此时，传来金兵犯界的消息，大家放下杯盏，说等打退了金兵再回来喝酒，然后杨再兴和牛皋两人都请战，二人互不相让，还斗口甚至要动手。这段因为人数要求过多，演员如果演这段就来不及赶下一场，所以，李玉声将其删减，这么一来戏中没了岳飞这堂人，只剩下杨再兴和兀术一堂人，场次和情节也就集中在杨再兴身上，令这出戏主角突出，情节紧凑。

删减了岳飞等人的戏份后，李玉声丰富了杨再兴的三场边，以及杨再兴在小商桥畔同金兀术的大战。李玉声说，《小商河》一戏中，杨再兴没有起霸，就有三场边，且不叫走边，应称为头场边，二场边，三场边，出兵、点将、出征前整理铠甲的动作叫起霸，走在半路上无需整甲。《挑滑车》中有休息喘气的时候，《小商河》基本上没有什么休息喘气的空档，这戏非常吃功夫。

1987年，李玉声在北京人民剧院演出《小商河》

从大处着眼，李玉声对整出《小商河》的起承转合皆有设计，戏中主角杨再兴的重头戏是三场边和一场陷马中箭，"头场节奏平稳，看的是一招一式，临下场时设计了从上场门台柱斜向下场门走单腿云步，台口正场鹞子翻身、单腿变身翻身、亮相，是为'起'。二场节奏往上推，在【喜迁莺】曲牌中设计了新颖的表演程式，看的是干净利落的身上与技巧之间真假虚实的转换结合，是为'承'。三场节奏起伏多变，突出了技巧：三个单腿大翻身，马上又反回的单腿大翻身亮相，紧接着从下场门台柱向下场门走弧线单腿后退快颠步（节奏由快转慢）亮住，是为'转'。四场节奏、调度简明、干脆；技巧上重点用了从下场门台柱横场向上场门台柱'跳岔'，由慢而疾，惊心动魄，是为'合'"。整个改编都遵守了"尊传统而自主、守规范而自由、承师训而自取、施技艺而自然"的路子。

于戏中多处细节，李玉声亦做了调整。以开打为例，老的《小商河》里有四个金兵，每人有自己独特的武器，像双槊、锯齿刀、锤，每样兵器的打法也都不同，但剧团当时没有这些把子，也没人会这么多打法，索性整齐划一，四个人都改用双刀。再说说甩发的动作。旧时杨再兴最后有个表示失败的甩发动作，但李玉声思量再三，觉得极为不妥，虽然杨再兴身亡了，但却是全胜之后因马失蹄而被金兵乱箭射死，并非战败后落荒而逃，甩发在京剧中一般用在败军之将身上，与杨再兴的身份和处境都不同。所以再次编排之时，李玉声舍弃了这个动作，改为盔头一带到底。李玉声常演也善演高宠、杨再兴、赵云等扎靠的武将，且都是用四功五法来表现，除了扮相不同，李玉声心里还清楚，每个角色的表演心法有微妙的变化，像杨再兴，他祖上是杨令公，但他后来落草为寇，所以身上沾染了草寇的习气，他的表演就得和高宠、赵云不一样。

另一个重要却常被忽视的问题是编排时需给观众留有休息的时间。你不能让观众看得累死了，情节一直紧张，观众总是处于激动的状态心脏受不了。编排时，编排者应该考虑到戏的进行节奏，给观众留下回味的时间，有工夫想想刚才那点真不错呀。设计杨再兴舞蹈动作的时候，虽然李玉声是根据自己的条件设计的，考虑到了什么时候走什么技巧，哪个点要休息，哪个地方得换气但又不能让观众看出来，还让观众觉得真有味道，并且他还考虑到了留点时间给观众走神。像老先生处理《打鼓骂曹》一

2016年8月5日，笔者来到了人民剧场，剧场位于护国寺大街，是中国传统的建筑风格，这里曾是京剧演出的嘉处。而今，剧场隐居在闹市却又与那繁华无关，行人穿梭在一家挨一家的小吃店当中，实在无暇望它一眼，不知是不是因为夜幕尚未降临

戏，主演唱，观众哇哇叫好。主演下去换服装了，这个时候就允许观众走神。这时台上曹操和大臣在那聊天，什么内容也没有，这些话观众听不听都行。观众这时候就可以回味，"刚才祢衡唱得真好！""过瘾！下回咱们还来听他。"然后，锣鼓点起，祢衡又上来了。

《小商河》中有很多技巧动作，其中跳岔给业界人士和观众都留下了深刻的印象。当笔者采访原中国戏曲学校附中校长张逸娟时，她特别提到了这个设计，"《小商河》台口的跳岔，就是比喻马在冰上走不动，起来又滑到，这是舞台上没有人用的技巧，敢为人先，敢于尝试，有意境，有些是破了传统的程式的，他出新。他台上玩意儿地道，而且他执著，他出新不出格。有一定的积累才能触类旁通"。那么，李玉声当初又是如何要在此处设计跳岔的呢？他自己曾有过介绍："值得一提的是，我在表现杨再兴陷马时创造了'跳岔'技巧。'跳岔'始创于1961年，我曾用在我演出的新编古装戏《高亮赶水》上，二十年后又用在了我演的《挑滑车》《小商河》之中。《挑滑车》跳岔，向前直行；《小商河》跳岔，向右横行；《高亮赶水》跳岔则是前后左右行。"

李玉声编排的《小商河》得到了观众和业界的认可，还被中国戏曲学院看中，成了教学片之一，不仅武生要看，连导演系的学生也要看。昆曲导演周世琮是梨园世家之后，昆曲传字辈艺人周传瑛之子，他在上学的时候就看过李玉声的《小商河》，据他回忆，当作教学片的正是1986年义演那次的录像。当时能作为教学片的都是盖叫天这个辈分的人，李玉声是年纪最小的，可见此戏的典型性。周世琮称，他第一次看到李玉声演出《小商河》的录像时有点吃惊，不曾想其竟然有如此深的功力，扎靠的劲儿、份儿、气儿掌握得都很好。两人可谓神交已久，1960年李玉声初到杭州之时，周世琮也在杭州，虽然没有交集，但周世琮也知道李玉声的到来，一是因为同是梨园子弟，二是因为行内人对这个从北京来的中国戏曲学校的高材生很感兴趣。直到近期，两人才算真正有了交集，不时在微信上探讨有关戏曲的问题，周世琮的家里还挂着李玉声作的画。得知李玉声要出个人传记，周世琮也应李玉声之邀写了一段文字讲述两人的情缘及其对李玉声的评价：

玉润声传红氍毹，丹青妙绘人生路

上世纪六十年代，在京杭铁路的两端，京剧名家李洪春将儿子送上列车，从京城直下杭州。在杭州的昆曲大家周传瑛，也将儿子送上列车，却是在南京的江苏省昆曲剧院停留了五十年，再由这条铁路到达了京城。去杭州的是刚从中国戏曲学院毕业的武生新秀李玉声，得校长史若虚的推荐，去杭州向京剧大师盖叫天先生学艺。在南京下车的则是我。

2016年4月回杭州参加《十五贯》进京六十周年纪念活动，我与玉声兄在京杭高铁上相逢了。我从小就爱看武生戏。1986年在中国戏曲学院导演进修班学习时，就看到了玉声兄的表演。这是"文革"后看到的为数不多的能把基本功完美贯穿于人物塑造的传统武戏。对玉声兄的仰慕之情早在我青年时期就根植于心了。上天的安排，让我们一见如故。我们享受着高科技的发达，时代的"红利"——两个老小孩，通过互通微信，在虚拟的时空，将对传统戏曲的理念和思考、艺术心得体会，进行无阻碍的、实实在在的即时交流。

玉声兄进京参加"纪念高盛麟先生座谈会"。他在会上的发言十分精彩。我们先不说他已过花甲之年，舞台上依旧熠熠生辉。脚下功夫如风似磬，一杆大枪挥洒自如。厚底、大靠与他的神、形融为一体，美不胜收；只说他对中国传统文化仁、义、礼、智、信的解读，就令人尊敬不已。他谈起高盛麟先生曾请教李洪春大师。在整个听教过程中不摆身，不塌腰，不斜视。臀占三分座，双腿着地，双手放膝，谦逊规矩至极。从坐姿就看出了高先生的为人和修养。学戏之人将仁、义、礼、智、信融于血液里，体现在生活中，最终以艺术手法贯穿于人物、角色中，造就了舞台之上的精彩。

玉声兄在会上又举例说了颜真卿的"一横"，王羲之的"一点"。王献之练了数年书法，写了一个"大"字请父亲点评。王羲之在"大"下加了一点成为"太"。王献之请母亲来看。母亲说："有点像你父亲的笔锋了。"然后指着"太"字的一点，道："很有乃父风范。"这个轶事可见"差之毫厘，谬以千里"的含义所在。舞台上也是同理。功夫就在这一横一点的分寸之中。玉声兄简短精彩的发言，显现出他不一般的文化素养。而他数十年的舞台生涯，也积累了大量的经典作品。就我所知，玉声兄的经典武戏代表作有《乾元山》《挑滑车》《长坂坡》《小商河》。玉声兄气韵生辉，唱做并重之剧有《定军山》《战太平》《击鼓骂曹》《古城会》。玉声兄集编、导、演于一体的新创剧目有《暗夺荆州》

2016年9月21日，笔者造访周世琮先生北京的居所，照片中这幅挂在其客厅里的桃画便是李玉声先生特意为其所作

《苏东坡绘画判案》《取雒城》《关云长出世》。

　　这位以精湛的基本功和表演去演戏，并有难得书卷气的大武生，绝不会"倚天匿于匣中，宝珠藏于土内"。有思想、有修养、有担当的从艺者，必会得到观众的喜爱、同行的认可、时间的记存。为玉声兄能将从艺经历、艺术心得集结成册而感到由衷的高兴和祝福！

　　去年12月，适逢我过生日，蒙玉声兄寄来亲绘《寿桃》一幅画作。我和我爱人惊喜非常！他的画作不仅透着鲜活灵动，更犹如他所擅演的《挑滑车》中高宠的"起霸"，充满了精气神，当然，画中还蕴含了玉声兄对我的浓浓情谊。"玉润声传红氍毹，丹青妙绘人生路。"祝贺玉声兄艺术传记付梓出版！

　　相识之后，李玉声和周世琮有了越来越多的交流，两人还常在微信中探讨所谓的人物基调。现在排戏的时候，导演总说人物基调、人物基调的，李玉声打小就没听过这个词，便和周世琮探讨开这一概念。周世琮回答他说："我从小没听过人物基调，80年代外来导演那才听到，戏曲是不讲人物基调的，我们的人物基调老前辈已经给我们了，脸谱、服装、道具。我们不是不讲人物，只是说法不同。人物是老祖宗已经给我们的了，你不能去塑造，塑造就是背叛了。"两位同样出身于梨园世家的艺人对话剧干预戏曲的态度倒是很相似，周世琮还说："话剧导演不是不可以来导京剧，他也有我们可以吸收的养分，但他们不应该来破坏我们，你带着来改造、肢解京剧的态度来就不对了。话剧讲究整体调度、思想深刻，你可以用在新排京剧里，但不能用在昆曲里，昆曲已经成形了，你不能认为春秋战国的瓷器旧，把它扔炉子里毁了重新烧制，那反而不值钱了。"这与李玉声的话如出一辙。

1989年4月初，中央新闻纪录电影制片厂着手拍摄国粹京剧系列片，也将《小商河》纳入计划，准备将其拍成电影版。但是找谁来拍还需一番精心的选择，负责人将当时市面上所有的影像资料都收集来了，一出一出比，不单是看《小商河》的演出，就是看人，想选个靠把武生，最后，李玉声以功好、新颖、气度好三点取胜，成为最终的人选。这是后来制片厂里一位灯光负责人告诉李玉声的。

李玉声接到中央新闻纪录电影制片厂的邀请后，从杭州来到了北京，拍摄地点选在了北京人民剧场，大概拍摄了五六天，弟弟李润声出演了金兀术。那次的拍摄李玉声记忆犹新："头一天中午饭后进场，一直扎着靠，到次日凌晨两点还在拍。这可是一出扎靠的武戏啊，这样连轴转的拍摄方法真把我拍怕了。凌晨两点，正好拍'跳岔'镜头，我已经累得跳不动

左图是拍摄电影《小商河》休息时，摄影师特意给李玉声拍的照片。右图是拍摄期间，李玉声在化妆间与弟弟李润声（右）和李世声（左）的合影

了，于是即兴创造，加了戏料。导演事先看了一个月我演出《小商河》的录像，对戏非常熟稔，见状茫然，心想，这地方没这些戏料哇。当时我实在累得支持不住，坐在椅子上，挂着枪，脑子里想的是：下次再也不应这样的事了……《小商河》这样一出武戏，还扎着靠、勒着头、戴着盔头、穿着厚底，手里马鞭、枪，高难度的舞蹈、身段动作，又有开打，这真是一次至今想起来心有余悸的拍摄经历。"在拍摄的过程中，父亲李洪春和母亲高剑雯也到片场去探过一回班，那天李玉声正拍二场边【喜迁莺】，拍完后李洪春对儿子说："你这《小商河》谁都不成，走不了你这样儿。"能得到父亲的认可，对李玉声来说是很重要的。

十五　到中国京剧院工作的短暂时光

　　1987年1月28日，乙丑年的最后一天，一个年仅十三岁的小男孩独自踏上了北京南下杭州的火车，因为是大年三十的晚上，所以火车上的人并不多，小男孩一只手提溜着一个包，另一手提溜着一副唱戏的靠，还背着长枪、马鞭和厚底等。总觉得这一幕很熟悉，不知道在多少年前，类似的情形也发生过在李玉声的身上，不过，这次火车上那个孤单的小男孩不是李玉声，而是李家的再下一辈，李玉声弟弟李世声的儿子，李孟嘉。李家的这一辈人都被社会的洪流带到了其他的行业，只有李孟嘉一人坚守在梨园。

　　李孟嘉从小在爷爷奶奶身边长大，偶尔也会向二老学戏。奶奶教给他的东西多一些，因为爷爷说的总是太深奥，小孟嘉听不懂。一而再，再而三地追问只会耗光洪爷的耐心，往往教学就在一句"孟嘉，下次再学

李洪春给孙子李孟嘉说戏

吧，我且活呢"中结束。后来李孟嘉进了戏校开始循规蹈矩地学戏，和三大爷李玉声一样。前两年，李孟嘉学的是老生，开蒙戏是叶盛兰大儿子叶蓬教的《鱼肠剑》。1987年春节过后，他就要改学武生了，学校告知他们首先要学的戏是《战马超》，李玉声知道后对小孟嘉说："你没有基础，学校一上来就让你学这戏，这戏头里扎靠对打，后头短打，你山膀都没拉好呢，怎么学《战马超》？你来杭州吧，我给你打打基础，我先教给你《小商河》。"所以，趁着寒假，父亲李世声让小孟嘉去杭州找三大爷学戏。

二十七个小时漫长的旅程给小孟嘉留下了很深的印象。大年初一，他来到了三大爷李玉声的家，在杭州进行了二十多天的恶补式训练。李孟嘉是李家年轻一辈唯一还在唱戏的孩子，李玉声对他也是满怀期待。小孟嘉感觉得到，三大爷是把自己当儿子，想给教出个样来的。

一开始，李玉声就对小孟嘉说："别人学了两年武生了，你得把这些时间追回来。"然后，李玉声就按照自己的方法换算一节课多长时间，这两年的课加起来折合成多少个小时，他要让侄子尽快把这些时间补回来，最后的结果就是小孟嘉几乎需要二十四小时玩命练。李孟嘉对那二十多天

五岁的李孟嘉饰演武松

的恶补记忆犹新："早上，我三大爷给我做早点，年糕什么的，吃完歇一会就去练功房练功，九点左右吧。先说数，就是所有的身段，练到一点多，回家吃中午饭，他教戏特别严格。中午饭吃完，睡觉，睡醒了，三点多，再去练习，然后一直到晚上十点才回家。每天十一个小时不停地练。他眼睛特别毒，哪儿走不好他都能看出来。他教我教得特别仔细，每一下都教得特别细。边叫边骂脏话，因为他真着急，真想我好，玩儿了命了，连打带骂，步子没迈对，拿枪就抢我，手松了一点，拿马鞭就抽，很疼呀。"

小孩子终究是小孩子，苦中亦调皮，

趁李玉声不注意，李孟嘉就把演出时用的马鞭递给李玉声，自己拿戏校里练习用的马鞭。两者有何区别？戏校的马鞭拿着的地方是一个木头棍，木头棍上头是一藤子棍，台上演出的马鞭是藤子的，手拿着这地方是马尾巴编的，藤子外边也是马尾巴编的花。小孟嘉之所以把藤编的那个给李玉声是因为那个打人不那么疼。几天的工夫，小孟嘉虽然有点累，但没什么大问题，李玉声却瘦了一圈，眼睛也凹陷了，简直就是脱相了。小孟嘉知道，三大爷真的用了心。

学了二十多天，小孟嘉要回北京了，李玉声也同他一道回了北京。这次回北京是因为李玉声得到了中国京剧院一位副团长的赏识，也许就是因为年前那次出色的义演，他终于有机会进中国京剧院工作了。虽然还没有正式的编制，但可以正常领到工资了。三大爷回到北京工作对小孟嘉而言也是件好事，他又可以利用放假的时间向李玉声学戏了。1987年的暑假，小孟嘉又去找李玉声学戏，这次要学的是《乾元山》。一提到跟三大爷学戏，小孟嘉又喜又怕，上次在杭州学戏的情状还记忆犹新，连打带骂的，这次小孟嘉一看见三大爷就两眼发直。不过，事情比想象中的好些，因为半年的学习，很多武生的东西李孟嘉都会了，所以再学也就没有那么吃力了。李孟嘉一共向李玉声学过三出戏，除了上面说过这两次，还有就是1992年冬天放寒假，他又去杭州跟李玉声学了《八大锤》。在李孟嘉看来，"三大爷太灵了，感觉就是生而知之，就是为了这个东西来的。三大爷给肩膀给的特别好，给肩膀不是说真的动肩膀，就是泛指让鼓师知道你意图的动作。就是我哪儿要锣经，你要让鼓师知道，动作和锣鼓合上了，那特别好看，劲头也足，节奏也好，三大爷说每一下锣经都不能白打，你都得用上。大锣得长神，末锣劲头得最足。角儿要掌控舞台，你要让鼓师知道你在哪要什么锣鼓"。如果动作能够合上锣鼓点，会让观众觉得这个动作力量倍增，李玉声就是有这样的能力。

很多人会抱怨自己怀才不遇，抱怨这个世界上千里马不少，但伯乐却不多，或者干脆归结为时运不济，以种种缘由慰藉自己。有才能的人真的会被埋没嘛？李玉声也曾认为，天时地利人和都不站在他这边，认为杭州不比北京那座大码头能成就角儿，认为别人怕他这只张大嘴的老虎会伤到自己所以才拒绝他回京。但这次的事情证明，有能力的人终究会得到赏识，当他的表演是无可替代的时候，总会有爱才之人站出来替他说话，他也终于如愿以偿留在了中国京剧院工作。

初到京剧院，老同学们就请李玉声吃饭，叙叙旧，再谈谈未来的工作。无论是和老同学还是和新同事，大家都相处得比较融洽。李玉声也知道，他没来之前，人家团里和他同行的演员都有自己固定的戏码，他不能一来就把人家的戏都刨了。所以，他和掌管业务的人说好他演的戏是什么，人家的戏不要派给他。在京剧院工作的日子李玉声很开心，搭戏的演员都是好演员，戏演起来也特别舒服。他还为了演出特意编排了很多新的戏。

1987年有过多少次演出李玉声已经记不清了，留下的资料也是少之又少。一位观众记述了李玉声的一次演出，尽管不是他标志性的武生戏，但也十分精彩。这出戏叫《起布问探》，是"昆曲五毒戏"之一。所谓的"昆曲五毒戏"是指武丑的五出戏，一种说法是包括《起布问探》《时迁盗甲》《戏叔别嫂》《下山》和《羊肚》，另一种说法是包括《起布问探》《时迁盗甲》《羊肚》《活捉三郎》和《义侠记》。不仅戏码不同，五毒所指也有争议，一说是蜈蚣、蝎子、蜘蛛、蛤蟆和花蛇，一说是蜈蚣、蝎子、花蛇、壁虎和蛤蟆。在《起布问探》一戏中，李玉声饰演吕布，刘习中饰演探子，"按老例，这戏卖的是'能行探子'，所谓'起布'，实则吕布一直在大座上不曾起来过。以玉声先生的艺术创造力，不会甘于让吕布就这么平淡无奇地待在桌子后面。于是可以看到，在把握'傍角'原则的前提下，玉爷让吕布从桌子后走到前台，和刘习中先生的探子默契配合，做出种种美妙绝伦的造型"。该观众写下了这样的观后感后还曾考证此次演出的时间和缘由。此次晚会是1987年10月举办的丑角专场，由张春华、萧盛萱任艺术指导，钮骠、刘习中任舞台监督，其他戏码有寇春华、刘琪的《小上坟》，张春华、景琏琏的《九龙杯》，栾祖逊、李英缓、刘志斌的《打城隍》，冯玉增、钮连贵的《借靴》，韩建成、洪雪飞、侯宝江的《相梁刺梁》，郭元祥、秦雪玲、吴富友、贾荣年的《荷珠配》。

1988年，中国京剧院复建四团，李玉声被调到该团并成为挑梁的武生，据说当时人们习惯叫该团为"李玉声那团"，因为他的演出太出色，给人留下了太深的印象。尽管如此，李玉声的工作关系两年多了仍无法转到北京，他和家人都有些心急，在此期间，父亲为了儿子也没少求人，老爷子已是将近九十岁的人了，很多旧友常到家中看望他，当他觉得来人有可能帮助儿子的时候变会表达希望儿子调回北京的意愿。李玉声听父亲说，洪爷曾向邓颖超、卓琳还有齐心等人都提过孩子调动工作关系的事情，大弟弟还为他给艺术局局长于林写过信，但最后，李玉声调动工作关系的事还是没有成功，他不知道，这件事为什么会那么难，除了相信这是命运的安排之外，似乎找不到合理的解释。

鬼使神差，也不知道是从哪来的无名之火，李玉声动笔给京剧院的院长写了一封信，大概的意思就是自己真材实料，演员有没有本事，是骡子是马，拉出来遛遛。这也许是工作关系太久都调动不成所以内心烦躁而集中爆发的结果，但多数人发脾气也是当面讲给对方听，李玉声多年后回忆到此事时说，真的不知道自己当时是怎么想的，"还白纸黑字的写出来，这不是找倒霉嘛"。这么不省油的灯哪个领导愿意留下呢，本事虽大，但蹦跶得也比别人厉害，李玉声觉得这是他不能留在团里的原因之一。事后他听人说，其实当时团里已经派人事科的人到杭州去调他的档案了，但是档案里写着那三年劳改的事情，这可能是他没调成工作的另一个原因。

1988年，全国开始评定职称，李玉声的工作关系在杭州，他无法在中国京剧院评定职称，无奈之下，8月份，在中国京剧院工作了近两年的李玉声不得不再次回到杭州工作，工作单位扣除了他三年的工龄，但职称评定时评了他一级。职称评定的材料是早先就上交的，当时李玉声的夫人把材料寄到北京，李玉声填报的时候有人劝他，"填三级吧，评上就很不容易了"，可他认为自己是一级的水平，所以，宁愿评不上也不会委屈自己填三级，他按照自己的意愿填了一级，还因为怕人家给他改了，特意写了大写的壹。李玉声填好资料寄回杭州，他的夫人把材料递交到了单位。最后职称评定的时候，中央派人到各省去参与，一些评委觉得李玉声评一级是天方夜谭，有些评委觉得是应该的，中央来的这个人说："我看过李玉声的戏，他有资格评一级。"李玉声至今也不知道这些帮他说话的人是谁，虽然工作调动一波三折也没有好结果，但评定职称倒是顺顺利利的。所以，怎么能说上天对他不公呢？

也是从这个时候起，一方面是积累得够多了，一方面是晋升需要文章，李玉声开始思考、总结京剧艺术，并将所思所想落于纸上。1988年，李玉声在《中国戏剧》上发表了他的第一篇文章，题目是《求深、求精、求新、求化》，此文是他对半生艺术的提炼，故在此与君共赏：

求深，是对京剧传统艺术系统、认真、严肃地继承和钻研；求精，是对继承下来的京剧传统艺术深化理解，加以雕饰，进行再创造；求新，是为经过雕饰、再创造的京剧传统艺术注入新的血液，熔诸家之火为一炉，形成一种新的京剧表演艺术风格；求化，是在已逐步形成新的表演艺术风格的基础上变有法为无法，达到无处不是法的更高境界。

在求深、求精、求新、求化的过程中，演员始终要保持着清醒、明智的艺术头脑，贯串着持之以恒的苦学、苦练、苦读书、苦心琢磨、苦心经营（吸收各方面的知识，丰富自己的艺术素养）。

一个演员，在真正掌握了京剧特有的基本功（五功五法）——唱、念、做、打、舞；手、眼、身、心、步（传统为"四功五法"，即唱、念、做、打；手、眼、身、法、步。我理解为"五功五法"更合适些）后，应该对自己的艺术重新整理、认识，谦虚地进入求深阶段。

求深，首先是向名家（高明的老师）求学。求深选择什么样儿的名师，关系到自己今后的艺术成长。求深阶段选择名师是非常重要的，选择名师正确与否，是与演员本人的艺术基础、艺术观点、艺术欣赏能力、艺术素养等各方面的知识，以及人际关系密切相关的。只要是演员本人认为不适合教自己的老师，即便介绍给他，也是学不到真东西的。这好像是缘分，其实是求师的学生受自己艺术素养的制约所造成的结果。

向名师求学，要对老师的艺术爱到迷的程度，如果对老师的艺术不迷，就不会心悦诚服、老老实实地学。心悦诚服是前提，然后，才可能根据自己的艺术基础，发挥聪明才智，得到名师的艺术精髓。求深不是为了多学几出戏,赶快演出,如果是这样反而学不到东西。虽然求深是依靠学戏去进行的,但要明确求深学戏与学生时期不同,学生学戏如小孩子学写字,拿着笔画道道儿,而演员到了求深阶段的学戏,不是会拿笔画道儿就成,而是要学习老师的方法和经验,不但要通过学戏细心琢磨,苦练老师的各种技艺,而更重要的是通过掌握技艺,学得运用技艺的方法,学得名师风韵之妙处,找到老师在表演时的感觉、意识。如果能够把一位名家的技艺、运用技艺的方法,在舞台上表演时的感觉、意识学到了,这时候就应该用同样的方法再向别的名家去学习了(可不能过河拆桥)。再学时可就省事多了,也许之后通过观摩某名家的演出,就可能学得其精华所在。

得到一至两家的表演方法,自己又能在舞台上表现时,就可以大量地学戏了。一天学一出,每天学,都能消化得了。

求精,应该是在求深的基础上进行。求精必须求师访友,学的东西要广泛。譬如,学武生这一行,也要学旦行的东西,可以不作系统地学,但要能掌握一些化而用之。自己的本工更应该求得几家名师的指点,如果有条件,应该求得全国各大名家的点拨,若得如此,大不一样。求师访友的广泛性,不能只是限于戏剧行列,作诗、填词、国画、书法等等各行,均要求得名师指点;诗、词、书、画,都能使我们自己的舞台表演艺术受到启迪。以我在学诗、学画中受到启发为例。李白《赠何七判官昌浩》有"夫子今管乐,英才冠三军"之句,"夫子"指何昌浩(唐代节度使或观察员的属员),"管乐"指春秋战国时齐国管仲、燕国乐毅二人。我把李白此句作为我编写和主演《隔江斗智》中周瑜上场时的内涵。因为有了丰富的内涵,上场的神情就不空了,分量也就非同一般。再如国画讲"意境",画画要画出意境来,因为再大的宣纸也是有限的,不可能把生活中的山山水水全画上去,没有画上去的要靠画上去的促使观众去想象,去思考,画外之意余味无穷。演戏也是如此,舞台就是那么一块方寸之地,要表现千军万马的战场,就必须用国画"小中见大""画外之景"的手段。舞台上用几个人厮杀,表现战场,此为"小中见大"。通过演员在舞台上眼神和动作的运用，表示后台、上下场门、舞台两侧，乃至于观众席都是战场，此为求"台外之境"即国画求"画外之景"。京剧与国画虽然表现手段不同，但道理是一样的。

学习各种知识，久而久之就会潜移默化地与自己的表演艺术融会贯通，这就是用自己积累的知识，对自己求深之后所掌握的艺术进行深化理解，艰苦地加工修改，反复锤炼，最后，使得自己的舞台表演艺术产生一种新的感受，更觉出自己的表演有着坚实而丰富的潜在力量，此时自己所掌握的京剧表演艺术已升华到另外一个阶段——求新阶段。

求深求精多限于练功房和书案上的功夫，求新要放开眼界，集中目标。放开眼界是走出练功房，离开书案，向大自然学习，同时向全国各剧种、各行当、电视、电影学习，特别是要观摩各大名家的演出；集中目标是说，不要忘记如上所做的一切都是为了逐步发展形成一个新的艺术风格。

向大自然学习，领悟大自然的万千气象，观察大自然中各种情景，把观察到的自然情景、气候变幻——"清风拂柳，行云流水，乌云滚山，骤雨击石"等形态记在心里，从中领悟出它们的神韵，将其神韵化为自己在舞台上的行腔、表情、动作的意识、感觉，作为自身表演的内涵，把从大自然万千气象中领悟出的神韵化在我们戏曲特有的"五功五法"之中，为表现舞台上的艺术之美服务。比如，《乾元山》哪吒的走边，以"清风拂柳""行云流水"为感觉，就会创造出飘然逸仙的舞姿。《屯土山》关羽与曹兵交战，被困土山，关羽无奈与张辽约三事，至曹营报效。关羽与曹将开打，曹将都应以"乌云滚山"之势为内涵，把关羽逼上土山，反衬关羽威武不屈的大将风度。曹将若无"乌云滚山"之势，关羽怎能被困土山而到屈从曹操呢？《小商河》杨再兴独闯金营，与兀术的对枪，心中要有"骤雨击石"的意境，才能表现出杨再兴枪马快似闪电，奋勇杀敌，势不可挡。

看电影、电视，能使我们的表演艺术受到启发。例如电影、电视中的特写镜头，我理解类似京剧中的亮相。武生的亮相看功架的稳健、瓷实、分量，少内容，而电影和电视的特写是为了突出人物的内心活动，这使我受到启发。京剧一个亮相之后不应断戏，虽然身不动，但表情要处于戏情之中，贯串到下面戏的内容。现在我演《挑滑车》"大战"，大枪下场亮相之后，先看周围被自己打死打伤东倒西歪的番兵，略有蔑视的微笑，再远望溃散的逃兵，巡视中忽见远方战马逃奔疑是兀术，紧勒缰绳催战马直追不舍下场，这就与下一场"挑车"上场的情绪内容紧扣了。

要博览众家之长，溶于自己的艺术血液之中。每个名家都有着高超的表演艺术，他们对戏的理解、表现手法都是不同的，同一个戏、同一个人物、同一句话白或唱腔，他们各自都能根据自己的条件，表现出惊人之技。人的五官各异，高矮胖瘦四肢长短不同，嗓音条件各不相同，这些都是促使名家形成各种流派的因素。要学各家之长，必须对他们艺术上的一举一动、一个眼神，从外至内，再从内至外进行探索、学习，先以形找感觉，感觉对了再以情领神、以神引形的方法反复磨练推敲，运用自如了，就能神形兼备。学名家的整出戏，也必须用如上方法一点一滴地进行无限反复才能奏效。

当掌握了或是理解了各名家的表演方法和经验，就可以把自己精心选出的几个代表剧目再反复修改，反复锤炼。修改是取名家之长的修改，锤炼是熔各家之火为一炉的锤炼。通过舞台下面的再创造，舞台上面的不断演出，观众以及行家们会给自己作出公正的评价的。

求化是在表演艺术基本形成自己的面貌和特色的基础上，走向变有法为无法、无处不是法的艺术境界。近期我演出的《乾元山》是一出以京剧舞蹈为主的武戏，剧中人哪吒的三场走边是我进行再创造的产物，它溶化了盖派的东西，糅化了南派的某些表现形式，融会了北派的表演风格，突破了京剧传统的舞蹈身段的规范，形成了一整套连贯性很强的舞姿，力图使之内涵丰富，意境无穷，形象鲜明，艺术个性突出，表现出更高境界的京剧艺术法度。

一个演员的表演艺术发展到了求深或求精、求新或求化，不是一刀切的，而是某些剧目到了求新阶段，某些剧目也许还在求精阶段，可能有的剧目或个别剧目，或者是某些剧目中的某些场子、某些片断，已经到了求化阶段，甚至到了变有法为无法，无处不是法的最高艺术境界。

求深、求精、求新、求化四个阶段的进行，也不是一刀切，而是求深的过程中含着求精、求新、求化的因素，或许四阶段有同时和相互交叉进行的情况。

十六 父亲驾鹤西去

1990年3月末,应中国唱片上海公司之约,李玉声来到北京中国唱片社总公司录制《现代京剧十八名家大联唱》。应约的还有杨春霞、耿其昌、李维康、王梦云、马长礼、刘秀荣、吴钰章、李光等人,这些人大多都是李玉声的旧友,他们以联唱的方式演唱了《智取威虎山》《杜鹃山》《红灯记》《沙家浜》《红色娘子军》《平原作战》等大家耳熟能详的现代戏。在此中,李玉声演唱了《智取威虎山》里一句"穿林海跨雪原气冲霄汉!"以及杨子荣"除夕夜全山寨灯火一片……"一段,这段联唱的一开头就是李玉声直冲霄汉的声音。

这段日子,父亲李洪春的身子一直不爽,李玉声在北京工作一般都住在父亲家里,他也就担负起照顾父亲的责任。李洪春晚年患上了膀胱癌,不幸中的万幸,膀胱癌不像有些癌症那样会疼得人死去活来的,而且经过手术,李洪春身体也没有什么大碍。所以,家人认为,他最后并不是病死的,而是老死了,算是无疾而终。

在生命的最后半个多月,李洪春几乎不怎么进食了,也没有去医院,就在家打点滴,几个孩子轮流看着。李洪春已经无力起身,只能在床上躺着。有一天,老爷子当当当地敲床,儿子赶紧过去问怎么了,洪爷气息微弱地说:"《长坂坡》头里那儿怎么唱来着,我怎么忘了。"即使到了这个份儿上,洪爷的脑子里还全是演戏的事,这件事给孩子们留下了深刻的印象。

距离世还有一个礼拜,不知为何,李洪春突然嚷了一个晚上。气很足,没有话,就是大声喊。李玉声不知道父亲究竟怎么了,是哪疼还是有什么话要说,最终他也没有解开这个谜。只是从那晚开始,李洪春就不再说话了。用李玉声的话说,洪爷是自己把嗓子封了。

1990年4月9日，李洪春依旧躺在床上，妻子高剑雯牙疼难忍，只得去了医院，家里只剩下李玉声一个人。李洪春突然开始反复不停地做一些身段，李玉声开始不明白父亲的意思，慢慢地才理解，洪爷是想要刮脸，要手绢，要扇子。虽然李玉声不知道父亲为什么想要这样做，但还是照做了。过了一会，很多人不约而同地来看老爷子，有儿子，有干儿子，还有洪爷喜欢的徒弟，像王金璐。众人坐着聊天，李洪春向天做了几次拱手的动作，没人知道洪爷是向谁拱手呢，都只是看看。午后，李洪春出现要不行了的迹象。当时他们住在紫竹院昌运宫，李家在六楼，三楼住着李玉声阿姨一家，阿姨的儿子是医生，他们赶紧叫医生来，可惜无法妙手回春。14点20分，医生确认李洪春无生命迹象。人没了呼吸，身子就变得特别重，李玉声回忆，当天他们几个合力将父亲抬下楼，因为电梯下不去，走楼梯下去的，幸好有个孙子辈的，正好那天来了，全靠他在前面抬了，要不他们兄弟几个都抬不下去，他觉得有些事是冥冥中自有安排。

几天后，李洪春的丧礼在八宝山举行，前来向遗体告别的梨园行内外人士多达五百余人。洪爷穿了传统的寿衣，枕莲花枕头。李玉声觉得父亲走了之后面相很漂亮、很安详，好像全都张开了，人变长了，他没看见过父亲那么漂亮。由于人数众多，遗体告别仪式进行了一个多小时。最后家人将洪爷安葬于佛山公墓。

在李玉声看来，父亲的身高虽然只有170厘米，但在舞台上，气场极强，只要洪爷一出场，就觉得台子装不下他。甚至有人说，"看洪爷演戏瘆得慌，害怕，威太大了"。李玉声曾写文章称："父亲的老爷戏都比较火炽，只要家父扮演的关羽一上场，就能令人振奋，观众就会立马儿挺起腰杆儿，眼睛睁得圆圆的，聚精会神地看。家父的老爷戏，节奏感强烈，非常具有感染力和震撼力，并善于驾驭锣经表现内在的情感变化。关羽戏的唱念，历来都以嗓音高亢著称；家父却以宽音、横音、低音掺着炸音的浑厚、沉实、苍劲，并略带沙音的嗓子表现关羽叱咤风云的气概，可以说是独具一格。父亲的老爷戏允文允武，但又侧重以武取胜；在做工、身段以及刀式、开打、趟马、舞蹈动作，乃至眼神的运用均不受前人表演的拘束，突破樊笼，有着较全面的发展创新。我父亲十六岁被迫离开北京，一生风风雨雨，为京剧艺术付出了毕生精力，成功地塑造了义薄云天、威震华夏、神人合一的关羽形象，半个多世纪以来一直享有'活关公'之盛誉。"

也许观众们对李洪春最高的评价就是那句，"洪爷就为关公来的"，不止一个人这样说过，李家的子孙也认同这样的说法。李洪春教给子孙们的关公戏也令他们终身受益，李玉声的老爷戏几乎都是家传的，他还曾对红生戏做了总结，"红生行当我体会有表演八字诀：善、淡、清、静、文、雅、正、远，说的都是心的感觉。……红生行当是一个独特的行当，他有他的一套表演身段，比如往那儿一坐，他的眼神要取石佛心境。什么是石佛心境呢？龙门石窟这些石头佛爷，寺院里的佛爷，要取他的心境，眼神略微往下，心境是海纳百川、普度众生那种心绪。我们是以这种心源演老爷戏的。……并不是抹上红脸就是老爷"。这也是他从父亲那学到的。

李洪春饰演关公

　　李洪春还有一种本领是让李玉声佩服不已、望而难及的,那就是记性好、脑子好。令李玉声印象深刻的是,父亲九十岁那年,学生汪之琳到家里要学《挡亮》和《太白醉写》两出戏。李洪春很小的时候的确学过这两出戏,但并未登台演出过,老爷子便对来人说:"这两出戏我在八十多年前学的,从来没演过。你哪是学来了,你是考我来了。"学生不好意思地说:"那么我过几天再来吧。"老爷子又说:"那你不是白跑一趟吗?把录音机打开。"学生打开了随身带来的录音机,李洪春出口成诵,细致无疑地给他说了一遍,这令那学生十分佩服,也让儿子李玉声感佩不已。

　　父亲的离去对李玉声打击很大,他五十多岁的人,这是家里头第一次发生这么大的伤心事,因为哀伤,他老了很多,而且再也没有年轻起来。父亲对他的影响太大了,他从小就看父亲演戏,看别人如何敬重父亲,尤其是父亲教了自己很多本事。虽然父亲的名气过大也给他带来过压力和烦恼,像人们介绍他的时候总是喜欢说,"这是李洪春的公子,李三爷",对这样的称呼,李玉声并不是很喜欢,但也并不排斥,因为他的确是李洪春的儿子,也幸做李洪春的儿子。

　　人已逝,日子还要过,戏也要照演。这一年的年底,李玉声受邀到上海参加纪念余叔岩100周年诞辰的演出。1990年12月3日至5日,纪念余叔岩100周年诞辰专场演出在上海的人民大舞台呈现于观众面前,该次演出历时三天,广邀余派老生名角,并特约高明亮和王玉璞为鼓师,武正豪和尤继舜为琴师,并请了李储文、俞振飞、束幻秋、翁偶虹、刘曾复、吴小如等人担任顾问,由翁思再总策划。李玉声参与了前两日的演出,依旧是演他拿手的《挑滑车》《定军山》和《小商河》。其他剧目有陈志清、艾世菊的《奇冤报》,李宝春的《上天台·打金砖》,张学津的《击鼓骂曹》,许锦根的《李陵碑》,陈志清的《珠帘寨》,奚中路的《洗浮山》,陈志清、王正屏的《洪洋洞》,孙钧卿的《战太平》以及迟世恭、艾世菊的《秦琼卖马》。此次表演得到了各方关注,时任上海市市长朱镕基第一天也亲临现场观看演出。

　　李玉声的这次演出给观众留下了很深的印象,因为很少观众看见过一位武生同一场前唱老生戏,后演武生戏,关键是两出都演得很出色。一位观众听得特别细致，连唱词的区别都听出来了，"李玉声的《定军山》在唱腔上类似谭派，在做派上干净利落，其中黄忠的唱词'带过了爷的马能行'，虽婉转高扬，却不通，李按照陈大濩的唱法，把词改为'来来来快快带马莫稍停'。不出意料，满座为之轰动，没人能相信，这是年已五旬的武生"。关于"带过了爷的马能行"这句唱词，很多人都认为不妥，但如汪曾祺所言："说京剧台词不通，都举得出《定军山》这'马能行'，可这词还就是不能改。'马能行'那'行'是脑后摘音，改了这花腔就没了。"虽说如此，但也有智勇者敢于将其改动，陈大濩将这一句改为"来来来快快带马莫稍停"，李玉声演的时候也是按这个路子来的，这句话看起来有点长，但唱时在第一个"快"字、"马"字后分别稍顿，依旧节奏鲜明、顿挫强烈，最后一字为"停"，仍旧是脑后摘音，花腔不变。所以，这样的改动也未尝不可。

李玉声所改戏词不只此一处，另有多处他认为不合戏情戏理的唱词他都做了改动，如：

"我主爷攻打葭萌关"，无论贯大元先生、我父亲，还是陈大濩先生，谁教我此戏都是这句词儿。我感觉，从"我主爷攻打葭萌关"一句看，仿佛葭萌关是别人的领地，刘备带兵前去夺取。但《定军山》第一场诸葛亮念道："闻听张郃攻打葭萌关，必须派一能将，前去迎敌。"可见葭萌关为刘备领地，张郃前来攻打，这就与"快板"的头一句词义相矛盾了。后观《三国演义》，第六十五回为"马超大战葭萌关，刘备自领益州牧"，讲马超未归顺刘备之时，曾助张鲁发兵攻

李玉声在《定军山》中饰演黄忠

169

打葭萌关,流星探马向刘备禀报云:"孟达、霍峻守葭萌关,今被东川张鲁遣马超与杨柏、马岱领兵攻打甚急,救迟则关隘休矣。"而《定军山》的故事在《三国演义》第七十、七十一回,这就表明早在《定军山》故事发生之前,葭萌关已经属刘备所辖,其守将为孟达、霍峻,历历可考。然则"我主爷攻打葭萌关"一句不但与第一场诸葛亮的念词矛盾,而且与《三国演义》所载的史实相抵牾。因此,我将此句词改为"我主爷兵发葭萌关",说的是刘备派人救张郃攻打葭萌关之急,与历史事实、前后戏情之间的矛盾遂自然化解。而且,把"攻打"改为"兵发",仅两字之易,腔可以不变,字也不倒("攻"与"兵"均为阴平字,"打"与"发"均为入声字,从声调上说二者完全一致),可谓"化腐朽为神奇"矣。……每出戏的情节自有其内在逻辑,许多相关的戏之间亦暗含逻辑联系,演员在把握戏情时,切不可只顾情绪而忽略逻辑;事实上,不合逻辑的情绪也是很难使人信服的。

京剧《定军山》是根据《三国演义》第七十回"老黄忠计夺天荡山"和第七十一回"占对山黄忠逸待劳"改编而成的,讲述了蜀中老将黄忠请战抗击曹操军队,接连打败张郃、夏侯渊等曹军大将,并先后占领曹军屯粮的天荡山和曹军大本营定军山的故事。1905年,该戏在北京丰泰照相馆被拍成了黑白无声影片,于前门大观楼放映,它被认为是中国第一部戏曲电影,由任庆泰执导,主演则是伶界大王谭鑫培。有票友研究过戏曲中黄忠一角,称在不同的戏中,黄忠扮相不同,有时戴紫巾,有时戴帅盔,《伐东吴》中也戴帅盔,而"谭大老板脸型瘦削,戴帅盔不顺眼,凡是演黄忠一律改成紫巾……谭老板舞台上不耍刀,仅在其无声电影中表演过这一段……好佬唱《定军山》,得要两个硬配角——严颜和夏侯渊。同庆班常演这出,若是位列开场三四出,严颜就是个'官中活'了;中场四五出的位置,刘春喜黄忠李鑫甫严颜;谭老板大轴唱这个,严颜则是刘春喜或者李顺亭,夏侯渊往往是钱金福了。当年这戏算是老生的必修科目,唱念做打都有极高的要求——唱西皮到底,趟马、舞刀、开打,颇考验综合素质"。此戏一直被视为老生戏的经典,后人无论是谭派、新谭派还是余派老生都十分看重此戏。

李玉声的《定军山》起初是贯大元教他唱的，后来父亲李洪春也给说过身段，在杭州时，陈大濩又重新指点了一番。李玉声对此戏的处理并非仅此而已，他曾说："我演靠把老生戏《定军山》，在全出戏的身段设计、表现时，融入了武生表演技法。也就是说，我的黄忠的身段，如〔快板〕'我主爷兵发葭萌关'一场边唱边舞，融入了杨（小楼）派武生侧身旋转等用靠技法。技法虽然是武生的，但是我把动作的'法儿'变了，用武老生的'心法'去走武生的东西，把武生的东西化成武老生的了。"对于《定军山》中黄忠这个角色，李玉声还有更细致的分析："武老生的唱、念，是老生的方法、劲头，不能是武生的方法、劲头。但武老生的唱和文老生的细腻婉转又有所区别，由于是能征惯战的武将，所以在唱腔上有时还采用直线条，有武生唱腔的痕迹，但唱法却是老生的。武老生的做，以靠把老生为例，举几个极小的细节：如撩铠甲，就与武生不同；靠把老生总体上还

李玉声在《取雒城》和《阳平关》中饰黄忠的扮相

是属于老生行,因而得突出其潇洒飘逸的风格,撩铠甲、提战裙不能满把抓。再如靠把老生拿枪或者拿刀,不能用武生的劲头,不能攥死,一般大拇指贴枪杆或刀杆伸直,余下四指松松地搭在枪杆或刀杆上,中间形成空圆。靠把老生拿刀,例如《定军山》的黄忠,还得有'撤'的感觉,所谓'撤'者,即撤面,拿刀亮相,手里得有类似于'撤面'的动作,往自己方向画个圆弧,这是武生行、红生行拿刀所没有的,可谓靠把老生的'标志性动作'。检验一个靠把老生演员是否到位、实授,上述这些小节往往是'试金石'。"如其所言,演员的高低往往就取决于对细节的处理,李玉声在细节方面总是分析得很认真,处理得很细腻。《定军山》是李玉声的拿手好戏,后来还有人因其气质和长相与谭鑫培相似,特意邀请李玉声去扮演谭鑫培,去为《定军山》配像。

虽说是武生,但李玉声《定军山》中的唱也毫不逊色,给了观众一个惊喜。当时的舞台使用的是地麦,李玉声在后台一句"且慢哪",观众不见其人先闻其声,这一句,苍劲有力,雄浑古朴,赢得一片叫好。紧跟一系列出场亮相的动作,顺当有气度。而后念"末将年迈勇,血气贯长虹。杀人如削土,跨马走西东。两膀千斤力,能开铁胎弓。若论交锋事,还算某黄忠",开宗明义,表示有能力胜任抗击曹军之事。而后黄忠有两大段唱表示了他取胜的决心,"在黄罗宝帐领将令,气坏了老将黄汉升。某昔年大战长沙郡,偶遇云长二将军。某中了他人的拖刀计,俺的百步穿杨箭射他盔缨。弃暗投明来归顺,食王的爵禄当报王的恩。孝当竭力忠心尽,再与师爷把话云:一不用战鼓咚咚打,二不用副将随后跟;只要黄忠一骑马,匹马单刀取定军。十日之内得了胜,军师大印付与我的身;十日之内不得胜,愿将老头挂营门。来来来,带过爷的马能行,我要把定军山一扫平。……我主爷帐中把令传,将士纷纷取东川。恼恨那军师见识浅,他道我胜不过那夏侯渊。张郃被某吓破胆,弃甲丢盔走荒山。坐在雕鞍三军唤,大小儿郎听我言:上前个个功劳显,退后的人头挂高竿。大喝一声催前站!十日之内取东川"。黄忠在即将出战时还有一段经典的唱词,"这一封书信来得巧,助我黄忠成功劳。站立在营门三军叫,大小儿郎听根苗:头通鼓,战饭造;二通鼓,紧战袍;三通鼓,刀出鞘;四通鼓,把兵交。

进退俱要听令号，违令难免吃一刀。三军与爷归营号！"这是两军交战前对战士的鼓舞，也体现了黄忠不胜不归的信念。这些大段的唱念李玉声处理得都非常好，有腔有调有味道，不输专攻老生的演员。足见其功力的是快板仍字正腔圆、满宫满调，还有那几处长腔，例如"管教他含羞带愧脸无光"一句中"他"字的翻高和长腔，博得了满堂彩。

在这次表演的这出《定军山》中，还有几个李玉声做的动作让观众觉得十分帅气。一是"下场时的趟马，马鞭在面前涮花，背立身后，真叫一个火爆"；二是"唱完'那旁来了送死的郎'后，在'冲头'中扔马鞭，那马鞭直如雕翎箭般射向下场门"；三是"'脸无光'身随腔动，抄着尺寸起大刀花走了个'串腕'，干净利落，一亮相又是个满堂彩儿"。再一处值得一提的细节是末了斩渊的用刀手法，有的演员此处是用刀抹，而李玉声则是用刀劈，其父李洪春在《京剧长谈》也特意提过此处刀的处理，"夏侯渊在小边用大刀漫黄忠头，而后一盖、一扯、半过河、对面冲过去，黄忠一盖，夏侯渊接'腰封'，挑黄忠'马腿'，黄忠盖夏侯渊刀头，双进门，黄忠变刀式反劈夏侯渊于马下"，李玉声也是遵循了父亲所讲的方法，也合了那一句唱词："老将黄忠名不虚传，斗一百合全无破绽，来日必用拖刀计，背砍赢之。"

另一位年已八十岁的当时看过这场演出的老先生对李玉声那次所演的《小商河》印象深刻，他说："1990年12月，一次纪念余叔岩的活动，九江路老的人民大舞台，李玉声第一次来上海演出，我第一次认识他。余叔岩理应是老生戏为主，但请了李先生，第一天他是倒第二的压轴戏《挑滑车》，一般演的特别猛、高难度动作能够获得掌声，李先生是很稳的，大战的时候像一阵风一样出来，后面两个兵跟不上，就像跑步竞赛了，不像演戏了。第三天他两出，大轴戏是他的《小商河》。那次演出非常轰动，'文革'之后上海的重大演出我都到场看的。三十多年，我只见过两次这么轰动的，全场观众站起来给他鼓掌呀，叫他的名字。另一次是1985年，天津的演员马少良，不是大轴戏也不是压轴戏，也不是名演员。李玉声的《小商河》因为是最后一场戏，没演完呢，观众就站起来大喊，演完了观众不肯走，谢幕后他又做了些经典动作。一般喜欢，演得好就鼓掌，很少这样的。"由于对李玉声的了解有限，加之历时较长，他描述的信息可能有些并不准确，但他所描述的场景、气氛和观众的反应生动地再现了当年的情状，我们可以从中大致看出李玉声那天演出的精彩程度。

观众看李玉声的表演是近乎完美的，李玉声演出《小商河》时，摔岔、倒僵尸等动作干脆利落，砸下去稳如泰山、纹丝不动。但李玉声自己知道，那次的演出有几个小瑕疵，"在上海演出《小商河》，在条目那地方，我一个亮相，一条腿抬起来，一条腿支撑，支撑腿就在那较劲，有点晃。我就觉得有人在舞台上笑话我，没站稳，事实上没有人。晃是不正常的，当然现在的演员很多都晃，不过那个也是台毯太厚的原因，以前台毯薄，厚底很好站。以前转灯，脚底下转是贴在毯子上，不是蹦，就像机器操作一样，纹丝不动，一晃这靠旗子很明显动，不能让靠旗子动呀"。不过，瑕不掩瑜，那次的表演无疑是成功的，最起码得到了观众的热捧。

事后，众多剧评人在报纸上写了文章评价这次的纪念活动，署名一张的张林岚以《余派戏的韵味》为题评价了当天的演出，其中有大篇幅是谈论李玉声的，"中国画讲究气韵，诗文讲神韵，听京戏讲个韵味。韵到底是什么呢？大概是雅致和高格调、高级趣味。京戏的韵味是听觉品出来的。品字虽是三个口，却是耳朵在起作用：发现，探究，辨别，分析，综合，会意，领略，理解，陶然醉倒，匍匐于地……因而，品味是高乘的艺术赏鉴活动，是台上台下共同创造的艰难而快意的过程。京戏余派的创始人余叔岩，是近代京剧艺术中最具韵味的大家之一，也是谭鑫培的主要传人。论嗓音，不如老谭，但苍音、沙音之中，甜醇清冽，悠扬婉转，十分注重音律，更出老师之上。所以京剧界有青出于蓝之说。实际上谭鑫培只教过余一出半戏，其他的戏都是自己观摩老谭演出，向为老谭配戏的演员、琴师以及谭派票友红豆馆主溥侗等间接学的——他学的显然不止是表演，他学的是北京那个艺术爱好群体中的风雅、趣味和文化意识。于是，唱腔就有了韵味"。同日，翁思再也发表了署名文章《群星荟萃 纪念百年前这一天 余音绕梁 拨动京剧迷心中弦——记昨晚开幕的"海内外余派汇演"》，他说"第三个节目是李玉声的《挑滑车》，这位演员十分懂得舞台节奏的张弛变化，'闹帐'一折，起先演得平稳，而后演至高宠见诸将俱有差遣而自己没有时，李玉声高叫一声'且慢……'拖得很长，极富气势，满台顿见活跃。李玉声在表现高宠不甘看守大旗而欲上阵厮杀的二场'走边'中，表现出扎硬的腰腿功，而且无论多么繁复和迅疾舞蹈都显得游刃有余。一段在【石榴花】曲牌中的边舞边唱，脚底下极其利索，只见白靴登登、绿靠转腾、靠旗翻飞，满台生龙活虎，煞是好看。"而后，署名中原的记者也写了一篇《海内外京剧余派汇演昨晚又掀高潮 大轴戏〈小商河〉演来轰动全场》，文中称李玉声"……腰腿功力非凡，身着大靠多次不同姿态的鹞子翻身，各有其高难度；单腿云步靠旗飘动，铠甲不乱，非常好看；圆场跑得其快如风；当杨再兴坐骑陷入冰河时，多次及连续劈岔，迅猛利索，使人惊叹"。赞美之词满溢纸上，这几篇文章对李玉声的评价不可谓不高。

十七 近来的六次演出

　　1994年，李玉声再次受邀来到上海演出，这次是一场不对外售票的内部演出，表演地点选在了上海锦江饭店的小礼堂，演出的戏码是《战太平》。最初邀请李玉声来的时候告诉他的理由是上海市市长和台湾某市长有一个谈判，这场演出是特意给台湾友人看的，但演出当天，李玉声并没有看见有台湾友人来，倒是不少沪上名人到场观看了表演，像有程之、舒适等老的电影演员。从会场布置到受邀人员的身份都可以看出，主办方十分重视这场演出。

　　《战太平》又叫《太平城》或《花云带箭》，是根据李东阳的《花将军歌》和《明英烈》中所载的花云之事改编而成，讲的是元末反元的各路人士相互争斗城池，镇守太平城的朱元璋麾下大将花云被陈友谅俘虏，花云不屈，终被陈友谅害死的故事。谭鑫培曾经将此戏中的部分灌制成了唱片，今人多学其唱念。李玉声所演之《战太平》宗的则是陈大濩的路子。

　　陈大濩在整理《战太平》时对前人的唱词稍作了修改。花云在行刑前有一段唱词是"叹英雄失智入罗网，大将难免阵头亡。我主爷洪福齐天降，刘伯温八卦也平常。早知道采石矶被贼抢，你就该差能将前来提防"。陈大濩将"我主爷洪福齐天降"改为了"失守太平难自谅"，因为他认为"'大将难免阵头亡'和后面的'刘伯温八卦也平常。早知道采石矶被贼抢，你就该差能将前来提防'所表达的都是一种英雄落网的悲慨和埋怨，但置于其间的'我主爷洪福齐天降'则是对花云所保的朱元璋的赞美，与前后的词意完全脱节，情绪突兀，自相矛盾，很不连贯"。改后则前后戏词连接更为顺畅，先悲叹英雄失败，再分析其原因，埋怨用兵者没能做到深谋远虑，也觉得自己难辞其咎，应该为失败负责，如此一改，情绪更加丰富,角色形象更加饱满。李玉声以为然。

另一处较大的改动陈友谅劝花云归降自己时花云的一段唱词,原词为"陈友谅下位好言讲,背转身来自思量。我若是降了陈友谅,落个骂名天下扬。我若是不降陈友谅,顷刻之间一命亡。罢罢罢,屈膝跪宝帐,哎!你老爷愿死就不愿降"。陈大濩认为这与花云性格以及前戏逻辑不吻合,花云一直是忠勇刚毅的形象,此处竟然犹豫起是否归降来,实为不妥,所以几经删改,陈大濩将唱词定为了"陈友谅,休狂妄。你老爷,不归降。得天下靠的是民心向,尔有何德能称孤道王。我主洪福从天降,你星斗怎比日月光。堪笑老贼不自量,呸!你老爷愿死就不愿降"。这样一来,花云的形象前后统一,而对陈友谅的蔑视与不屑之情更加鲜明。

李玉声遵照了陈大濩所改之唱词和曲律来演《战太平》,陈大濩属余派,余叔岩则是以功夫嗓著称的,陈大濩曾撰文讲述余叔岩的艺术,作为余叔岩的关门弟子,陈大濩认为余叔岩"真正继承了谭(鑫培)的优秀传统,完全打破了老生行里衰派、安工、靠把的分工界限,把唱、做、念、打熔于一炉,大大提高了老生行的表现力……许多人都说余派的唱有味。这话当然不错,但是如果把'有味'仅仅理解为唱腔悦耳动听,就不全面了。我们知道余先生设计了许多绝妙的唱腔,的确给人以美不胜收之感。但这不是玩弄音律,搞唯美主义的一套,而是通过悦耳动听的唱腔来表达人物的感情。……余先生在行腔、吐字等各方面都很讲究,特别是他能创造性地运用一些难度很大的技巧,更非常人所能及。但他不是为了卖弄技巧,而是运用这些技巧来准确地表现人物,表现意境。……余派唱腔的韵味醇厚,是和意境深远不可分割地联系在一起的"。余派的唱法很讲究,并形成了一套缜密的系统,行内人叫它"提(音 dī)溜音","提"念"滴"的音,这是北方的方言,就是提着的意思。有人认为,因为余叔岩身子骨较弱,气力不足,所以他唱戏时蓄气、养气、换气、偷气,吐字时提着气,用技巧来弥补他体力差所导致的不足之处。也正因体力问题,余叔岩还喜用颤音,行内人叫它"撇儿",即无须用力吐气,声带微颤将字音带出。另一种解释是,余叔岩的"提溜音"是其善用声带,发声部位不太前亦不能太后,不出左音也不出扁音。如余叔岩演《战太平》,其中有一句"撩铠甲且把二堂进"，此句行腔一般要起伏五回，走到"进"字时一般人常用脑后音进行处理，听来雄浑，但余叔岩始终用中部发音，听来醇厚，别有一番滋味。

余叔岩唱《战太平》运用了很多技巧，他通过声腔的变化来塑造花云的形象，体现花云的情绪，像"头戴着紫金盔齐眉盖顶"一句，他用节节高的高腔来表现花云即将赴战时精神的振奋，先声夺人，用陈大濩的话来说，"头三个字'头戴着'犹如石破天惊；'紫金盔'犹如鹰旋云际；'齐眉盖'的'盖'字，犹如先是巨翼掠地，继而复上九霄，又俯冲而下，直落深涧。而最后的'顶'字，则如强弩发引，急箭钻天，并使尾声保持昂扬"。而后的一句"为大将临阵时哪顾得残生"，此句文辞本身就体现了花云视死如归的气节和不成功便成仁的决心，余叔岩唱最后一字"生"时，采用了低回揉按的方法，并以一个垫字迅速勒住，更显花云拼死抗敌的意志。再往后有一句"背转身来谢神灵，辞别夫人足踏蹬"，余叔岩此处"行腔转急，简练流走，以示花云戎马倥偬、慷慨赴敌"。而后"但愿此去扫荡烟尘"一句，余叔岩唱"'荡'字猛然一喷，直如银瓶乍破，再渐渐收敛，使下面的'烟'字显得非常锋利。最后雄浑有力地唱出'尘'字，刻画出一个雄心万丈、气压千军的花云的形象"。利用气力大小、声腔高低、节奏缓急，余叔岩用声音将一位即将大战的将军的形象活脱地呈现在观众面前。

此戏中，花云有大量大段的唱词，有时用快板联唱五六十个字，李玉声唱来没有费力之感，只觉似珠走玉盘，一气呵成，字字清晰，给观众感官极大享受。吐字清晰准确也是余派的一个特点，余叔岩也好，陈大濩也好，李玉声也好，都十分讲究吐字。陈大濩称，唱戏要做到"不以腔害字和不以字害腔。也就是说，不能为了迁就唱腔而倒字，

李玉声《战太平》剧照

也不能机械地讲究字而妨碍腔圆。他（余叔岩）讲究吐字行腔要懂'三才韵'。意思是说：在一定的情况下，字和腔都要有相对的变化，以便互相适应。所以，余先生的唱既没有倒字，也没有拗腔。他非常清楚地知道十三辙的每一个辙口，也就是每一个韵母是通过哪些器官的分工合作而形成的。他的发音不但清晰，而且能得到准确的腔体共鸣。……余先生常说：'你们咬字要嘁字如嘁兔'。这就是说，咬字要像嘴里叼着一个活兔子一样，不能咬死。兔子要跑就咬紧些，它不跑就放松些，以跑不了为度。也就是说，要准确地、有控制地用唇、齿、喉、牙、舌、鼻以及口腔去完成吐字、行腔的任务。但不允许过分地、孤立地强调口劲而忘了和其他腔体的关系，因而破坏了整体共鸣"。这一方面，李玉声做得很好，唯一略有遗憾的是，在锦江饭店小礼堂演出的当天，音响设备多次出现故障，使本来流畅的表演稍带遗憾，但瑕不掩瑜，当日到场的文艺界人士和社会名流对他的演出都给予了肯定。

除了唱这一亮点，《战太平》中还有一套美妙绝伦的花云和陈友杰的对枪。关于这套对枪，李洪春还给儿子李玉声讲过几个小故事。"钱金福当年陪着谭鑫培演《战太平》陈友杰时开打曾经用过，后来又给余叔岩说了。钱金福对这套把子加以丰富，特别是下把——陈友杰的东西，开打当中加上掬翎子、垫步等漂亮的身段，打好了极有美感。余叔岩演《战太平》，钱金福的陈友杰……二人开打珠联璧合，非常漂亮，颇具韵味。后人演《战太平》，有传授者均学余叔岩、钱金福的这套对枪，就连谭富英的《战太平》也是如此。"后来谭小培还请李洪春给谭富英说说这套对枪，李洪春便"给谭富英说了老谭派《战太平》的开打、下场以及末场双刀、甩发、望门等身段"。几日过后，谭富英贴出广告说要演《战太平》了，而就在演出前忽然请李洪春吃饭，推杯换盏间，谭富英怯怯地说："大哥，明儿个我《战太平》，今儿请您吃饭，不是请您去看戏，是请您别去看戏。"李洪春疑惑地问："怎么回事？"谭富英解释道："您给我说的，这些日子我没练，全搁下了，干脆我还按我原来那个演得了。"李洪春怕没法和他父亲交代，但谭富英说："您不说，老爷子也不理会，就过去了。"在李玉声看来，"谭富英《战太平》的开打、下场、双刀、甩发、望门就是略省了点事，与老谭派大同小异……大概是老前辈较真儿吧"。

这套对枪为何好？它并不是好在速度好，似骤雨击石，而是妙在有韵味。这套对枪的步法较为复杂，"有跨步、横步、退步、垫步、跟步、赶步、撤步"等，且手眼身心皆十分考究，"开打看身上、脚底下、手里头，枪使得要活，前手后手都得是活把，用枪上下抽动"，而这一切李玉声认为都源自心法，这是他一直极力主张的。当回看在锦江饭店小礼堂演出《战太平》的录像后，李玉声觉得这套枪他打得还可以，和配戏的演员合作得也很默契。

十多年后的2009年6月6日，李玉声参加了一次较为特殊的演出，演出在上海的天蟾逸夫舞台举行，这场演出是上海京剧院举办的"海上梨园群星谱"系列演出中奚中路的专场演出，李玉声专程为徒弟奚中路助阵，唱了一出《汉津口》。京剧《汉津口》根据《三国演义》第四十二回改编而成，讲述赵云经长坂坡一战后将少主阿斗交还主公刘备，但曹军仍在追赶刘备一干人等，刘备只能逃向汉津，幸好此时关羽率兵赶来，曹军撤退，关羽平安护送刘备等人至汉津口。

一般《汉津口》和《长坂坡》是连着演的，因为两个故事相继发生，而《长坂坡》里的赵云和《汉津口》里的关羽则多由同一位武生饰演，这种一赶二的演法要求武生迅速地换装、化妆，为了配合时间，《汉津口》"大帐"一折也不演，而2009年在逸夫舞台的这场演出，赵云由奚中路演，关羽由李玉声饰，所以，此次演出中，也演了《汉津口》"大帐"一段。这里的"大帐"并不是一般戏里指的军

2009年6月6日，李玉声在上海的天蟾逸夫舞台演出《汉津口》

队中点将的大帐，而是指刘琦的府邸，这段讲的是关羽、诸葛亮先后到访刘琦的家，想向他借兵去救刘备。常见的《汉津口》表演是借鉴高盛麟早期录制的该戏的录像，而李玉声的表演路子则多有不同。李玉声在定场诗后加了一段西皮原板，唱词为"叹不尽炎汉家气运颠倒……"得到诸葛亮的命令后，关羽的唱段高盛麟用的是西皮二六，李玉声用的则是西皮摇板。

说到改动，关羽一上场有一段唱念："威震乾坤，扶汉室，一点丹诚，秉赤心！忠义一腔贯古今，补天化日庆升平。英雄侪辈称夫子，怎比当年古圣人。某，汉室关。可恨曹操，上欺天子，下压群臣。诓哄孺子刘琮，献了荆襄，反遭其害。某大哥弃了新野，欲取荆州。曹兵百万，追赶甚紧。因此孔明先生，令吾来江夏，与公子刘琦，调兵救急。怎奈刘琦染病未愈，不能发兵。使某焦躁也！"此段点出了人物的身份、关系和此戏大致的背景，李玉声觉得这段唱念的第一句发音有些不妥，就将其改成了"心照日月，扶炎汉，一点丹诚秉忠心。"李玉声对于发音十分讲究，他也善于运用自己的嗓子，做到"高音挺拔有力，低音沙暗遒劲"，其父"李洪春先生的红生唱念，在不少地方使用了山西方言作为点缀，朴质悠远，别具风格"。李玉声"《汉津口》的唱念，也充分继承了这一特点"，"都不同于一般的归韵"，这就令其唱念别有滋味。

在《汉津口》一戏中，李玉声走的是威严大气、气韵沉雄的风格，没有过多的刀法展示，但戳刀、背刀等亮相动作韵味十足，似雕如塑，让观众有回味的空间。还有他一贯的扎实的脚下功夫，更能表现出关老爷的沉稳，不浮不躁，步有千斤，与关羽的身份吻合。人们喜欢用脱尽烟火气来形容一位演员的表演达到了登峰造极的程度，也有观众如是评价李玉声的这场演出。

同年11月8日，北京菊声京剧社在长安大戏院举办了成立四周年的纪念演出，李玉声受邀表演大轴戏《水淹七军》。戏中，李玉声饰演关羽，由刘魁魁和景珷珷分别饰演庞德和周仓。当晚还有王艳、裘芸的《京剧清唱》，李阳鸣、陈真治的《灞桥挑袍》，奚中路、王博文、韩巨明的《状元印》。

长安大戏院比邻北京火车站。2016年8月6日，笔者特意造访此处，并在此听了一场《群英会》，切身体会了在此观戏的感觉。长安大戏院在一座现代化大楼之中，但门面是仿古的设计，剧场内部的观众席分为两部分，前半部类似旧时茶馆式戏院，设有一张张桌子，几个人坐在一桌，戏院为观众准备了茶水和点心，这些席位价格也相应较高；后半部则是现代剧场中常见的观众席，大家一个挨着一个坐在排椅上听戏

　　《水淹七军》是根据《三国演义》第七十四回"关云长放水淹七军"改编而成的，故事讲的是曹操派于禁和庞德率七军去与关羽大战，但于禁怕庞德抢了他的功劳便令其率军屯驻在罾口川，关羽乘机引襄江之水淹了曹军，并生擒于禁和庞德。此戏是三麻子王鸿寿的拿手之作，久演不衰。孙玉声在《二十年来梨园之拿手戏》中称，王鸿寿演此戏时，"台步工架之稳""沟属空前绝后之作，他人万不能及"。作为三麻子之徒，李玉声之父李洪春也善演此戏，并在《关羽戏集》中对此戏做出了整理，他还在《京剧长谈》中说，"《水淹七军》是一出难演的关公戏。一是身份难演……在气质上就要比汉寿亭侯时要威武、要凝重……二是功架难演：他既不能是《斩华雄》时的脆帅，也不能是《汉津口》时的勇武，而是以一种独特的'摆盆景'式的演法……三是唱、念、表情难：唱，要唱出稳重而又焦急的心情；念，要念出年老的气度与统帅临危不乱的心情，更要通过眼神、表情表现出他内心的合乎身份的谋略来"。从其描述中可知此戏在表演时尺度拿捏不易。

李玉声《水淹七军》剧照

　　李玉声认为，关羽在《水淹七军》中的情感应突出一个"傲"字，此时身为荆州王的关羽对于禁、庞德等辈不屑一顾，到不敌庞德时方心有暗怕，但不久便得机水淹曹军，高傲之情又占主导，所以，想演好此戏，对傲情的把握是李玉声特别看重的。

　　此戏关羽一出场便自报家门，"赤面雄心，须似乌，绿袍锦甲，逞威武。秉烛达旦天下晓，汉室美髯一丈夫"。这是李洪春演时的引子，李玉声觉得这词有些不妥，便改成了"赤面雄心，镇荆州；绿袍金甲逞威武。秉烛达旦天下晓，汉室美髯一丈夫"。即将"须似乌"换为"镇荆州"。紧接着的定场诗"威镇荆州统雄兵，运筹帷幄鬼神惊。东吴君臣俱丧胆，智压曹瞒百万军"也被李玉声改成了"睥睨东吴是小儿，犹胜相如在渑池。心垂日月华夏镇，势吓曹瞒冠三分"。在笔者与李玉声交谈之时曾谈论过此处改动，笔者也很坦白地说，更喜欢老版的戏词，因为更古朴，也与前后照应得更好。

　　除了根据自己的理解改动了戏词之外，李玉声还认真地分析了每一场戏中关羽的情绪变化，以及用什么样的身段来表达相应的情绪。如第一场，卖点是关羽四击头上场，这便要求出场的几步大气磅礴，给观众以震撼力。"脚下步法，须着千钧之力而如行云端，不失其轻盈之韵"，一派不怒自威的大将之风。第二场中，以关羽和庞德的对刀最吸引人。虽然关羽不敌庞德，但败而不溃，整体的气势依旧是关羽为上。李玉声此处在传统对刀套路的基础上融入了"关王刀十三式"的招式令关羽的威严更具张力。第三场是本戏的核心之处，"老爷在边唱、边做、边舞中与周仓、关平配合，摆盆景式的各种姿势，看的是两次上山的身段，手眼身心步全面的配合。两次上山的身段是从生净丑各个行当的表演中化过来的，是老爷独有的身段。另外，看老爷四击头上马、圆场下场的背影，如天上行云，余韵不绝"。最后一场的重中之重则是最后老爷的背刀亮相，能不能表演出那气韵就着实考验演员的功力了。

中央电视台戏曲频道录制了这场演出，并于2009年11月25日对几位主演进行了采访，访谈在《空中剧院》栏目中播出。访谈中，主持人问了老爷戏近年来不太多见的原因，关羽难演的原因，为什么说红生是非常特殊的行当，李洪春的表演中最难学的是什么等问题，李玉声对此一一作答："说到红生这个行当，从前如赵匡胤、姜维、关胜、关公等，都属于红生行当。后来赵匡胤、姜维、关胜等几个角色都归到了老生、武生和花脸各个行当中去了，红生行当只有关羽这么一个角色了，可以说红生戏就是老爷戏。红生是后起的行当，红生艺术是集戏曲各个剧种，京剧各个行当的表演艺术之大成，红生艺术是中华民族文化的瑰宝，是京剧表演艺术的结晶。常言老爷戏比较难演，更难演得好，说穿喽也是一层儿窗户纸。比如说，老爷戏眼神的运用，要含眼珠子，不要放，神往里收，眼睛往下看，如同石佛的眼神，眼往下看，气沉得要深，心要非常平静。老爷的眼神要取石佛容纳百川的神态，取石佛的心境和气势，作为老爷戏的表演心源。演老爷戏，要求演员通过严格地规范表演，展示出老爷的大气磅礴、肃穆凝重、泰若致远、儒雅至尊、威而不怒、勇而不猛的行为举止。"

这场演出总的来说还是很顺利，但当中也遇到了一些意外情况。演出前说好用奚中路的盔头，结果演出当天才发现盔头不合适，李玉声只好四处的去借盔头，侄子孟嘉跑回京剧院给他翻找，找到了一个合适的，但耳子还是不合适，李孟嘉又马上联系谭正岩，把谭正岩盔头上的俩耳子拔下来插在李玉声盔头上面，这才算能上台演出了。在这场演出结束之后，李玉声对此次《水淹七军》的演出感慨颇深，忍不住写了一篇文章以作总结：

京剧生旦净丑四个行当，每个行当都有着它各自的规范表演程式，这些程式内容非常丰富，非常具体和细致。每个行当的表演都意味着表现各种不同性格的剧中人物以及剧中不同人物、不同情绪的流露或宣泄。比如关老爷这一舞台形象，只需一个出场、几步台步、几个眼神、捋髯、几个动作基本上就勾勒出具有神韵的关老爷。

…………

红生艺术被冷落了四十多年（从1964年到今天），自从恢复传统戏二十多年来，也很少见到媒体像今天这样提到红生行当、老爷戏，虽然偶尔在电视上看过一两次关老爷形象，那是返璞归真的演技，就是说，演员以本人应工的行当来演老爷，老生行演的是老生老爷，武生行演的是武生老爷，花脸行演的是花脸老爷，缺乏红生行当的规范，少了些老爷戏的气韵。

11月8日在长安戏院演出的《水淹七军》我没有演好，引子没打好，吹腔、拨子都没唱好，演得不尽如人意。周仓、庞德很出色，关平、于禁事不多，演得非常好，全剧所有演员，包括执行排练、负责人都表现了最佳状态，不愧全国最高水平，乐队伴奏非常精彩，为全剧增色添光，不虚国家最高水准，服装、盔箱、道具、音响都体现了全国最高水平。

也许这是李玉声的自谦之词，也许他是个完美主义者，自己的表演中有任何的瑕疵他都不肯原谅自己。他的话还透露出一点讯息，那就是老爷的身段是吸收了各个行当身段的，以《水淹七军》为例，"关羽上山的步子，便是借鉴袍带丑的脚步而成"。李玉声称李洪春的老爷戏是"四宗四仿"而得，也就是说，想要演好老爷，演员得有文老生、武老生、靠把老生、武生、净行、小花脸等行当的表演基础，听上去就可觉难度不小。

再往后重要的几场演出集中在2011年。2011年6月19日，在北京的梅兰芳大剧院举行了纪念郝寿臣125周年诞辰的演出，李玉声受邀演出大轴戏《连环套·拜山》。郝寿臣是1886年生人，工架子花脸，以气魄取胜，自成一派，有"架子花脸铜锤唱""净行三杰""黑金白郝"等美誉。

这场演出前三出戏分别是李扬、刘学忠的《黄一刀》,袁少海、黄德华的《群英会·回书》以及舒桐、马增寿的《李七·长亭》。

在《连环套·拜山》中,李玉声饰演黄天霸,由杨赤出演窦尔墩。这场表演,李玉声上穿有花纹的白褶子,下着黑色彩裤。表演走的是杨派的路子,杨小楼认为表演《连环套》的一字诀为"探",李玉声当天的表演亦是处处合这一"探"字。"时时脸上有之色,却又把握整场节奏起落疾徐缓急轻重均能恰到好处,不致使窦尔墩生疑。""双目精光

《拜山》彩排时的李玉声和杨赤

灿然,四下打量,显得灵敏机警,正是只身神色。""入寨时两眼仍是保持高度警惕的神色,但回身面向窦尔墩时立即做出一副客套笑容……欲将自己盗御马之事说出时,脸上有一个欣喜的表情闪过,但一现即隐。"李玉声对这些细节的处理令观众折服,事后观众对李玉声这场演出的评价是:"唱念做表之古朴规矩,老来火候弥深,令时下观众倾倒。"还有观众对一个细节在微博上做出了细致的分析:"与窦尔墩见面后,窦翻腕扣住黄的腕子两人较劲,不像别人演出两人的腕子抖半天,他俩的表演是抖一下,然后静止,只以脸上表情表现两人暗暗较劲,然后相视一笑,松手走入聚义厅,这真是高超的表演,与抖半天腕子的那种表演一比高下立见。进聚义厅后李玉声先生嘴里的劲头、节奏、气口,表演的劲头、节奏全是杨派,另外他的表演脸上时时有戏,让人精神一振,台下好声连连。……最后送天霸下山,一段流水板唱得珠落玉盘杨味十足,然后转过身去双手抓袖背在后身紧接着往两边一抖,两条水袖甩出两条漂亮的'素练',在阖堂的彩声中李先生健步走出舞台。"如果说前一位观众以李玉声戏迷的

2011年6月19日，李玉声演出《拜山》的剧照

身份说出赞美李玉声的言辞有些情绪带入的话，后一评价李玉声表演的观众所说的话则应算中肯，因为开篇他便提到是冲着看郝派去的，没想到李玉声的表演令其动容，所以才写了评价的文章，而从其行文中看，李玉声当天的表演多次赢得了喝彩。

以李玉声的性格，他对每出戏都要分析，分析后都有所改动，而《连环套》这出戏也是如此，他曾撰文提出他对而今《连环套》演法的一些改动原因：

《连环套》有几个地方我说一下，跟大家伙不一样的地方，比如说黄天霸接旨，接旨应该双腿跪，不能够单腿跪，这是我们的礼节……巴永泰读旨读到："施世伦天霸等"，仓，这有一锣，现在表演是单腿跪着，天霸和施世伦同时一撩水袖，二人一对脸。我认为这个身段不大合适。一起问罪，这事情大了，我学的时候这有一个身段："施世伦天霸等"，仓，天霸有个软屁股坐子，跪的时候脸冲里边，背对观众，他听到"施世伦天霸等"，扭身软屁股坐子，面向观众了，有这么一个身段，这是丁永利丁先生给我大哥说的，我大哥跟我说的，这是杨小楼的东西。

另外，下来一场巴永泰上，天霸五个人搭轿上，天霸在当中间，这有一排蹉步，再挖起来圆场，四击头。现在这排蹉步没有了，这蹉步也代表当时天霸的心情啊，不光是马的问题，揭示的是他内心的慌乱、急迫，很多细小的地方是不同的，我认为应当仔细地推敲研究一下怎么表演好。

还有一个报门的问题，这是满门抄斩的事呀，害怕、惊恐，到了彭朋那儿中军让他报门而进，他慌得不得了："哦哦哦、是是是。"他马上要报门，腰里还挎着宝剑呢！朱光祖提醒他，你这宝剑还没摘呢，他一看这剑：哎哟杀脑袋的事呀！在这种心情情况下去报门，疏忽不得，一个字都不能疏忽，老老实实一个字一个字认认真真地报门，这才应该是正理，现在有的演员大概他认为要抓重点了，前面几个字疏忽掉，草草潦潦地报，等念到"黄天霸"时他才卯上，这不

梅兰芳大剧院给人的感觉是一座现代感设计极强的剧院，通体的落地玻璃，闻不到半分古
香，也许是因为内部的设施和设备较好，所以，它现在是北京最重要的京剧演出场所。2016年8
月5日，笔者来到此处时并没有京剧在此上演，所以未能体验到于此处观戏之妙处

成，报门不严肃。还有天霸这个笑，黄天霸把窦尔敦真情实话引出来
了，天霸这个笑是特有的笑法，不是一般的那种笑，他这个频率是很
快的。

2011年的另一场演出是在12月17日，为的是纪念北京菊声京剧社
成立六周年，演出的噱头是"武生名家名剧"，地点依旧是在梅兰芳大剧
院，李玉声要演的则是老爷戏《走麦城》。当晚的第一出戏是李孟嘉的
《小商河》，而后则是全本的《走麦城》，李玉声先饰关羽演"封五虎""观
阵""劝军""突围"，而后李孟嘉饰关羽演"复夺襄阳"和"兵撤麦城"，最
后由韩增祥饰关羽演"樊城中箭"和"刮骨疗毒"。配戏演员阵容也十分
强大，王大兴饰关平，景琏琏饰周仓，张凯饰廖化，冯胜章饰赵累，黄臣饰
徐晃。侄子李孟嘉这次和三大爷同台演出，演的还是他十三岁第一次和
三大爷学的李玉声的代表作《小商河》，而李玉声演的则是李家擅长的红
生戏，还是他考戏校时的那出《走麦城》，这个夜晚真的很特别。

2011年12月17日演出的戏单

关羽败走麦城是《三国演义》中一个重要的故事，出自第七十六回"徐公明大战沔水　关云长败走麦城"。李洪春称，京剧演员夏月润取了这个故事，编成了老爷戏《走麦城》，又名《麦城升天》《白衣渡江》或《荆州失计》，但这个戏是三麻子王鸿寿演红的。

关羽能征善战，却难逃英雄落马的命运，没有战无不胜之人，只有骄兵必败的道理，水淹七军之后，关羽乐极生悲，被孙曹联手打败。关云长死得很惨，不仅被枭首，还死无全尸、身首异处，孙权将他的尸体以诸侯之礼葬在了关陵，把他的头给了曹操，曹操将其首葬在了洛阳，同样按照的诸侯之礼，蜀国则在成都为其建了衣冠冢，以便祭祀。这便出现了关羽"头枕洛阳，身卧当阳，魂归山西"的传奇，它影响了关羽在后世文学作品和戏曲中的形象。

败军之将非但没有被人所唾弃，反而成了战神，甚至成了万人供奉的关帝，这有一定的偶然性是当然的了，但他还有一定的规律性。被枭首固然有些凄凉，但这也成就了关羽，因为这种死法够悲壮。战神无头在古时是普泛的文化现象，无头意味着视死如归，意味着壮志凌云。战神无头在很多文化中都有体现，"印度锡克族战神迦尼萨、古巴比伦战神尼甲和古希腊战神兰克都是显无头之相。在古地中海克里特岛的神庙内，有克诺苏斯的蛇女神彩陶像，双乳隆起，乳头毕露，头则齐肩削去，手握毒蛇，殆亦为无头战神"。中国的首位战神蚩尤同样是无头战神，蚩尤的头葬于寿张，身则埋在巨野，关羽和蚩尤相同，都是身首异处。

关羽是逐步走上神坛的，从早期对关羽的记载和评价来看，关羽虽英勇忠义，但性格中有致命的缺陷，如陈寿称其"刚而自矜"，吕蒙认为他"性颇自负，好凌人"，廖立说他"怙恃勇名，作军无法"。而百姓因其无头之鬼的身份也很害怕他，土观洛桑曲吉尼玛在《三界伏魔大帝关云长之历史和祈供法》中写道："当关公在战事中愤怒去世，变成了四川云长县兴隆的一位危害人们的神灵。四百年后，一位守护中观学说智者在这里静修，关公变成一条大蟒蛇，绕山峰三圈，并引来属鲁神之族的千万个军兵，显示出大山倒塌、日月沉没、兵器从天降下、霹雳闪电等种种恐怖景象。"正是因为其厉鬼的身份，坊间将其传得越来越神，这些民间传说是关羽走上神坛的第一级阶梯。

随后，关羽的形象慢慢从无头厉鬼便成了守护神。坊间称关羽去世后屡次显圣，追吕蒙，骂孙权，惊曹操。在宋代，百姓传说关羽显圣，告知元城县尉将有靖康动乱。明代，东南沿海又流传关羽显圣帮助抗倭。这些传说从何而起，一般认为，关羽成神的故事从其尸体所埋的当阳开始流传，当阳也被认为是关羽崇拜的发源地。有人传说关羽是须龙附体，其所持的青龙偃月刀同样有青龙附体的说法。而龙是掌管降雨之事的，所以关羽又和雨神联系在了一起。当时中国农耕文化的性质决定水对人们十分重要，靠天吃饭的农民最希望得到雨神的庇佑，也便出现了祭祀关公以求降雨的现象，祭祀的过程则多伴有演戏，"山西雁北……应县，每祈雨必演赛戏，因而又有'水赛'之称。……以《关公斩蚩尤》为祖戏"。蚩尤是中国第一代战神，他的位置后来被关羽所代替，无名氏所作元杂剧《关云长大破蚩尤》是关羽为主角的较早的戏剧，从人物和内容看，此戏属巫戏范畴，是战神更替的戏剧性表现，也表达了代表雨水的关羽战胜象征烈火的蚩尤的过程。后世文艺作品为了满足世人的心理需求，逐步屏蔽掉了关羽的劣性，营造其完美无缺的神格，所编纂的故事多显示其正面形象，如镇守荆州、斩杀庞德、威震华夏、斩文丑、战吕布、斩颜良、桃园结义、温酒斩华雄、解白马之围、千里走单骑、过五关斩六将、单刀赴会、古城会、水淹七军、华容道义释曹操、刮骨疗毒等。《走麦城》是为数不多表现关羽失利的戏。

老上海演出的《走麦城》是可以连演四晚的连台本戏，而今演的《走麦城》是其中的第一本，也是关羽活着的最后一出戏。《走麦城》是老爷戏中与众不同的一出，因为关羽败了，但关羽在百姓心中是神，如何将他的战败演绎得令观众能够接受是一个很重要的问题。李洪春也说，昆曲、徽调、京剧以前都不演关老爷倒霉的戏，因为怕人们心理接受不了，但夏月润和王鸿寿对情节、扮相等方面都做了创新，加之出色的表演，令此戏受到观众的认可。

如何将关羽刚愎自用但又威武庄严的形象表演得到位，李洪春一方面在陪师父王鸿寿演此戏的时候学到了一些东西，还在不断翻看《三国演义》中受益，加上自己经常演出此戏，李洪春对《走麦城》一戏有很多心得。比如，"被擒上场前要把夫子巾稍往前斜一点而印堂要画黑暗些，表示他战败的惨状"，"最后的三场要演得关公一场不如一场，神情要表现衰老、无力，开打也要表现缓慢、无力，这样才能体现出他失败的惨状，但不能任意颤绒球、晃刀杆"。

同其父一样，李玉声在《走麦城》的很多细节上也有细致的分析和处理。原本戏中的引子是"绿袍金甲，须鬉灰；凤目蚕眉，美髯公"，李玉声将其改为虎头引子"绿袍金甲，须鬉乎！凤目蚕眉、美髯公。生死无二志，义薄云天，盖世无"，当天此引子一出口也是让观众感觉到了关羽恢宏的气度。原来的定场诗是"志气凌云贯斗牛，平生最喜读春秋；丈夫须报凌云志，自然谈笑觅封侯"，李玉声将其改为"威倾华夏著英豪，忠义慨然冲天高；天下鼎足分疆事，夜半征鼙响云霄"。为何要做出这样的改动呢，因为李玉声"考虑这四句只有第二句针对性强，第一句谁都可以用，第三句、第四句好像老爷用不大合适，因为《击鼓骂曹》祢衡也用'自然谈笑觅封侯'。老爷这时候念的两句为什么不合适？老爷这个时候是非常红火的时候，封荆州王，封五虎上将之首，水淹七军战绩赫赫。所以我认为从文学性这方面考虑应当改动一下。我依据《三国》原文稍微动了一下。这定场诗我考虑到针对性要强，针对老爷，针对《走麦城》当时的战事形势"。

那天的演出可谓一波三折，本来饰演关平的演员在演出的三天前突然说不能上场了，救场如救火，王大兴临危受命，总算是令演出能够正常进行。李玉声对此很感动，因为短短的时间上哪能找到一个人能演好，也

李玉声演出《走麦城》

愿意演的呢。在三天之内学会关平的戏份也并非纸上说来那么容易的，李玉声对王大兴最后呈现在观众面前的表演还是很满意的。

　　李玉声那天初次出场时"戴夫子盔，着团狮绿蟒，绿缎子云纹厚底"，踱步至九龙口时将髯正冠，在缓步来到台中亮相，气势夺人。演至被困麦城时，已换了一身孔雀翎靠，且表情与前大不相同，眉头微蹙，忧心忡忡。再到后来兵败，关羽的步子中多了微颤与不安。前路迷茫，后有追兵，儿子和将士又与自己失散，关羽的内心五味杂陈。为表达关羽此时的心境，李玉声"走半个圆场归台中央，右手握刀面向里一撕，上膀子横转刀，左手握刀右手控马，左腿前弓右腿跪接连走了四个跪岔，站起身来左右两番横蹉步归台里，双手横握刀前蹉至大边台口，戳刀将髯亮相"，到了最后，关羽无法逃脱失败的命运，但在舞台上并没有将这样的结局渲染得很惨烈，取而代之的是轻描淡写地一带而过。在看完李玉声这次的演出后，有一位他的戏迷做了这样的评价，说自己已经分不清李玉声、关羽、神三者的身份了。

还是2011年的12月，李玉声在国家大剧院演了另一出老爷戏《华容道》。那是31日的晚上，2011年的最后一天。戏后，李玉声在回答一位网友的问题时说，这估计也是他这辈子的最后一场演出了，当他白字黑字的在微博上写道："在梅大的《走麦城》和在国大的《华容道》就是我告别舞台的演出了。"他的戏迷应该希望他能够食言吧。

那晚的演出是北京京剧院的大戏《群英会·借东风·华容道》，演出阵容强大，由李宏图饰演周瑜，谭孝曾饰演鲁肃，朱强饰演诸葛亮，尚长荣饰演曹操，李孟嘉饰演赵云，李玉声饰演关羽，王博文饰演张郃，蔡小龙饰演张飞，周恩旭饰演关平，朱峰饰演周仓。这次的演出特意从上海京剧院请来了尚长荣，从杭州搬来了李玉声，可谓是一个亮点。二人为了此次合作也是用了心。演出之前，尚长荣特意带着琴师到杭州与李玉声排练，从当晚演出效果可见，二人相得益彰，都是难得的好角儿。

京剧《华容道》又叫《华容挡曹》，根据《三国演义》第五十回"诸葛亮智算华容　关云长义释曹操"改编而成，故事讲的是孔明借东风火烧赤壁之后，曹操狼狈逃命至关羽把守的华容道，孟德知云长重义，便说了一些往日的事，戏词云："在曹营我待你恩高意好，上马金下马银美女红袍。

李玉声和尚长荣在排练

李玉声《华容道》剧照

保荐你寿亭侯爵禄不小，难道说你忘却了旧日故交。……我也曾命文远
文凭送到，灞陵桥又送你美绫红袍。……在许昌曾许我云阳答报，为什么
今日里一次不饶？……望求君侯开恩典，二君侯啊！释放孟德活命还。"
几番煽情之后，关羽动容并说："曹孟德苦哀求泪流满面，倒教我关云长有
口难言。我往日杀人不眨眼，今日铁打心肠软如棉。本当擒住曹孟德，奏
功受赏在帐前；本当放了曹孟德，定斩我头挂高竿。背地只把军师怨，左
思右想某难上难。大丈夫说话要兑现，我岂能忘却当初诺言。罢罢罢，关
某岂是无义汉，孟德！孟德近前听根源：当初待某有恩典，关某亦非无义
男。今日放你回朝转，千万不可反中原。我这里阵式忙开展，认得此阵你
就马加鞭。"于是，关羽摆开一字长蛇阵，令曹操得以逃脱，然此乃犯了军
法，诸葛亮欲惩之，终在刘备的求情之下作罢。这段义放曹操的故事非但
没有让关羽背上骂名，反而落得个重情重义的美名。

　　《华容道》的第一场是诸葛亮给各位将军分配阻击曹军的任务，但没
有派给关羽事做，因为怕他心软放走旧日对他有恩的曹操，关羽则立下军
令状，豪言定能擒获曹操。这一段李玉声曾在1999年为浙江电视台录制

李玉声演出《华容道》

过,那是他此生唯一一次上浙江电视台。而2011年末那天的演出没有传统的立状一场,李玉声首次亮相着孔雀翎软靠,手持青龙偃月刀,于"急急风"中,涮步缓慢来至台中,立刀推髯,与关平和周仓一起亮住,好似庙里的雕塑。

再往后,关羽要唱导板,父亲李洪春教李玉声这出戏的演法和唱词时,关羽的戏词是"耳边厢又听得曹操来到,皱蚕眉睁凤眼仔细观瞧。狭路上莫不是曹操来到",今天舞台上演出的也多为李洪春整理的这个版本的唱词,但李玉声认为,这三句中,头两句和第三句是自相矛盾的,所以他将第三句改成了"狭路上残兵将弃鞍潦倒",这样在词义上便可与前一句"皱蚕眉睁凤眼仔细观瞧"无瑕衔接,而且还能呈现出关羽看到的眼前曹军丢盔卸甲、一败涂地的景象,一举多得。

李玉声说,演红生戏,他的确是有先天优势的,父亲有"红生宗师"的美誉,他的遗传基因里就有演老爷戏的优良因子,后来看父亲演红生戏,父亲还手把手地教他。但直到今日,李玉声觉得他演的红生戏还是远不如父亲,父亲那威他达不到,火他也达不到。李洪春一上场就能让观众振

197

奋、激动，自己还做不到这一点，因为父亲那状态是自然天成的，熠熠生辉的，而自己是表现出来的。

　　李洪春对于演老爷戏这件事真的是十分虔诚，而且紧守演关戏的规矩，这些李玉声都是看在眼里的。李家原来在家里放着一摞一摞的老爷码，长方形的黄色之上有关公像，像的脸是粉色的。如果晚上有演出，李洪春下午一定会沐浴更衣。演出前，将老爷码四叠搁在怀里，在水衣的外边，胖袄的里面，头顶上也顶一个，戏都演完了，把这些都拿出来，用其擦脸，把红色擦掉，然后拿蜡烛把老爷码烧掉，这才能开口说话。这些都是老年间的事了，自李玉声演出老爷戏，这些仪式都没人守了，李玉声也没有做过，不过，如果明天要演老爷戏，李玉声今日一定会洗澡、刮脸、理发，把身子弄干净，演出的时候，打一进后台，他就不会开玩笑了，也不多言，怕混乱思想、破坏氛围，就对表演的虔诚一事而言，李玉声与父亲无异。

十八 此生与奖缘薄

1983年，中国戏剧家协会冥思苦想，希望以某种形式振兴萧条的戏剧表演艺术。三思之后，决定取"梅花香自苦寒来"之意，设立梅花奖。1984年，叶少兰、刘长瑜、李维康等人获得了第一届中国戏剧梅花奖。而后，梅花奖成为戏剧表演方面的最高奖项，能获此奖项被看作是对演员表演艺术的认可。有一定艺术造诣的京剧演员大都为获得梅花奖而做出努力，李玉声也不例外。

1988年初，为争取梅花奖，李玉声在北京的人民剧院举办了专场演出。在此次演出中，李玉声依旧选择了唱文武双出的形式，先是唱一出《击鼓骂曹》，而后再演一出《小商河》。对于这场演出，业内人士评价甚高，曾为李少春操琴的沈玉才称："玉声在台上，有少春那种满不在乎的劲头。"戏曲理论家龚和德说："看了李玉声的《小商河》大有感慨，超过了中年时期的高盛麟。"

到了梅花奖评委投票的时候，一个微妙的情况出现了，在从事戏曲行业的评委那儿，李玉声获得了全票，在从事话剧和歌舞剧行业的评委那儿，李玉声一无所获。最终，以一票之差，李玉声与梅花奖擦肩而过。那一年，冯玉萍、石小梅、杨至芳、武俊英、宋丹菊、刘芸、蔡瑶铣、霍俊萍、高翠英、王奉梅等人获得了此项殊荣。后来听人说，事实上李玉声与一位演员是同票的，但其中一位选他而没选另一演员的评委的选票因勾多了人数而作废，李玉声也以一票惜败，除了说是命运的安排以外，还能说什么呢。

1990年，为奖励高层次的专业技术人才，党中央、国务院决定给他们发放国务院政府特殊津贴。1992年，李玉声达到国务院政府特殊津贴发放的批准，本来这是件好事，此补贴乃终身享有，可以改善生活状况，但这个好事又让他的脾气给搅了。

在结果未公布之前，一位朋友高兴地跑来对李玉声说："老李，政府津贴有你，五十块钱呢！"话音刚落，李玉声就火了，心想："一级应该是一百元呀，我怎么比人家少呀？"就因为这个，心中怒火难平，李玉声提笔就给文化厅厅长写了一封信，大致的意思是："这终身补贴我不要了，等到你们了解我的艺术之后再考虑我的终身补贴问题。"为什么别人一百，李玉声只有五十？事实上是他没搞清楚情况，人家规定第一年给五十，第二年开始给一百。这位朋友真是好心办了坏事，李玉声至今也没再能获得国务院政府特殊津贴。

1992年，对李玉声来说另一个重要的消息是中央电视台、中央人民广播电台、文化部振兴京剧指导委员会以及《中国京剧》杂志社将联袂举行"梅兰芳金奖大赛"，比赛分生角、旦角、老旦和净角四组，生角组又分老生、小生和武生，旦角组又分青衣、花旦、武旦和刀马旦。各组比赛分别在不同的时间举行，中央电视台将转播参赛演出。本来此项赛事也是为了激活戏曲艺术，然因为饱受争议而在举办一次后就再无下文。

1993年，梅兰芳金奖大赛组委会遣人从北京到杭州为李玉声拍摄了这张参赛的宣传照片

1993年10月21日至11月6日，生角组的比赛在京举行，为此，李玉声做了充分的准备。比赛的流程是想要参赛的武生将录像送去筛选，选中的才有资格去北京比赛。时年，李玉声已五十有三，而其他参赛者大多正值壮年，所以很多朋友都劝李玉声不要去。但李玉声只有一个念头，他有一身的好玩意儿，这些东西应该展示给观众看，他希望更多的人能够看到他的表演。

有些事情真的难以避免，比赛之前，李玉声的演出前焦虑症又出现了，原因还是他太紧张、太重视这场演出。最初，他自己觉得睡好觉才会有力气，嗓子才会好，所以，虽然自己也能睡着，但合计着多睡一会，就开始吃安眠药，后来练功的时候，越来越觉得无力。李玉声又自己诊断原因，认为是睡眠质量不高导致缺乏气力，所以就继续吃安眠药，可状况不见好转。无奈，只好就医，可惜遇上个庸医，不给病人看病开药，反而问病人自己什么病，想怎么办。李玉声说自己睡眠不好，应该吃安眠药，医生照单全收，让他继续回家吃安眠药，误人不浅呀。大赛临近，李玉声更加努力练功，但越练功越没劲，越没劲越头晕，越头晕越认为是没睡好觉，便继续吃安眠药，就这样，一连吃了六十天的安定。多年之后他才领悟，可能是吃安眠药才练功没劲的，但当时怎么也没有摆脱这一状态。

比赛将至，李玉声从杭州坐火车去北京，为了养精蓄锐，他买了软卧，希望可以好好休息，但火车因堵车等原因多行了十八个小时，李玉声就一直在车上昏睡。到了北京，李玉声还是感觉不适，便去了医院，医生没有留他住院，只是给他打了针。一针下去，他也觉得好像是有点精神了。

在赛前彩排的时候，很多人专门来看李玉声表演，但是在走《截江夺斗》中一个技巧动作时，李玉声不慎摔在了地上，虽然是彩排，他也没有得过且过，凭借多年的演出经验和平日严苛练功所练出的功夫，愣是在锣经中亮住了相。由于补救尚算完美，甚至有观众认为他是故意没走一些玩意儿，留了一手，待到正式比赛时给观众一个惊喜。

比赛当天，李玉声身体状态依旧欠佳，难受得站也站不住，但凭着他的感觉和功硬撑下来了。李玉声当时的参赛戏目是《小商河》和《截江夺斗》，《小商河》是李玉声的拿手好戏，《截江夺斗》也是李家家传的戏码，李玉声演绎的也十分得当。

《截江夺斗》是一出三国戏，讲述的是孙权谎称母亲有病，希望孙夫人带刘备的孩子阿斗一同回去探病，其实是想将阿斗做人质，换取刘备所占之荆州。孙氏之船已行至江上，赵云得知孙权心计，速往江心夺取阿斗。有学者考证此戏源自道光年间庆升平戏班所演《鼎峙春秋》中的"赵子龙奋身救主"，是时李顺亭以武老生应工饰演赵云。后来，刘春喜以武生应工，亦演赵云，但更侧重于对念白的演绎。李玉声的《截江夺斗》是向父亲李洪春学的，李洪春的这出戏则是刘春喜亲传的。李顺亭演这戏戴髯口，但刘春喜演这戏不戴髯口，所以洪爷传下来这一脉演此戏也不戴髯口。

《截江夺斗》属于武戏中的文戏，唱念较多，尤其是赵云对孙夫人讲述在长坂坡百万曹军中救回幼主实为不易一处的大段念白，李玉声配之以自己重新设计过后的身段，整体显得虽繁复但舒展且稳重。

有人说这次比赛堪称近代一次武生盛会，除了李玉声外，其他参赛者也都是当红的武生。像王立军，他参赛的戏码是《英雄义》，还有和李玉声同样的《截江夺斗》一戏，据说他这戏是厉慧良亲授的，风格套路与李玉声的迥异，其中不乏让观众叫好的绝活，整个路子比李家一脉的炫目。参赛的还有叶盛长的儿子叶金援，叶家也是梨园世家，叶金援的爷爷是叶春善，那曾是富连成的班主，父亲叶盛长是老生演员，伯伯叶盛章是丑行挑班第一人，叶盛兰也是有名的小生。叶金援自己是武生泰斗王金璐的弟子，此次参赛演了《野猪林》和《挑滑车》两出戏。王金璐的另一个学生赵永伟也参加了比赛，演了《丧巴丘》和《石秀探庄》。还有四大须生之一的奚啸伯的孙子奚中路，他演了《洗浮山》和《挑滑车》。张世麟之子张幼麟演了《战冀州》和《金翅大鹏》。王平则演了《秦琼观阵》和《艳阳楼》。程和平演了《伐子都》和《十八罗汉斗大鹏》。

1993年10月31日，梅兰芳金奖大赛生角组的最终获奖名单揭晓，王立军、叶金援、赵永伟、奚中路获得了武生组的金奖，王平、李玉声、张幼麟、程和平获得了武生组的提名奖。

李玉声最后并没有如愿拿到金奖，原因众说纷纭：有人说他当天身体状态不佳，没有发挥出最好水平；有人说，因为是电视比赛，他身材相对其他武生矮小，不上相。说什么的都有，但说什么也没有用。李玉声自己也不服气，比赛结束后，他提笔写了篇关于此次比赛的总结性文章，1994年2月11日，《北京晚报》第11版"文艺随想录"还给登出来了，后来还有杂志转载了：

第一，我认为，演员发展过程大致可分为四个阶段：低级、初级、中级、高级。低级阶段是描红演老师阶段；初级阶段是演技巧阶段；中级阶段是演戏阶段；高级阶段是创造美的阶段（演员在舞台上的一举一动，都具有丰富的内涵和耐人寻味的韵律，能够给人以高品位的美的艺术享受）。这次梅兰芳金奖生角组武生大赛，理应是高级阶段竞争，可是参加者各层次的演员都有，同时参加了同一行列的比赛。

第二，梅兰芳金奖大赛是最高水平的评比活动，应该评出高品位、高层次的表演艺术。这次恰恰相反，而是把能够在舞台上表现高品位的有大家风范的演员往下拉到演员的初级阶段，进行如同戏校毕业生考试的项目，比翻身，比技巧，比冲。所以说，这次武生比赛，从评比的效果看，侧重于评比翻、打、扑、跌，给人以不讲唱、念、做、舞、手、眼、身、步，不讲艺术之"术"和"法"的感觉。从某种程度上看，不是武生比赛，而是武行比赛了。照此评比，恐怕李少春在世也不能获金奖。

第三，评委评演员，演员也评评委。观众也在评评委。观众不但要评评委的素质、造诣以及对京剧表演艺术的理解深浅，更重要的是评评委们的艺术良心和艺术道德。

第四，我想起一个笑话：学者向他的学生们提出一加一等于几的问题。学生回答，等于二。学者惊叹不已。一天，学者去听教授讲学，结果，学者不理解教授所讲的课。感叹地说：什么教授？还不如我的学生。

李玉声虽然没有拿到奖杯，却赢得了口碑。一位唱余派老生的评委说："李玉声到台口这几步就成了，不用比赛。不用看技巧，看气韵和味道就是别人不能比的。"一位宁夏剧团的人说："您没得到金奖，但您是我们心中的金奖。"上海的一位观众也说："您的目的达到了，得不得奖无所谓，您已经让人看到您的能耐了。"也许最能让李玉声觉得舒服的是此次比赛获得金奖的武生奚中路在颁奖时小声对李玉声说："这奖该是您的。"而且，2008年，他拜在了李玉声门下，成为李玉声的入室弟子。拜师礼在北京举行，李玉声以前看过父亲收徒是怎么做的，这次他也照着古礼走的形式。传播领域里还有人为师徒两人编造了温暖感人的故事，说李玉声赛后生病住院，奚中路一直守在病床边，悉心照顾，但此乃子虚乌有之事，李玉声赛后确实住进了医院，不过陪在身边的是他的妻子。

关于弟子这件事，80年代的时候就有人建议李玉声收徒，当时他认为自己的东西还没有得到广泛认可，还得练功，还得提升，没有到教徒弟的时候。等到功夫练成了，有能力教徒弟了，李玉声还要看人，一是看是不是武生的好料子，能不能成角儿，二还得看人品，看有没有规矩。他认为，能够学到真东西的人，都是对他的老师五体投地的，并不是你尊敬这个老师就行的。李玉声打心里想培养出好的武生，所以，平日里，他对全国武生行的孩子都特别注意，人品呀，对别人的态度呀，而且不能单看当面对自己是否尊敬，还得看这个人平日里对别人怎么样，方能知其品性。

这次大赛虽然失利了，但李玉声的表演通过电视传播开来，也俘获了不少年轻武生的心，现在北昆的武生王锋就是其中一个。王锋第一次知道李玉声就是因为看了梅兰芳金奖大赛，他第一印象是这么大岁数还去参加比赛呀，当时的他还在大连艺校京剧科上学，但对李玉声的《小商河》印象深刻。只是当时他还不太能理解武戏讲求气度和韵味这一衡量尺度，因为在东北，一个受欢迎的武生得技巧好，得火爆，得冲，恨不得按照奥运会的精神来，得更高更快更强。王锋毕业之后在一位兼唱花脸和武丑的老师郭锦春的推荐下进入了中国戏校继续学习，从此，他开始接触北京对武生的审美要求，开始知道大武生这个概念。有缘的是，他进入学校后学的第一出戏就是李玉声版的《小商河》。对于王锋来说，这出戏很难学，因为北京和东北要求不同，在东北要求武生有个性，但在北京要守规矩，要求按正统来，所以很不习惯。2007年，已经在北方昆曲剧院工作的王锋得知文化部在上海组织了一个昆曲的培训班，李玉声也是这个班里的老师，他便主动申请要去，那年他二十七岁，结果学的又是《小商河》。李玉声给学生们讲了这个戏的来龙去脉，掰开了、揉碎了地讲。这出戏王锋学过很多次了，他对这个戏也有自己的修改，有些动作他觉得比较平，他就歪一点身子，加一点花活，觉得这样效果更好，结果李玉声告诉他不能加，唯有规规矩矩的才显得大气。去学的人很多，像上海昆剧团的贾喆，上海京剧院的蓝天、郝帅，还有南京的，还有温州来的，但也有人

2007年，李玉声在上海教授《小商河》，左一为李玉声，左三为王锋

学几天就走了，因为跟不上。王锋之前学过，有基础，所以一直跟下来了。王锋一共学了一个半月，每天上午九点到十二点，下午两点到五点。最初的两天学一场戏，学完了再一个动作一个动作的抠，后十天基本就是拉戏了，8月20日还在兰心大戏院办了场汇报演出。李玉声对这个学生也很满意，觉得他是大武生的料子。

梅兰芳金奖大赛虽然给李玉声带来了较高的人气，也有人说他是无冕之王，但对他来说，没能获奖始终是一个解不开的心结，对他的打击是深远的，心伤了是很难治愈的。那之后，他开始对京剧产生失望的情感，也放弃了练功，他觉得再练也没有用了，他的意志一度十分消沉。虽然在练功这方面似乎受到比赛失利的影响，但他依旧有豪情壮志，在1994年，他还写下了这样的诗：

学唱三十载，习武四十春。
文武齐兼备，何日骤风云？

铁杵磨成针，艺精在于勤。

志诚终无悔，华发正当春。

玉声锁人魂，绕梁数十春。

文武盖天下，峰巅骤风云！

梅兰芳金奖大赛之后，李玉声就没再参加什么大型比赛了，他变成了这些大型的戏曲比赛的评委，像CCTV全国青年京剧演员电视大赛等，他都受邀担任决赛的评委，他自己说："以前评我的人，现在都并肩坐在一起了，思想起来，有点儿喜剧色彩。"他当评委的宗旨就是说真话，谁好就夸奖谁，谁不好就指出来，而且还得说在点儿上，让人家心服口服。

十九　转战大荧幕

　　1896年，西洋影画戏在上海的徐园"又一村"放映，随后电影这一新兴事物迅速席卷中国，电影对传统戏剧的冲击不言而喻，看电影代替听戏曲成为市民日常生活中最主要的休闲方式，因此戏曲艺人对电影的态度十分复杂。随着电视机的普及，电视剧又冲击了电影的主流娱乐方式的地位，戏曲艺人度日尤艰。虽然戏曲人无法抗拒工业革命带来的极具冲击力的浪潮，但直到今天，他们仍认为舞台表演较之拍摄电影难度更大，在舞台上表演不能喊停，要一气呵成，要经过十几年科班的训练，在练功房里度过无数个春夏秋冬才能锻炼出来的，舞台是他们心中的圣地。

　　1998年，胡安导演准备拍摄电影《西洋镜》，这部影片讲的刚好就是电影对戏曲的冲击。故事从1902年讲起，有伶界大王之称的谭鑫培到丰泰照相馆照相，可是老板找不到掌机刘京伦，后来才发现他在一间屋子里鼓捣舶来品留声机，中国传统艺术和西洋新玩意儿的对立从此开始成了电影要表现的主题。与此同时，雷门·奥利斯在北京筹划经营西洋影画戏的生意，刘京伦自见到影戏后便沉迷其中不可自拔，并向雷门·奥利斯学习这门技术。然而，刘京伦偏偏爱上了谭老板的女儿谭小凌，但影戏受人热捧，京戏遇到冷落，这令谭鑫培慨叹不已，他又怎会同意刘京伦与女儿的交往呢。电影的第一个高潮出现在慈禧做寿，慈禧招谭鑫培、丰泰照相馆老板任景丰以及雷门·奥利斯等人同时进宫献艺，刘京伦不知道是给任景丰还是雷门·奥利斯做助手，痛苦挣扎之下，他决定追随雷门·奥利斯，并向任景丰说出实情，他也因此丢掉了照相馆的工作。进宫后，谭鑫培的表演一如既往地得到了慈禧的称赞，而影戏起初也吸引了慈禧的目光，可惜播放中途机器突然着火，这令慈禧怒火中烧并下令处死刘京伦，驱逐雷门·奥利斯出境。在众人的求情之下，刘京伦才算保住了性命，并回到照相馆工作。可是他还是心心念念惦记着西洋影戏，此时电影出现了另一个转折点，雷门·奥利斯从国外寄来了他们共同拍摄的北京城的日常生活的影片。看过之后，深埋在小刘内心的冲动再次被激活，他不顾一切地修复机器，并成功地播放了这段影片。当市民看见自己出现在影片当中，当看见影片记录了他们熟悉的日常生活之时，大家对影戏的态度有了改变，就连照相馆老板和谭鑫培也为之动容。1905年，丰泰照相馆的老板任景丰和小刘共同为谭老板拍摄了《定军山》中的片断，这也被视为中国第一部影片。

《西洋镜》这部电影的出品人是韩三平，主演则选择了夏雨，由他饰刘京伦，其他的演员也都是大牌，像刘佩琦、吕丽萍、方青卓。找谁来饰演伶界大王谭鑫培令胡安思量许久，谁有资格饰演谭老板，谁能演出谭老板伶界大王的威和范儿，这是很难的一件事。

剧组首先想到的是谭家的后人，像同样身在梨园行的谭元寿等人，但因种种原因没有合作成功，后来又想过几位气质较好的影视演员，可都因

李玉声在电影《西洋镜》中饰演了伶界大王谭鑫培，戏里谭鑫培常拿着扇子，这个造型是李玉声自己设计的，那是他小时候看见过的角儿的样子

档期不行或其他缘故而没有参与该片的拍摄。那时,李玉声的同学张长海与影视圈的交往较频繁,与导演也认识,便拿了李玉声的照片给导演看,导演一看,觉得行,便让李玉声去试镜。李玉声到了剧组,导演直截了当地问他:"你能不能比其他人演得好?"李玉声也不含糊,直接回答:"我演,肯定好。"李玉声认为这就是演员演演员,父亲李洪春是角儿,谭鑫培也是角儿,他知道那应该是什么样的。导演一看他还挺傲,但气质确实好,直觉告诉他,李玉声一定可以,于是也没有试镜,便定下来由他出演谭鑫培了。

第二次见面,李玉声身着一套白西装,穿了双白皮鞋,看起来挺帅的,导演让他放轻松,就像生活中走路那样在镜头前随便走走。然后,导演给了他一个场景,让他演一下见到慈禧,给慈禧下跪的镜头。场记拿剧本念词,李玉声跟着做几个动作。李玉声正做下跪动作时,导演说了句话,李玉声就站起来了,导演说:"还没结束呢,你怎么站起来了?"李玉声回答:"谭鑫培可以给慈禧下跪,你说话了,我不可以给你下跪呀。"

不知道导演听了这句话心里是什么感觉,不过那之后,导演就把服装师找来了,当场给李玉声量身材,做戏服。李玉声觉得拍电影并不难,像游戏一样,或者说有点像现代戏。拍摄的时候是1998年的冬天,其中一场戏要去颐和园清音阁大戏台拍,李玉声对那场戏记忆尤深。凌晨三点左右,剧组人员就到了颐和园,地上一层冰一层雪的,北京三九天的凌晨寒意入骨,但他们必须在游人入园之前完成拍摄,所以大家就在卫生间里化妆,那儿有暖气,身子还能暖和点,就在这样艰苦的条件下,李玉声演完了那场戏。艺术是相通的,李玉声拍了一个月的戏,没有遇到什么困难,一切都很顺利,而且没有浪费胶片,镜头基本都是一条过,这可能是源自舞台演出不能暂停的表演习惯。

有一天,剧组正在拍摄,刚好是李玉声的戏份,一位台湾导演来探班,看见李玉声后惊奇地问:"你们这演员哪找的?怎么那么像谭鑫培,个头呀,胖瘦呀,都差不多。"如其所言,很多人都觉得李玉声和谭鑫培有些相似,不知道是这个原因,还是在《西洋镜》中成功地演绎了谭鑫培一角儿,李玉声收到了央视春节戏曲晚会的邀请,希望他在《义拍定军山》中再次饰演谭鑫培，小戏还是讲谭鑫培在丰泰照相馆拍摄中国第一部无声电影《定军山》的故事。这次他的合作伙伴是相声演员赵保乐，还有谭家的后人谭元寿、谭孝曾、谭正岩，该小戏在2001年1月23日的央视春节戏曲晚会上播出。

李玉声又一次饰演谭鑫培是在2007年1月12日。是日，东方卫视主办的《非常有戏》举行了开播大典，该栏目属明星竞赛类节目，是上海电视台的年度巨献，栏目将邀请演员和歌手及戏曲艺人共同参加比赛，开播大典更是十分隆重，邀请了很多知名的艺人献演，李玉声也受邀参加了这个仪式。晚会正式开始后的第一个节目是穿越时空，带大家回到1905年的北京城，谭鑫培拍摄中国第一部电影《定军山》的场景，这个短剧叫《一战成功》，歌手阿信演唱了重新填词的《北京一夜》，李玉声则同台扮演谭鑫培。而后，李玉声与卢燕合作演绎了《定军山》。卢燕是京剧女老生李桂芬之女，梅兰芳的义女，从小时候受过很好的京剧教导，年轻时还在上海和昆曲大师俞振飞一起唱《游园惊梦》。在圣约翰大学和上海交通大学学习过的卢燕，中英文都很好，她也因此获得了做老上海高档电影院里译意风小姐的机会。后来卢燕去了好莱坞发展，并成为奥斯卡的评委，而且一直致力于中美文化的交流，她不仅将《米老鼠和唐老鸭》等影片带入中国，还将很多京剧选段翻译成英语，带到了国外。此次，她回来上海，并与李玉声的合作了《定军山》，这令晚会有了良好的开端。

1998年出演《西洋镜》中谭鑫培一角儿后，李玉声踏上了一段别样的演艺路途，他暂别舞台，开始接连拍摄电视剧。2000年，导演郭宝昌拍摄了电视剧《大宅门》，演员阵容强大，有为人熟知的杜雨露、斯琴高娃、陈宝国、刘佩琦、何赛飞、蒋雯丽、茹萍、张丰毅、谢兰、张艺谋、姜文、李雪健、宁静。该剧讲述的是药铺"百草厅"的兴衰及其老板白家三代人的心路历程。2001年4月15日，《大宅门》在中央电视台一套的黄金时段播出，一经播出，广受好评，并获得了当年央视年度收视冠军。《大宅门》中有大量的戏曲元素，参演的演员张少华、何赛飞、赵毅等人也都是戏曲演员。戏中艺人齐福田一角儿则是由李玉声饰演的。

李玉声参演《大宅门》属于临场救火。一日，李玉声于杭州家中接到一位陌生人的电话，对方介绍了自己，也说明了打电话的用意。那个时候李玉声还没有手机，他也不知道对方是怎么知道他家座机的电话号码的，但对方说自己是郭宝昌，是《大宅门》的导演，想邀请他到无锡参加电视剧的拍摄。之前拍过电影的李玉声觉得拍电影、电视剧挺有意思的，加上郭宝昌本身也喜欢也懂京剧，所以他就欣然答应了。

李玉声起身前往无锡，进入了《大宅门》剧组。拍摄第一场戏的时候还闹了个小误会，因为刚到剧组，对一切还不熟悉的李玉声化好了妆，就坐在屋里等着，他不知道什么时候轮到拍自己，也不知道该什么时候出去。这时，其他演员都已经就位了，导演到处找他，后来副导演跑到化妆间，一推门就看见李玉声挺有范儿地坐在那，还以为他成心放份儿，便很尊敬地说："李先生，该您了。"其实，坐有坐相是李玉声长期以来养成的习惯，是他本身就有的气质，不是装出来的，而不去就位更不是因为耍大牌，而是尚未熟知剧组的运作模式罢了。李玉声穿着大褂，随着副导演走

到片场，他不知道镜头在哪，也不明白该往哪去，就在那站着。导演打量了李玉声后，说了一句话："真有像呀。"

之后的拍摄很顺利，李玉声也慢慢熟悉了拍摄的节奏。他拍的第二场戏是教戏，这是他的本行，演来也是得心应手。李玉声拿到的剧本上没有具体的指示，只有一个简单的提示："舞动着棍，呼呼作响。"他看了一眼剧本，但没有按上面写的演，他知道能呼呼作响都是凭力气的，那不是好角儿，那是力气活，他不乐意那么做，他太知道该怎么演

李玉声在电视剧《大宅门》中饰演戏曲艺人齐福田

了，他按自己的路子演了一遍，有气韵有味道，导演一看就通过了，这段只演了一条。就这样，李玉声在剧组待了一个月，四十集的电视剧，他出演了四集。

拍完《大宅门》，导演郭宝昌又找到李玉声，希望他参演自己的另一部剧《荆轲刺秦王》，这是个列国戏，只有几集，由孙骏毅主演，在横店拍的。李玉声在横店拍了一个月，到那后临时背词，背完就拍，拍完扔那儿就忘了，到现在，他演的什么已经一点都不记得了，而这部剧似乎也没有大规模播出，在网上找不到丝毫的信息。

紧接着，李玉声又参与了电视剧《玲珑女》的拍摄，这部戏由张军钊导演，袁立、郑晓宁、虞梦等人主演，讲述在江南一个制扇名镇，每隔几年就会选出一位美女作为扇面上将绘制的人，但中选美人必须放弃情爱，秋氏族长秋莲蓬之侄秋洗月为了挽救这些女子展开了和封建大家长的斗争。李玉声在剧中饰演的就是秋氏族长秋莲蓬，这个角色是反派，李玉声并不在乎。这部戏拍摄时间较长，李玉声在剧组待了三个多月，还试过拍通宵，有时还要连续拍十八个小时。

在拍摄《玲珑女》期间，李玉声接到了央视《名段欣赏》栏目导演韩震的电话。韩震想邀请李玉声到北京录制几段京剧，可李玉声拒绝了邀约，因为梅兰芳金奖大赛失利后，他对京剧信心不足了，也不练功了，也不想录制任何京剧的东西，这件事也就搁下了。一段时间过后，仍在剧组拍戏的李玉声再次接到了韩震的电话，对方给足了诚意，希望他能进京录制节目。李玉声被韩震的态度打动了，这次他答应了邀约，并开始为录制做准备，又重新练起功来。

李玉声后来知道，原来推荐他录制节目的人是草厂三条的邻居郭维军，他们是从小一块长大的，郭维军刚好在《名段欣赏》做灯光师，便向导演推荐了李玉声。导演韩震也是学京剧出身的，学的是程派，所以也懂京

李玉声在《玲珑女》中饰演反派角色秋莲蓬

剧，知道谁是好角儿。

　　结束了电视剧的拍摄，李玉声便着手去北京录制《名段欣赏》了，他和韩震的合作很有默契。节目是在中央电视台摄影棚里录制的，棚里搭了些简单的实景。到了录制现场，李玉声告诉摄像、布景师他想要什么，该怎么弄，他的画画功夫在这儿派上用场了，他知道什么布景摆在哪儿画面才美，这道理同样适用于舞台布局。李玉声先后到北京录了两次《名段欣赏》，每次都会录不少集，包括《挑滑车》《长坂坡》《安天会》《百凉楼》《文昭关》《上天台》《定军山》《取雒城》《凤鸣关》《法场换子》《李陵碑》《洪洋洞》《潞安州》《战太平》《走范阳》《单刀会》《古城会》《水淹七军》。这些片段在央视播出后反响不错，李玉声的名字也再一次受到业内人士和戏曲爱好者的关注。用李玉声的话说："韩震是我艺术上的贵人，有恩于我。我很感激他，他扩大了我的艺术影响力，主要是让我对艺术重新有了信心，重振精神了。就像我刚戒了海洛因，这么一抽，瘾头更大了，断不了了。"那之后，李玉声停止了拍戏，又开始练功，回归舞台表演。

　　《名段欣赏》剧组选择让李玉声录制的片断大多都是他的代表性剧目，还有就是濒临失传的剧目，前文讲过的戏码在此不再赘述，其他几出戏倒值得再说说。

　　《百凉楼》又叫《兴隆会》《乱石山》或《常遇春救驾》，是黄月山根据《明英烈》第十一回编演的，讲述的是刘福通为朱元璋设下鸿门宴，想要将朱元璋斩杀于百凉楼，朱元璋部下吴祯救主脱险的故事。剧中，李玉声饰演吴祯，其舞剑的身段美感十足，此戏近年来很少有人演出。《取雒城》则是李玉声自己编演的剧目，虽是新剧，但古朴纯正，恪守规矩，法度严明。

李玉声在《百凉楼》中的扮相

李玉声在《文昭关》中的扮相

《文昭关》也称《一夜须白》，根据《东周列国志》改编而成，故事讲的是春秋时期，伍子胥之父被楚王所害，自己也被楚王下令追杀，伍子胥逃至昭关之时受阻，一夜间白了须发，幸遇东皋公出手相助才得以逃脱，当他破楚归来，想答谢救命恩人之时才发现，东皋公已悄然离去。这是一个大家耳熟能详的故事，剧中"一轮明月照窗前"一段是抒发伍子胥心情的，是全剧的一个核心，李玉声在《名段欣赏》栏目中录制的就是这一段。李玉声的《文昭关》是向陈大濩学的，现在演此戏的人多学的是杨宝森的路子，但李玉声学的则多含汪桂芬的东西，"其唱腔激昂雄劲，善于表达激愤慷慨的情绪，演唱悲剧性故事或悲剧性人物时，着力突出其壮美的一面，而不只是单纯强调其悲苦凄凉的感情"。有观众看过这段表演后称李玉声的演唱"恰如龙吟虎啸，仿佛是西风旷野之中忽然奏响了筚篥"。筚篥是古龟兹人发明的，"其音色或高亢清脆，或哀婉悲凉，质感鲜明"。《旧唐书·音乐志》称："筚篥，本名悲篥，出于胡中，其声悲。亦云：胡人吹之以惊中国马焉。"如李玉声的唱真可与筚篥相比，那他的表演真是极具感染力。

《凤鸣关》亦名《斩五将》，根据《三国演义》第九十二回改编而成，讲的是赵云年迈，但仍向诸葛亮请

李玉声在《凤鸣关》中的扮相

战伐魏，并在凤鸣关取得大胜的故事。据说该剧是程长庚所创，且赵云在戏中使用的是大刀，后来鲜有人唱，几乎失传。

《法场换子》讲的是薛丁山之子薛刚误伤皇子后出逃，奸臣张泰借机怂恿武后下令将薛家满门抄斩，徐策趁到法场道别之际用自己的孩子与薛家的幼子交换，为薛家留下了血脉。此戏是余叔岩的拿手好戏，但其传承几经波折。因为余叔岩钟爱此戏，所以一直不断研究，后来将戏中一个唱腔更改为反调，但这种唱法只传给了孟小冬一人，并嘱咐她不要公演。孟小冬尊师嘱，不曾公开表演，也没有教给学生。幸好这唱法并没有随余叔岩和孟小冬一起埋进黄土，当年为余氏操琴的王瑞芝1955年从香港回到北京后开始和谭富英合作，并将此调告知了谭氏，那时候，现代戏已逐步占据了主要的演出市场，后来"文革"不许唱老戏更不必多说，为保曲调不失，谭富英录了音，还教给了马长礼，也让余叔岩潜心研究出来的唱腔得以延续至今。李玉声的《法场换子》遵循的正是余派的风格，高潮处声情并茂，感人至深。

《李陵碑》又叫《两狼山》《苏武庙》，故事讲述的是辽军入侵，杨继业带两子迎战但被困于两狼山，二子前后冲出重围向元帅潘仁美求援，但潘仁美记恨儿子死于杨七郎之手，不但不发救兵，还害死七郎，而困于两狼山的杨继业弹尽粮绝，无奈之下，撞死于李陵碑前。李玉声将杨继业不同时间段的不同心情表现得淋漓尽致，使角色形象饱满，富有层次。

《洪洋洞》讲的也是杨家将的故事，杨继业死后，尸骨被放在了洪洋洞，儿子杨延昭得知后派孟良去辽帮盗回骸骨。焦赞担心孟良会

李玉声在《李陵碑》中的扮相

李玉声在《洪洋洞》中的扮相

李玉声在《潞安州》中的扮相

有危险，便暗中跟随，可孟良以为是敌将，一斧劈死了焦赞，知实情后追悔莫及。孟良将杨继业和焦赞尸骨交给士兵，自己于洪洋洞自尽。所以这戏也叫《孟良盗骨》。1917年4月14日，为欢迎广西督军陆荣廷，北京官府在金鱼胡同那家花园摆宴，非要抱病在身的谭鑫培去唱堂会，推脱不掉，谭老板只能前往，到了一看，要唱的戏码竟然是《洪洋洞》，他顿觉不祥，一是因为他要扮的是杨六郎，结局是死了，而且师父程长庚生前的最后一出戏这是这个。正如他自己所感，这出《洪洋洞》也成了他的绝唱。谭老板那天的演出很异常，事后，当天同他配戏的演员贾洪林称："我与老板一起演唱多年，从来未有见过像他这一次的神情异常，特别是双目炯炯发光，咄咄逼人，吓得我不敢正眼看他。"在《名段欣赏》中，李玉声于《洪洋洞》中饰演的是杨延昭，在接受央视主持人白燕升采访时，李玉声称，此戏他宗的是陈大濩，录制的则都是二黄的唱段，一段是二黄慢板，一段是二黄快三眼。有趣的是，他说这出戏的眼神和表情得力于他拍电视剧，他走的是尽量向生活靠拢的路子。

《潞安州》是黄月山根据《说岳全传》第十五、十六回编演的，讲的是金兀术攻打潞安州，宋将陆登守城但终不敌金兀术，陆登自刎后，金兀术收养了他的儿子陆文龙。李玉声在《潞安州》中饰演陆登，《名段欣赏》所录制的是"奉圣命统雄兵边廷镇"一段，以忧为基调。

《走范阳》是一出红生戏，乃李家的家传戏码，又名《白猿教刀》，除李洪春当年常演外，鲜有人将其搬上舞台。在《名段欣赏》中，李玉声携侄子李孟嘉共同演出了此戏。老爷戏最初几场的内容是《三国演义》里没有的，讲的是关羽在家杀了人，逃跑到玄武祠，又饿又渴，庙里头有泉水，关羽连洗脸带喝，结果变成红脸了。演此戏，饰演关羽的演员本来是净脸上台，此时要背对观众坐着，趁前面圣母娘娘演唱的三五分钟给自己勾个红脸，这出叫《关云长出世》。关羽变了样子，追兵追上却不认识他了，他又把追来的熊虎给杀了，这出叫《斩熊虎》。关羽从熊虎手里夺了宝剑，又逃到山西，在那做卖枣的生意，也当搬运工。当他决定投军为国报效的时候，走到庙里头，梦见麻姑赐他三册宝书，《春秋左传》《春秋刀谱》和《春秋战策》。梦里，白猿教他用刀，那之后关羽才不用剑，改用刀了，这便是《走范阳》。李玉声很小的时候看父亲演过这戏，后来就没见过了，

在《白猿教刀》中，李玉声饰关羽，侄子李孟嘉饰白猿，此时的关羽还没有用刀，而是用剑

这次特意回忆整理了此戏。这个戏里,关羽的打扮与其他老爷戏里的打扮差异极大,穿蓝箭衣,带黑三,拿剑。

李洪春在演《走范阳》的时候特别设计了两段舞蹈,一是"关羽在麻姑庙唱完〔二黄原板〕之后有一段不同于武术的'太极剑',气派非凡,震撼人心",二是"白猿教授关羽刀法,二人对刀,关羽有'关王十三刀'的'刀舞'"。这两段仅能在此戏中看见,李洪春并没有在其他老爷戏中用过,这也是此戏珍贵之处。

《单刀会》也是一出有名的红生戏,它最初是关汉卿所做的杂剧,名为《鲁子敬设宴索荆州　关大王独赴单刀会》,后来昆曲和京剧里也都有这出戏,讲的是关羽只身赴鲁肃之宴并安全返回的故事。如戏之名,青龙偃月刀是这出戏的重要之物,如李玉声所言:"京剧艺术是用无灵魂的东西表现灵魂,用无精神的东西表演精神。我说无灵魂、无精神的东西,则是为京剧表演服务的诸多元素,活的、死的道具,概念化的人物等;以关老爷的青龙刀为例,通过演员表演,青龙刀成活了,而是具有人性化的神物……关公单刀赴会,青龙刀作响,鲁肃惊魂。"李玉声演《单刀会》的时候,着重表现的是一种横劲儿,塑造一位有勇有谋的英雄形象。有人说:"昆曲《单刀会》中的关公风格犹如古朴苍劲的钟鼎文,那么,李玉声先生所表现的关公,就是雄浑多姿的汉隶。"与昆曲《单刀会》中坦然自若的关羽不同,李玉声诠释的关羽在这出戏里目露凶光,怒中带狠,而且声音激越。在演了一辈子的关公戏后,李玉声总结了红生表演的八字诀,即"善、淡、清、静、文、雅、正、远",外化于形神举止则要"大气磅礴、肃穆凝重、泰若致远、儒雅至尊、威而不怒、勇而不猛"。

《名段欣赏》为李玉声录制的另一出老爷戏是《古城会》,它是根据《三国演义》第二十八回"斩蔡阳兄弟释疑　会古城主臣聚义"改编而成的,故事讲述了降于曹操的关羽得知刘备下落后过关斩将去与大哥汇合,至张飞驻守的古城,遭到以为他叛变了的三弟的质疑,直到关羽斩杀了追来的蔡阳,张飞才迎关羽入城。李玉声认为,这出戏的情绪主线是一个"急"字,"关羽'导板'上,千里跋涉,寻兄心切,是为'急';趟马为的是与张飞相见,见弟心切,是为'急';与曹军开打、斩蔡阳是急于表明自己的心迹；进城、观书，弟兄隔膜，心情焦急；训弟的大段话白，痛陈经历，剖白心意，层层推进，是急于和张飞消除误解"。虽然内心急切，但动作不可急躁，有的地方甚至要以静映急。《古城会》中有一大段的训弟唱念，父亲李洪春教他的时候告诉他这段要以平稳的节奏下来，但由于自身条件与父亲不同，以父亲的方式演绎让李玉声有些不适，他便将此段改成了自己舒服的方式来演，将原本平稳的节奏变得起伏较大，最后甚至垛起来念。在李玉声看来，老戏并非不能改，老

李玉声在《古城会》中的扮相

艺人也常依自身条件改戏，问题是你怎么改，要有规有矩地改，要合乎传统京剧本身的法度，做到"尊传统而自主、守规范而自由、承师训而自取、师技艺而自然"，这样改出来的才是好戏。李玉声的一生也都在为能编演出好戏而耗尽心血，2005年，他在《名段欣赏》特别节目的采访中说出了积压在心底的一句话："我的事业是坎坷的、失败的；我的艺术是成功的、胜利的！"

2004年，除了录制央视的《名段欣赏》以外，李玉声还为上海电视台录制了一些节目。像2004年7月，上海电视台七彩戏剧栏目为李玉声录制了《粉墨春秋》，由汪灏主任领队，带着机器到李玉声杭州的家拍摄。为了录制，李玉声特意穿上了长袍，他认为这样可以让自己静下来，心平了，气匀了，就可以达到中和的状态，才能想得远。录制中，李玉声从父母开始讲起，又提到京剧戏码的流失，演出机会的减少。京剧式微自己却无回天之力，李玉声几度哽咽，尽露惋惜之情。他还自言，自己脾气大，爱发火，有什么话就必须说出来，这让别人很难接受。他这一辈子只有五件事可以让自己没有烦躁。第一件事是见到自己的女儿，回家一看见女

儿，外边什么事都完了，只剩高兴。第二件事是画画，1971年开始学画，就是个精神寄托，后来一画画就好像四大皆空了。第三件事是演戏，或者练功。第四件事是品茶。第五件事是看见他的宠物，那是他退休后养的小狗。录完节目，李玉声提议到杭州国际大厦大酒店吃饭，最后汪灏非要他来买单，李玉声笑称，幸好他买单，没想到要那么多钱，自己那天带的钱都不够买单的。

是年，李玉声还应上海电视台的邀约录制了音配像，音配像这一形式最初是李瑞环提出的，伊始也有人公开质疑这种形式不是像演双簧一样嘛，可随着技术、资金等条件不断完善，人们开始认可这种模式，并称赞它"为后世提供了珍贵的资料，……为录像演员留下美好的纪念，……为观众奉献出一批优秀精美的节目，……为戏剧与现代科技结合积累了经验，……为戏剧生产的工厂化、产业化创造了条件"。李玉声曾在不同时间为父亲李洪春和谭鑫培录过音配像，笔者曾问询是否是因为很多人说他像谭鑫培才找他给谭鑫培的声音配像的，他笑着说："这不是故事片，像不像都无所谓，主要还是看表演，而且，我觉得我比谭鑫培长得好看。"李玉声在私下的时候算是有幽默感的，大多数时间也总是笑眯眯的，和孙女在一起的时候活脱就是老顽童，只是一上台就很严肃，一谈戏就开始较真儿。

二十　搦管操觚

　　李玉声喜欢思考，也喜欢新鲜事物，他常在自己的微博上写一些他对京剧的看法，也会在和京剧有关的网站与论坛上留言。2005年，他在名为咚咚锵的戏曲网站上发表了十六条短信，这些理念引发了一场不小的论争：

　　1.刻画人物论是传承与发扬京剧艺术的绊脚石。再刻画人物京剧就没了。大师在舞台上表现的是自己的艺术，不是刻画人物。您欣赏的是大师的表演，不是欣赏"赵云"。您花钱买票看的是杨小楼，不会是花钱看"赵云"。京剧只有杨小楼，没有"赵云"。

　　2.大师的艺术臻于化境，不是"杨贵妃"臻于化境。您没见过杨贵妃，演员也没见过。《贵妃醉酒》只有梅兰芳的艺术，没有杨贵妃。您看戏的初衷是看梅兰芳，不会是去看杨贵妃。真正的价值是梅兰芳精湛的表演艺术，没有刻画人物的事，也没有杨贵妃。

　　3."唱、念、做、打、舞、手、眼、身、心、步"，不是手段，它是演员永远攀登的十座山峰。演员乃至大师攀登十座山峰、口传心授、代代相传精湛的表演，征服数以千万的观众，这一切都与刻画人物无关。

　　4.京剧艺术的最高境界是演员在舞台上的表演都在不经意中而又非常精确。表演艺术能从大自然的变幻中找到源流，达到表演与大自然的神韵相融的地步。

　　5.演员表演在不经意中，是变有法为无法。不是技巧或程式，而是艺术最高境界，它同书法绘画一样，只有表现作者个人，不存在刻画旁人。至于剧情内容自然流露于演员表演的过程中。

　　6.京剧只有演情绪，没有演人物。演员根据作者写的词意所反映出情绪的度数反差,处理自己的唱念做打舞的劲头、节奏、起伏,表现自己的演技和艺术风格,展现自己的唱念做……各方面的艺术魅力,使观众得到艺术美的享受。

7. 京剧是表演艺术,应以演员为中心。影视是导演艺术,当以导演为中心。京剧一切都要为演员表演服务,一切的存在要服从演员的表演,乐队、舞美、服饰、道具都应为演员的表演服务。当前舞台上的灯光、布景、服饰、乐队或多或少都存在着影响演员表演的现象。凡是有碍于京剧艺术正常发展的都不应提倡或支持。

8. 剧本不是本,剧本被京剧用了,它就是京剧本,剧本是"毛",附在京剧"皮"上是京剧,附在评剧"皮"上就是评剧。剧中人服从于情节,情节服从于内容,内容服从于剧本,剧本服从于演员表演艺术。

9. 京剧若先把剧本写好再找演员套剧本,是排不出好戏的。作者应根据剧团演员的条件、阵容写剧本,才有可能排出好戏。剧本为演员服务,剧本要服从演员的表演。

10. 京剧艺术应以"我"为核心,演员在舞台上的表演是自我意识的反映。演戏是表现自己,表演的是我的艺术、我的唱法念法、我的身段、我的路子;我演的赵云体现了我的艺术风格,我的派别,不是"赵云"的。让观众理解我的艺术,接受和认同我的表演。情节、内容、剧中人都(此处删去"是"字)附在演员表演艺术——"唱、念、做、打、舞、手、眼、身、心、步"五功五法之中。

11. 十个演员能演出十个不同的"赵云"。若演戏是演人物,那么十个演员演一个"赵云",应该是十个"赵云"一样。因为"赵云"是一个人,不会是一个人有十个样儿。正因为演戏是演自己,所以才会十个演员演一个"赵云"能演出十个不同的"赵云"。这些"赵云"不是赵云,是演员自己,是演员自我意识的反映,是演员的表演艺术,是演员对"唱、念、做、打、舞、手、眼、身、心、步"的运用。

12. "唱、念、做、打、舞、手、眼、身、心、步"称为五功五法,它是京剧程式,京剧的基础,是京剧核心的核心,京剧的一切都为"它"服务。没有五功五法,就没有京剧的存在;削弱五功五法,就是削弱了京剧艺术。京剧的魅力就在这五功五法的运用上。京剧若失去了五功五法的魅力，京剧也就消失了。

13. 演戏要知戏情、懂戏理，但不要研究剧中人是怎么想的，应该是你怎么想的，演员本人怎么想的。

14. 刻画人物的演戏方法不是艺术家之法，提倡演戏要演人物出不了大师，刻画人物不能形成流派。演戏刻画人物、演人物是在认认真真地演戏，执著地钻研着剧中人是怎么想的，往往忘记了应如何表现京剧艺术。

15. 盖派艺术很具特色、很美，他演武松用盖派身段，演史文恭用盖派身段，演黄天霸仍是用盖派独具特色的身段，若论刻画人物，武松不能与史文恭用同样的手段表现，史文恭、武松与黄天霸也不应一样，都一样的身段特色还有什么人物？须知，关键在于舞台上的武松、史文恭、黄天霸都是反映盖派艺术的美的化身，它们不是人物，而是表现盖派艺术的主要元素。

16. 演员的表演如果以一个剧中人为基础，以剧中人作为表演的根本、演戏的支撑点，恐怕这个基础、根本、支撑点太微弱了。一个剧中人有多大的资本和能量能担当得起我们中华民族伟大的京剧艺术的支撑点？恐怕它没有这么大的力量。演员表演的基础、根本、支撑点是我们中华大地的文化，表演艺术（五功五法）的支撑点、基础是唐诗、宋词，是大自然的万千气象，是黄山、泰山……当你看到黄山云海、普陀千步沙……领悟它的神韵过程中，会使演员的五功五法受到新的启迪、新的发现、新的感受和新的发展。如果一个演员表演的支撑点仅仅是剧中人物，以剧中人为表演基础，那他的表演分量又能有多重？潜力又能有多深？就一个剧中人能成吗？一个剧中人恐怕没有这么大的依靠力，它微不足道，发挥不了这个作用。京剧艺术的底蕴不是剧中人，是中华大地的文化，是大自然万千气象，是演员的融会贯通，把民族文化以及大自然景象融于五功五法中，利用京剧的所有元素（包括剧中人）表现自己的表演艺术。使观众得到艺术美的享受，演员本人也乐在其中。

人们最诧异的是这些论断中的那一句京剧与刻画人物无关，再刻画人物京剧就完了。当李玉声提出这一观点时，今天的很多戏曲演员难以理解，更难以接受。新中国成立之后，艺人接受的表演理论多为斯坦尼斯拉夫斯基所提倡的，李玉声认为他的理论与传统的京剧表演理论南辕北辙，这对菊坛那些将斯坦尼斯拉夫斯基的表演理论奉为圭臬的人是不小的打击。

关于这个问题，李玉声早在1988年便开始关注，并在1988年第4期的《戏曲艺术》上发表《京剧表演艺术小议》一文，文章开篇明义，称京剧艺术不同于斯坦尼斯拉夫斯基的体验派艺术和布莱希特的表现派艺术，最后总结道："京剧表演艺术，是以高超的技术和美不胜收而又灵活的程式来展现神韵和意境。"用李玉声后来的话说就是要用古典美学而不是现代文学意识理解京剧，不要用看芭蕾舞的意识去理解京剧，不能用欣赏话剧的方法欣赏京剧。

那么，为何他2005年又严肃地重提此事？因为在李玉声看来，这一年话剧已经统领了京剧。领导把话剧导演请到京剧团来给京剧演员说戏，剧本也不是京剧人写的，京剧的功法也都废了。演戏不用扎靠，穿便装了；盔头也没了，改戴帽子；髯口不带了，改在脸上粘胡子；厚底也不穿了；舞台上的刀枪把子没了，取而代之的是仿真的古代兵器；京剧里有清朝的戏，有个辫子可以甩起来缠脖子上，这是出彩的表演点，但新编剧里竟有人为了躲避这个技巧将辫子拿个别针给别在衣服上。这样的现象不是少数出现，全国都是这样的风气。李玉声是传统京剧的守护人，他最看重京剧功法的展示，废了那些京剧的根，新的京剧已经不能算是京剧，他的怒气大过惋惜之情，他觉得他应该站出来说话，真的到了不说不行的时候了。可这一说，又给自己惹来不少麻烦。

李玉声发表这些文字的当天，论坛上就有人反驳他，百家争鸣固然是好，但少数网友开始抓住文章文字表述和修辞用法上的不严谨与瑕疵对其进行反驳，甚至用恶劣的词语无理性地对李玉声进行恶意攻击和人身攻击，这已经不是一场理性的关于艺术的论辩了，它已然演化成了情绪性的发泄，成了为偶像而战的信仰之战。也有以前尊称他为李三爷的人，现在改口管他叫李老三了。以前喜欢他的也有公开说不喜欢他的了，他那时候的心会觉得孤单吧。

这场论辩的涉及面越来越广，反驳者还搬出了梨园行很多的老先生，评说李玉声的同时顺带肯定或否定这些前辈，局面几近失控。事情闹到后半夜一两点才算平息，由于言辞不雅，论坛的负责人也将部分言论从论坛上撤掉了。于是，那夜之后，我们再也无法看到那场激烈的笔伐，也许，他们本就不该存在。但这件事还没有结束，一场关于京剧表演中是否应该刻画人物的论证还在继续发酵。

每一次有人提出与大势相悖的论断时总会引起风波。1949年，梅兰芳在天津接受《进步日报》张颂甲的访问时说了一句京剧改革应"移步不换形"，结果差点走不出天津，因为人家都说京剧要彻底改革的时候，梅兰芳却说："京剧改革又岂是一桩轻而易举的事！……我以为，京剧艺术的思想改造和技术改革最好不要混为一谈。后者在原则上应该让它保留下来，而前者也要经过充分的准备和慎重的考虑，再行修改，这样才不会发生错误。因为京剧是一种古典艺术，有几千年的传统，因此，我们修改起来，就更得慎重些。"在得知有人准备对他发起批评的时候，梅兰芳赶忙又公开表示："关于剧本的内容和形式的问题，我在来天津之初，发表过'移步而不换形'的意见。后来，和田汉、阿英、阿甲、马少波诸先生研究的结果，觉得我那意见是不对的。我现在对这个问题的理解是，形式与内容不可分割，内容决定形式，'移步必然换形'。"这样，这件事才算完。然而李玉声似乎更加倔强，他不退半步，至今也坚持这种说法，这是一位京剧守护者的坚持。

不该刻画人物是在特定的语境下的一种说法，是李玉声对京剧里的好玩意儿的深沉的爱恋和缅怀，尽管这些词汇刺痛了某些人的心，但不意味着他反对塑造角色形象，否则他就不会穷其毕生的精力去揣摩黄忠、杨再兴、高宠、赵云要如何表现才能符合他们的身份，尽显他们当时的心情；就不会调整细微之处的神情和动作来诠释关羽在《水淹七军》《单刀会》《古城会》等戏里的不同情绪了。也许他只是反对用西方的艺术理论戕害中国传统的京剧，也许他只是没有找到一个更合适的词语来表达他的意思。

2006年，论证从网站拓展到了学术圈，很多人开始以李玉声提出的这个问题为核心撰写有理有据的学术文章，当然还是有赞成有反对，有人形容他的理论"像巨石投入古潭，沉寂的京剧理论界在网上掀起轩然大波"。这些议论的文章中较有思辨性的是傅谨的《身体对文学的反抗》，他在文中称："京剧表演需要特殊的技巧，观众在欣赏过程中可以离开对舞台人物的兴趣，纯粹从欣赏演员表演的角度喜爱京剧，甚至从纯技术的层面上欣赏演员的'玩意儿'，这些都是实情。但京剧之所以成为京剧，并不仅仅是由于技巧，否则它就成了杂技。京剧比起单纯展现超乎常人所能的技巧的杂技，文化内涵更丰富，也更具有情感价值，其因就在于京剧要通过各种特殊的表演手段传递戏情戏理，它不仅让观众欣赏演员表演的精妙，而且更通过这些技术手段，让观众体味人生，给观众以感动；就在于京剧的技巧，包括'四功五法'，能够被化用到对戏剧人物的表现上，而且让观众觉得非如此不足以出神入化地表现人物。如同一位网友所举程长庚被誉为'活鲁肃'、盖叫天被誉为'活武松'等等，都是京剧表演艺术家取得非常之高的艺术成就的标志……中国戏曲几百年技术积累的成果就体现在这里，经过漫长的历史进程中几十代艺人的摸索与创造，那些最具表现力的手段渐渐积淀下来，成为戏曲的表演'程式'，正是这些程式，这些规定了演员如何通过'身上'的表演传递人物情感与内心世界的表演手段，才使得京剧演员即使'心里'没有，也足以演好戏，演好人物。……我们不能要求一位表演艺术家像戏剧理论家一样去追求理论表述的严密、自洽与完整性，比起表达的准确，更重要的是要读懂这些话的真实含意。我希望能够超越个别字句与观点的是非来讨论短信所表达的意思，希望能够读懂这些短信背后的潜台词，了解是些什么样的思想动机与情感力量，促使李先生写下这些激烈言辞。"这篇文章评价了李玉声的理念，但没有停留于这一观点，是较有理性、有深度的论文。

张关正在京剧研究生班的课堂上也发起了一场关于李玉声这一观点的讨论，学生们针锋相对。从最后成文的《京剧研究生班讨论——京剧要刻画人物吗？》中可以看到，学生中有人赞成刻画人物，因为"京剧为什么叫'京剧'，而不叫'京舞'或'京歌'，因为京剧有剧情、有人物，演员的表演就是为人物服务的";"王昭君……由于路途险恶、烈马难驯,就有许多大蹦子和激烈的圆场、翻身,这些都是为人物服务。如果没有人物,那这个旦角在台上不跟疯了一样";"演员的一切都是以完成舞台人物塑造为核心的,四功五法是为塑造戏剧人物服务的";"京剧以'我'为中心,'我'以'人物'为中心";"追求塑造人物,表现人物的内心世界,一直是我追求的最高境界"。反对刻画人物的同学则认为"驾驭人物,让人物为我所用,而不是让人物牵着演员走"。从赞成和反对的比例来看,似乎年轻的戏曲演员更接受京剧要刻画人物这一观点。

之后的日子,论辩仍未结束,2007年,关于这个主题的论文接连刊登出来,像徐连经的《程式·演员·人物——也谈京剧刻画人物及其它》、刘福民的《关于京剧"刻画人物"话题的片段联想》、赵绪昕的《体之不存毛将焉附——论京剧要刻画人物》、子原的《误读、成见和沉默——对"刻画人物之争"的思考》。

后来又有人研究了斯坦尼斯拉夫斯基的其他著作来论证这个问题,结果发现,斯坦尼斯拉夫斯基晚年写的书又提出了一个新的表演理论——身体行动方法,钟明德给它的定义是"表演者借由一套学来的或自行建构的表演程式之适当的执行而进入最佳表演状态的方法",Sonia Moore则将它归纳为"斯氏晚年为帮助演员更有效地进入创意状态而发展出来的一套表演方法,其特色是不再依赖情感记忆而进入角色的感情世界,而是演员只要仔细地建构角色在该情境中的身体、声音、走位的各个细节,然后,很仔细地、合乎逻辑地执行这些行动即可活出角色来"。细看之下,这是不是和京剧用四功五法塑造角色儿是一个道理呢?

别人在讨论这个话题,李玉声也写了文章继续说这件事:

在斯氏体系影响之下,"刻画人物"之说铺天盖地而来,氤氲之气,弥漫京剧界数十年之久,时至今日,京剧演员在谈论表演时仍以"刻画人物"为最高境界,评论界在考量京剧演员的表演艺术时仍以"刻画人物"为不二法则。……由五功五法所构成的京剧表演程式不是以接近或还原生活本真为追求,而是以背离生活真实而产生空灵的艺术美感为指归。……京剧不需要也不存在"刻画人物"的事,目前被视为"刻画人物"的做法,其实都是误解:把戏情戏理混同于人物,把演员表演带表情看作刻画人物,把五功五法误解为刻画人物的手段,把演员五功五法的精湛鲜活看作刻画人物的逼真生动,把洒狗血、傻卖力气当成刻画人物……某些自诩为"刻画人物"的演员,虽然可以夸夸其谈人物的思想感情、心理脉络,但一俟教戏、唱戏,所教的、所表现的还是如何行腔、如何运气,怎样要锣经、怎样"给肩膀",说的和做的是两码事,并不统一,实为"刻画人物"这一"妖魔"横亘作怪乃尔。……京剧不需要刻画人物,但不是说京剧艺术没有人物,我们主张演员在舞台上表现的是自己的五功五法,是"我"的技艺、"我"的路子、"我"的艺术处理,不是说演员在舞台上演的是自己。

李玉声并不否认刻画人物,但他认为刻画人物只是演员表演的初级阶段,演员不能以它为终极目标。李玉声认为,演员的演艺道路应分四个阶段。第一个阶段是演老师,老师怎么说,你就怎么演。第二个阶段是演技巧,把你消化理解的东西表现出来,而且能添加自己爱好的东西。第三个阶段是演戏,就是所谓的刻画人物了,在这个阶段往往要求知,要丰富自己的内涵,看看书,学学理论,一看理论可能就看到斯坦尼斯拉夫斯基了,哭也要掉眼泪,要真实,可那就走错路了,这样的演员过分聪明,他就不会升华到第四个阶段了。第四阶段是这个演员在台上的每一个动作,每一个转身,哪怕一掠髯口,让人看着就有韵味,观众回到家里还想,刚才那一下真好看,那个转身,他气派怎么那么大,这才是最高级的阶段,体现美的阶段,无一处不美,无一处没有韵味。表演应该慢慢磨,磨到自然才是最好的。自然是一种松弛的状态,像杨小楼,他有一段录像,从台帘出来,几步走到凳子处坐下,他自然到什么程度,他出来的时候,衣服还没穿好,他上台还在整理衣服,但是他整理衣服也有味道,因为他平时形成了一种气度,生活中的气度和舞台上的气度一样了。

刻画人物往往与真实相伴,这是李玉声所反对的,他认为很多真实的东西是京剧舞台上不需要的,京剧更近似国画,讲求的是意是韵。西方的戏剧舞台营造出的是一种物镜，中国戏曲舞台营造的是一幅心画。西方戏剧要求再现，中国戏曲重在表现。戏曲就是要在简单的动作中让观众看到大千世界的丰富。"没了真实道具，反而解放了演员表演的手脚束缚，打开了观众欣赏的想象空间，京剧艺术的无穷魅力也随之释放。"京剧舞台上不用真哭，掩面即可；不用真马，马鞭可代。只是虽都为马鞭，却各有讲究，"如关羽所骑的是赤兔马，赤兔乃骐骥灵畜，与老爷身份相称，所以关羽所持马鞭当为红色，或系有红彩球；在表现关羽乘骑赤兔上场的戏中，一般先由马童牵马出场，辅以各种繁难的身段动作，如扫镗、旋子等。赤兔马这一道具在京剧舞台上并不出现，乃是通过关羽手中马鞭的独特装饰和马童的翻扑动作描绘、烘托出来的。宗家父李洪春先生老爷戏路子的演员，一般说来不主张在马鞭上系红彩球，因为红彩球毕竟鲜艳夺人，容易搅乱观众看演员表演的视线，适得其反"。京剧舞台上表现死亡也有很多办法，倒僵尸、拨浪鼓子、抢背、倒扎虎变脸等美的姿态都可以向观众传达角色死亡的意思。像《斩华雄》一戏中，华雄最后被关羽一刀斩首，真实的场景应该是血淋淋的令人作呕的，但苏延奎演华雄被斩首的时候，迅速地将帽子抛出，再用力将髯口甩飞起来，遮住整张脸，同时向后倒僵尸，从观众的角度来看，活脱无头尸身，却毫无恐怖之感，唯留美的享受。

就像李玉声所言，"京剧和中求美，需规范节制，戒过分哀愤爱悦，违礼的情欲展现。……礼是中和无的意思。中和平淡无味，无味即大味，大味必淡，唯淡能调百味；表演悟得中和之质必大味大家也！表演要以无的思想，无的无穷之力，表现舞台上的一切。京剧一桌两椅为无，但它什么都能当，它又无所不有，表演更是无限"，他这话说得在理。西方戏剧的真的理论还包括演员全身心的投入，认为自己真的就是所演之人，而李玉声则说："演员演戏，是在戏的边缘线上，看清戏里与戏外。演员早就知道戏的始终，只需保持清醒的头脑，认真对待戏里早已规定好的一切，清醒应万变。抓住观众看着我，使观众精神集中，享受般地看戏、听戏、赏戏，如品茶一般。"京剧演员喜欢用一个例子来说明这件事，如果在台上你真的痛苦大哭，那么怎么念词，怎么演唱，你要观众如何是好。

　　刻画人物还常与体验相随，李玉声同样力斥这种方式，他认为京剧演员应该把时间花在练功房，花在四功五法的练习上，而不是花时间去社会上体验生活。世间很多事并没有那么绝对，传统戏曲的演员也不是没有人用过这样的方法。在侯方域的《马伶传》中记载过这样一个故事：明末，一盐商请南京的兴化班和华林班同时演《鸣凤记》，对面同唱，一比高下，结果李姓演员吸引了大部分观众，马姓演员所演严嵩无人问津，从此，马姓演员销声匿迹。三年后，马姓演员回来了，让盐商再摆擂台，结果观众都说他是活严嵩，事后他说，这三年他在相国门下当了走卒，体察奸臣的举止。花费三年的时间去体验生活，只为演一个角色儿，这看起来不太划算，但这种痴也令人难以再说什么。

　　为什么老先生们很少说，更很少写传统京剧的理论？自身理论的空白和缺失让西方理论轻而易举地进入了戏曲表演理论，是老先生没有见解吗？当然不是，老舍说得很好，老"艺人们……有意见，但这些意见为什么不在《戏剧报》上发表呢？专家们一写就几万字，振振有词，而他们有意见写不出来，因为不会写"。李玉声应该算是戏曲艺人里敢说又能写的人，他说出了多少人想说又不知从何说起的话。

　　听李玉声说，原来也有人想给他做传，但是他觉得自己的一生没有辉煌，都是坎坷，没有出书的资格，所以没有答应。这是他的想法，但传记并不是丰功伟绩册，读者也不需要一本歌功颂德的书。直到2010年，上海戏剧学院戏校的校长徐幸捷向李玉声提出要给他出本传记的时候，李玉声才欣然答应，只是他依旧对写他有点害臊，不过他乐意将他的理论通过传记让更多的人知道，因为这些理论是他一辈子表演经验的总结，对别人可能会有用。所以，本书多处直引其理论，并特辟出一节来讲述李玉声的戏曲理念。

　　之后的日子，李玉声一直没有放弃他的观点，并不断撰文阐释京剧是角儿的艺术，最大的价值在于角儿身上的玩意儿，并称"京剧艺术是一门表演艺术；离了剧本、人物、外行导演、音乐设计、服装设计、舞美设计（灯光、布景、砌末、大平台）……京剧艺术不伤筋动骨，照样存在；离了京剧演员的表演，京剧艺术将销魂夺魄，不复存在"。京剧照其他剧种有他的特殊性，这一点从京剧史的撰写上可见，看看元曲史，那是用作家和作品串联起来的，看看京剧史，"几乎可说是一部由京剧表演艺术家汇聚贯串而成的历史：从京剧发展早期的'前三鼎甲'——程长庚、张二奎、余三胜，到京剧初盛时期的'后三鼎甲'——谭鑫培、孙菊仙、汪桂芬；从京剧鼎盛时期的'三大贤'——杨小楼、余叔岩、梅兰芳，到京剧发展新时期的马连良、谭富英、杨宝森、奚啸伯乃至于李少春……信手拈来，卓然可观"。此现象也一定程度上说明了京剧是以表演者为主的艺术。

总结自己的表演经验外，李玉声还对前人流传下来的一些说法提出了异议，像他认为王国维所说的京剧"是以歌舞演绎故事"是错的，京剧应该是以"故事演绎歌舞"，因为"京剧表演艺术的特点是：借题发挥。借故事为题，发挥演员的表演艺术，借《空城计》为题，展示演员唱的'我本是卧龙岗……'；借《挑滑车》为题，展示演员的表演风采；借情节内容为题，剧中人为表演元素，展示演员的表演艺术"。还有大家都说京剧表演主要是唱念做打和手眼身法步这四功五法，但李玉声认为应该是唱念做打舞和手眼身心步这五功五法：

> 我认为这唱念做打还不够，又加上一个舞蹈的舞字。有人说做不就是舞吗？我认为做和舞是两回事，也有人说打里头也有舞呀，我认为打和舞也是两回事。比方说做，喜怒哀乐忧苦惊思等等面部表情、眼神的表情、眉头的、抒髯口看，这都是做，小范围的都是做，舞就不是小范围了，他是站起来了手舞足蹈，他是铺满台的，才是舞。我为什么要增加舞呢？比方说《挑滑车》的走边是舞蹈，《林冲夜奔》是舞蹈，还有《石秀探庄》《蜈蚣岭》《状元印》等等这全是舞蹈，包括旦角行的《霸王别姬》的舞剑，《天女散花》舞绸子以及舞枪、舞刀等等全是舞，它不是打，打是敌对性的，战场上开打，打档子、小快枪、单刀枪等等，你只要不是敌对性的那就是舞，趟马，甭管几个人趟马，一个人趟马，双人趟马，大家伙群的趟马全是舞蹈，它也不是做，我上面说的是五功。下面说五法，手眼身心步，我提倡"心"，传统说手眼身法步，这个法，绝大多数人都不大理解，我也不理解。有

的提倡手眼身步口，我认为欠妥，唱念用口，做也有口，你比方说吃惊要张嘴，瞠目结舌都用口。也有一种提法是手眼身腰步，这个身不是就有腰吗？你加了一个腰，身字往哪搁呀？我的想法手眼身心步最为合适。五功五法它是死法，是训练演员的基础之法，是演员必须遵循之法，学生也好，老师也好，演员艺术家大师也好，在舞台上表演每一下子，只要是你一动一张嘴都离不开五功五法。所以说五功五法是我们京剧表演艺术的核心，你削弱了五功五法就是削弱了京剧艺术，五功五法没有了京剧艺术就消失了。因为我们京剧表演艺术的魅力就在于对五功五法的运用上，它才能大放光彩万紫千红。我说的这五功五法是死法，但又要把它变成活法，那样它就有韵味了。死法是形上的没有韵律和没有神韵的，活法是有韵律和神韵的。如何才能把死法变为活法呢？要用心法，五功五法心为上，法从心上来，师法从心，施法从心。我说的这两个从心，前面的那个是老师的师，师法从心，后面的是施展本领的施。这都说明法从心上来，以心法指导你功法，引领你的功法，功法才能活。我说这心法有二：一是表演之心，一是文化之心，这两心要合一才能使功法活起来。表演之心就是我们的表演意识，文化之心就是修行人品提高文化，肚子里这点墨水给予表演之心养料支持，这就二心合一了，这心也活了心法有了，功法也活了。

李玉声自己也知道他的言论不是所有人都赞同，他还写过诗来调侃自己，在《感悟篇》二中，他说："经艺事纷纷，似风云变幻。忆今生坎坷，历沧桑艰辛。遭权势不驯，不随流诚然。悟自然玄妙，持独立思维。心坦荡舒畅，能善世健康。祈老人安顺，祷后辈业成。一生是真人，含笑对太清。"在《感悟篇》四中他更是说："老儿无才又无德，信口开河乱胡说。半生坎坷无教训，不务正业反乐呵！"

二十一 中正之声长存

　　2000年，李玉声就算正式退休了，退休是个坎儿，很多人一下子失去了生活的重心，觉得自己是个无用之人了，尤其是对宦海沉浮中的人来说，失去了职位就等于失去了权力，身边的人也少了，态度也变了，他们很难接受这样的现实。不过退休对于某几类人来说并不是问题，像学者、作家、书法家，还有像李玉声一样的身怀技艺的演员，随着年龄的增长，他们的价值可能更大。李玉声退休后的生活似乎没有太大的变化，平日里，写字、画画、品茗，或约上三五好友出行，这都是他中意的事情。习字作画间若有所得，李玉声还喜欢写两首诗来记录自己的感觉：

画梅句

　　半世艰辛已成雄，独立书斋悟人生；喜得栖居清净地，且看梅花笑春风。

学王铎草书诗卷有感

　　清逸势超凡，飘洒意无终。舒而威常在，稳而却又狂。笔法堪精绝，毫发气满堂。万转清溪水，千里飞泉涌。心臂意笔连，提按转折中。二王颜米后，觉斯唯津梁。

读祝枝山草书诗翰

　　墨不离纸信手挥，东南西北任毫为。横冲直撞生霸气，三尺青锋逊可摧。新春贴在家门首，神鬼不敢进墙隈。

临怀素帖

　　怀素自序帖，满纸走蛟龙。风吹斗石磙，银河倾九重。洪涛绝山口，骤雨催山崩。翻江倒海势，惊天动地声。一笔撼天地，一发千钧生。

左图是李玉声和"犬子"顺顺，右图是李玉声和外孙女赵栖钰

　　除同文房四宝打交道外，李玉声还养了一只京巴狗消闲时光。李玉声只有一个女儿，他便笑称这只京巴是"犬子"，给它起了个名，叫顺顺。李玉声对顺顺用情至深，看见它就会高兴，要是顺顺不舒服，真的像孩子生病一样，李玉声会茶饭不思，有时看着狗狗难受，他还会暗自流泪。除了顺顺，2007年，李玉声又迎来了一名新的家庭成员，那就是他的外孙女赵栖钰。这个孩子的诞生给李玉声带来了许多欢乐，一有空儿，他就想去北京看外孙女，如果外孙女来杭州，他更是希望全天候陪伴在旁，而且不知疲惫地陪孩子玩耍。他当年因为工作的原因早早就将女儿送到北京交给奶奶抚养，这回他不想再错过这孩子的成长了。

　　闲暇时光过得充实，业务方面李玉声也没有荒废，除了演出，他还常受邀到各地去教课。2011年，中央戏剧学院办了一个京剧班，负责人张逸娟特意请李玉声过去做客座教授，开设讲座，给学生们讲讲他的艺术之路。说到艺术之路，难免让人有些感慨，这一年李玉声的慨叹也很多，他还写了两首《南乡子》抒发情感，"年少觅封侯，万里关山赴帝州。一路行来多少载？回眸。往事悠悠数十秋。今夕怕登楼，江海欲归一扁舟。借问清愁何故起？无由。感叹钱塘逝水流。"这首多少有些哀愁，另一首则恰恰相反，满是豪情，"豪气贯斗牛，九进京华志不休。一路行来几十载？回首！往事平平喜心头。今登冲霄楼，江海沉浮霸潮头。问君何有凌云势？奋斗！敢叫长江水倒流。"气魄不可谓不大，他那颗想要奋斗的心依旧没有平静，他还想继续为京剧做点什么。

2015年7月前后，李玉声应邀给第四届京剧教师高级进修班的成员讲授了《小商河》和《天霸拜山》。2016年，李玉声开始为浙江省昆剧团上课，年底，昆剧团将进行一场结业汇报

2015年，李玉声为第四届京剧教师高级进修班的同学演示《小商河》

演出，并决定请李玉声再次登台献艺。2011年底的演出后，李玉声对网友说，那估计就是他的告别舞台的演出了，那以后，他也的确没有再公开表演过。时隔五年，李玉声将重返舞台，这次他将饰赵云，演一出《长坂坡·掩井》。

李玉声第一次在杭州演出《长坂坡·掩井》就是他1960年刚刚毕业分配到杭州后。那场演出本来是鲍毓春饰演赵云，鲍氏夫人刘云兰去麋夫人一角儿。鲍毓春为了提携后辈，决定让李玉声演赵云，刘云兰还是扮麋夫人，自己来张郃。那一年，鲍毓春三十九岁，刘云兰三十三岁，李玉声还不满二十岁。虽然鲍李二人事先没有对过快枪部分，但演出时两人打得严丝合缝，如疾风骤雨一般，台下的观众也炸了锅，掌声经久不断。

1965年，李玉声也记不清是哪一天了，只记得是个午日，他如往日一样来到西湖畔的孤山西泠印社四照阁饮茶。边品茗边赏湖，正是惬意之时，天突然变了脸。李玉声只觉乌云贴着湖面向自己冲了过来，好像要把他生吞活咽了，那气势让他害怕。虽然有些许恐怖之感，但也算得上壮观，李玉声舍不得不看。霎时间，天昏地暗，服务员把灯都开开了。黑了一会，天慢慢亮了，随之而来的是瓢泼大雨，雨点有小拇指那么粗，噼里啪啦地打在孤山的石上，溅起来跟珍珠似的。为此，李玉声还写了首诗：

乌云吞西泠，卷雾漫孤山。

一抹青髻暗，悬河倾湖翻。

风催雨更骤，雨击石生烟。

烟雨埋湖岭，神威撼山川。

阁枕观罢雨，归案复笔端。

灵虚空怀志，忘尘宿高安。

　　这种场景苏轼也遇到过，也写下了一首诗来慨叹此状："黑云翻墨未遮山，白雨跳珠乱入船。卷地风来忽吹散，望湖楼下水如天。"西湖的云雨给了墨客和艺人太多的灵感。诗人的创作得江山之助，艺人的表演同样可以从自然中得益，李玉声曾多次从自然中领悟到表演的神韵，他也感慨地说："演员表演的基础、根本和支撑点是我们中华大地的文化，京剧表演艺术的支撑点和基础是唐诗、宋词，是大自然的万千气象，是黄山、泰山。当你看到黄山云海、普陀千步沙，演员的五功五法就会获得新的感受、新的启迪、新的发现、新的发展。"西湖饮茶所见的这次乌云滚山的气势给李玉声留下了太深的印象，他将其内化于心，外化于表演。像那大珠小珠落玉盘的感觉就融在了《长坂坡》的大战中，赵云的快枪就像那雨点一样，让观众看来惊心动魄。赵云进出曹军时显示出的英勇无畏则借鉴了黑云欲摧城的气势，这样，赵云就更有神韵了。

　　1990年的深秋，李玉声于宁波再次演出《长坂坡》，且为时长两个多小时的全出《长坂坡》。这次的演出被他称作是自己表演上的第三次清醒，可见其重要性。演出前两天李玉声就到达宁波了，他去了天童寺等三座庙宇，一来可以静心，二来是祈求演出的成功，他祷告时还邀请佛爷去看他演戏。演出当天，前几场没有他的事，除了静候以外，他还查看了一下上座率，剧场的一楼已经满座了。该李玉声上场了，那天的表演虽然时间很长，很吃功夫，但他觉得越演越顺畅，控制自如，如有神助，几乎发挥到了自己表演艺术的极致。那之后，李玉声再也没有演过全出的《长坂坡》。

　　2016年年底，李玉声时隔五年将再返舞台，演的还是这出《长坂坡·掩井》。因为是他给浙江省昆剧团上课后的结业汇演，所以，给他配戏的班底是昆团的中青年武生们。饰演糜夫人的则是从香港远道而来的邓宛霞。李玉声第一次听说邓宛霞是在三十年前，那时候，邓宛霞正在拓展她的演艺事业，她做了一些宣传自己的小册子寄给各个剧团，李玉声也收到了这样的资料，没想到三十年后，二人将联袂献艺。

李玉声很欣赏邓宛霞：一来，她是名门之后，身有书香之气；二来，她有扎实的戏曲功底，而且对京剧做出了一些合乎法度又有创造性的改变。邓宛霞的外祖父是晚清

李玉声2016年12月22日演出的宣传册封面

权臣岑春煊，当时与袁世凯并称"南岑北袁"，1900年，八国联军进攻北京，岑春煊带着军队回到北京护送光绪和慈禧等人去了西安，因为护驾有功，岑春煊擢陕西巡抚，后出任山西巡抚，并和英国人李提摩太共同创办了山西大学堂。1907年，岑春煊等人掀起"丁未政潮"，这是一场统治集团内部的清流派和北洋派间的党争，但以失败告终，岑氏只得隐居上海。1913年，岑春煊支持孙中山发起二次革命，革命失败后流亡于南洋。1916年，岑春煊回国参加护国运动。1918年，他主张南北议和，排挤孙中山。1920年，岑春煊正式对外宣告辞职并隐居上海。邓宛霞的母亲是岑氏的五女岑德美，在上海出生，就读于上海的圣约翰大学，后来嫁给了香港石力贸易公司的老板邓锡智。邓宛霞自幼就喜欢艺术，后来迷上了昆曲。香港很少有京剧或者昆曲的演出，因为地域和语言等原因，香港的戏曲市场以粤剧为主导，很少人看京剧和昆曲，更别提唱了。香港一个京昆剧团都没有，如果想要演戏，一定得从内地邀请剧团或者演员过去。邓宛霞近几十年一直致力于让京剧和昆曲进入香港，令香港人能欣赏到中

国这门迷人的传统艺术。她也常常到内地来演出，与不同剧团的演员合作，2016年底，她就将和李玉声一同在杭州演出《长坂坡》。

李玉声的《长坂坡》是孙盛云教的，父亲李洪春也给指点过，而李玉声自己悟出这戏的一字诀为热。《长坂坡》又叫《单骑救主》，根据《三国演义》第四十一回改编而成，讲述了刘备在长坂坡被曹兵追击，与家人失散，赵云单枪匹马去曹军中营救糜夫人和少主阿斗的故事。陈独秀曾言："有一件事，世界上人没有一个不喜欢，无论男男女女老老少少，个个都诚心悦意，受他的教训，他可算得是世界上第一大教育家。……就是唱戏的事啊。……列位到戏园里去看戏，比到学堂里去读书心里喜欢多了，脚下也走得快多了，所以没有一个人看戏不大大的被戏感动的。譬如看了《长坂坡》……便生些英雄气概。"忠肝义胆也许就是这出戏里赵云的核心形象吧。笔者没有现场看过李玉声演出却写他的传记未免有些小遗憾，这次刚好可以弥补缺憾，遂决定从其彩排开始全程记录他这次的演出。

2016年12月20日凌晨四点，笔者起身准备搭乘高铁从上海前往杭州看李玉声排练。九点左右，笔者达到位于莫干山路的浙江京剧院，所有的演员都在排练厅里等待对戏了。李玉声没有穿行头，着便装排练，这让笔者更清晰地看到他的动作。一直以来，无论是他自己还是他的朋友，抑或是网上的评论文章都说他跑圆场的功力深厚，跑起来特别漂亮，而且他还说，李家人跑圆场和他人稍有不同，有的人跑圆场是脚跟先着地，脚尖再着地，而他脚尖脚跟是平出的，这样既稳又快。笔者特别注意了这一点，的确如其所言，但不细看真的不易发觉。较为明显的反而是他跑圆场时存腿跑比其他人做得好，演出时扎靠，这个小细节是很难看到的。

2016年12月21日的晚上，所演参演人员都到了浙江胜利剧院参加演出前的响排。还有很多当地的以及外地的李玉声的忠实观众也去看了响排，特地从北京、天津、成都赶来的几位戏曲摄影师也到场选择拍摄地点，调试机器，准备明日记录下一个个精彩的瞬间。我随李玉声到了后台，他没有传说中的那么严肃，那么安静，还是有说有笑的，也许毕竟不是正式演出的日子吧。一切都进行得很顺利，只是字幕和唱的有点对不上，结束后，剧场的工作人员跑到后台来核对戏词，邓宛霞让助手给剧场工作人员一份她的唱词，李玉声则说，我唱的部分不用打字幕了，观众看字幕会分心，会影响他们欣赏表演。演出当天真的就没有打字幕。

李玉声曾经考虑过现代剧场里的字幕问题，剧场起初设置字幕可能是怕观众听不懂演员在唱什么，但李玉声认为，过去看戏就没有字幕，也没有打字幕的地儿，观众初看看热闹、看情节，看演员表演的味道，赞一句，"这个唱的美呀，这个身段真漂亮"，听不懂词没关系，

李玉声在录制《名段欣赏》时也演过这出《长坂坡·掩井》

他一步就进入了欣赏艺术的阶段，而不是欣赏内容的阶段。现在的观众从内容开始，这样起步点就不同了，以前观众入点是艺术，现在观众入点是文学，这两条路越走越开。李玉声希望观众听的是他的一口唱，看的是他身上的功夫，而非这戏讲了什么故事，唱词写了些什么。所以，当工作人员询问他的时候，他做出了不打字幕的决定。

2016年12月22日晚上，李玉声在浙江胜利剧院正式演出《长坂坡·掩井》，这次演出属于内部展演，并没有公开售票，虽然李玉声只演一出，但剧场里挂上了"李玉声艺术专场演出"的横幅，演出前几日还特意召开了记者发布会，可见浙江京昆艺术中心对此次演出的重视。

正式演出这天后台的气氛就是与之前不同，李玉声也严肃了很多。他这回演出特意借了谭元寿的白靠，服装师专门从北京赶过来给他帮手，化完妆，他便安静地坐在那放空，其他人也都知道他的习惯，不去与他说笑，并将化妆间的门掩上，让他一个人收敛心神。

当天李玉声是大轴出演，整晚，观众都在期待他的出场。李玉声上

一次在杭州演出已是二十年前的事了，也是在胜利剧院，他演的是齐天大圣。今天，很多老观众都翘首以待，希望再次目睹他的风采。未见其人，先闻其声，响遏行云的一个高腔之后，李玉声出场举枪亮相，举手投足，大将之风尽显。整个剧场霎时沸腾。许久没有看到李玉声登台的观众以掌声和叫好声表达自己按捺不住的激动心情。其后的表演告诉了世人，他的功力未减，他动作的节奏感和韵味依旧可以俘获观众的心。他脸上有戏，身上有戏，因为他心里有戏。

《长坂坡·掩井》这出戏很多人都演，而且风格各异，动作设计也有很大差别。以糜夫人投井自尽、赵云上前阻止未遂一幕为例，杨小楼演的时候是抓帔的，"糜夫人把阿斗放在地上，此时赵云面向里，听到阿斗哭声，惊慌回身一看，见阿斗躺在地上，急忙提下甲趋步向阿斗，单腿跪地，左手抱起阿斗……赵云转身往上场门一望，原由左手抱的阿斗趁机交给右手……赵云回过身来，糜夫人已上井台，纵身坠井；赵云抢步上前，欲救糜夫人，稍迟一步，只抓住一件帔而未及救得主母"。杨老板是左手抓帔，然后就势做反蹦子，"杨老板左手抓帔，整个身子正面交代给观众，便于作戏，而且伸左手抓帔，身上的法儿顺"，每到此处，必定赢得满堂喝彩。杨老板的这段戏父亲李洪春给李玉声讲过，也演示过，但李玉声根据自己的条件稍作了改动，因为他初学的时候是右手抓帔，所以就一直用这个方式了，只是如此就会背对观众，没有杨老板那样精彩，可也没法子，除此之

2016年12月22日，李玉声在胜利剧院演出《长坂坡》

外，其他的演法还是宗杨小楼的路子。其他武生的演法和杨小楼大有不同，像厉慧良，他抓帔后，不走反蹦子，而做倒插虎。尚和玉演此处干脆不抓帔，因为他觉得赵云武功高强，他要是去抓，肯定能抓住糜夫人，怎么可能只抓住帔。

糜夫人跳井后，赵云接着唱"一见主母落了井，痛坏常山将赵云"，这本来是散板，但李玉声认为，糜夫人的举动出乎了赵云的意料，给他的震撼太大了，所以其心情应如翻滚之波涛，所以将"一见主母落了井"一句改成了嘎调，"一见"和"井"两出都用翻着唱的方法，这种改变并未离格，却表现除了赵云复杂的心情和波动的情绪。

当晚的演出掌声和喝彩声一浪高过一浪，那已经不是一场单纯的表演了，更像是老友相聚的狂欢。演出结束后，观众冲上台去与李玉声合影，起初他还能自如地应付，慢慢地就得人搀着才能站住，后来有人把凳子搬到台上给他坐，就这样满足了上台合影的观众的要求，最后，两个人把他搀下了舞台。原来，演出太卖力的他已经在台上耗尽了心力和体力，谢幕之后就有点站不住了，观众来合影时实在是没有劲儿了，不搀扶他都下不了台了，到了后台，解开了行头，休息了好一阵子他才缓过来。虽然时光流逝，偷走了他不少的气力，但李玉声还是那样，那样执著，那样精益求精，那样全情投入，为了演出不顾一切，即使用尽最后一丝的力气。观众看到的是舞台上他潇洒自如的表演，是漂亮的圆场，是雕塑一般的亮相，但他转身离去后的样子，又有谁看见了？也许，他根本不希望有人看见，他希望观众看见的永远是台上那个李玉声。

第二天，多家媒体报道了前一晚的演出，其中一篇文章以"没腿没腰没跟头，这样的武戏看什么——李玉声的一个转身，就有赵云的义薄云天"为题道出了此次演出的精髓，文章也给出了答案，看节奏，看神韵，看仁义之气。

笔者曾问李先生："这次演出是您告别舞台的演出吗？"他回答："不是，我明年还会在香港演一场，那也不是告别舞台的演出，我想，我是不会做告别舞台的演出的，因为我不会告别舞台，只要有合适的机会我就会演出，年纪越来越大了，武生的戏来不了了就演老生的戏，看身体的情况，能演什么就演什么。"也许李玉声这一辈子就是为演戏这一件事来的，一辈子都痴情于此，为此付出了一切。忽然想起了白居易的那句诗："寄言痴小人家女，慎勿将身轻许人。"李玉声将自己许给了京剧舞台。这一许，就是一生……

后记

　　京剧这个词我并不陌生,从小爸妈和老师就说京剧是国粹,是中国优秀的传统文化,后来它又多了一个标签:非物质文化遗产。只是能够听到京剧的时候并不多,京剧似乎只是个高大上的空洞概念。小时候的我一般只在两个时候能听到京剧。一个是星期天的午后,奶奶喜欢打开电视看中央戏曲频道的节目,还会把声音开得特别大,整个家就只能听到咿咿呀呀的声音。听是听见了,但从来就没有听懂。另一个能听到京剧的时候是大年三十。在我的印象中,每年的春节晚会上都有一小段戏曲联唱,南腔北调的大杂烩,五颜六色的大花脸。对于小时候的我来说,这就是京剧的全部,这样说来,京剧又好像个陌生人,我从不曾走进剧场去看看它本真的模样,也没办法耐住性子听上一两个小时。

　　第一次走进剧场邂逅京剧是2010年的事了。那一年,我来到上海工作,一位搞戏曲研究的朋友邀请我去看戏,看的什么已经忘了,谁演的更是不记得,只是对演戏的那条路,那个剧场起了好奇心。那座剧场坐落于文化气息浓厚的福州路的一个十字路口,由法国梧桐树荫蔽,门面成圆形,与所在的直角形的转弯处形成了视觉反差,它还有个有趣的名字,天蟾舞台。后来才知道,这剧场来头可不小,它是上海民国时期京剧演出的重镇,是名角儿们的天堂,同时也是地狱。当时有不进天蟾不成名的说法,在皇城唱红了的演员,到上海后,得在天蟾舞台也能卖座才行,它被称作是京角儿的试金石。舞台的老板是江北大亨顾竹轩,虽然没有杜月笙那样为人所知,但其掌控上海滩大半的黄包车,还有一群以他马首是瞻的手下,他的势力也不可小觑。他的身份让天蟾舞台多了几分传奇色彩。关于天蟾舞台的故事越查越多,我的兴趣也越来越浓,没想到,看了一场戏，没有对京剧本身有何感触，却喜欢上了剧场，和那些发生在剧场里的故事。

那之后，我和戏曲的交集越来越多。我有幸以第二作者名义参与一本关于剧场文化图书的写作工作。我负责查阅资料，还跟随专家的脚步走访了几十座留存至今的老上海的知名剧场，和剧场附近的老者攀谈，聊聊过去剧场里发生的事，那本书便是《浮世梦影——上海剧场往事》。参与本书写作让我对戏曲有了基本的了解，对戏曲演员有了初步的认知，对京剧有了兴趣。

再次和戏曲有深层的接触是在2015年，这一年，我成为一家杂志的特约撰稿人，需要写一些与武术和表演相关的文章，这让我想到了武戏。武戏将中国的传统武术和表演很好地融合在了一起，而且已经发展得十分成熟，它将武术中美的部分呈献给观众看，在武戏里，花拳绣腿是最高的赞扬吧。武戏从武术中吸收了养分，也为武术留下了基因。经过历代王朝禁武之后，很多拳种已然失传，但人们能在武戏中看见它们的影子。我喜欢看武戏，很大的原因是它里面包含着武术的元素。对一个中文系的武术爱好者来说，武戏这一集英雄故事、古雅戏词、慷慨曲调和优雅武术于一身的艺术着实具有吸引力。

2015年12月，我开始密集地看戏，几乎每个周末都会去位于静谧的绍兴路上的上海昆剧团小剧场，偶尔会去天蟾逸夫舞台看上海京剧院的演出。常去上海昆剧团小剧场看戏，主要是因为那个剧场相对较小，可以看清楚台上演员表演的细节，而且用的是地麦，演员在表演过程中不会出现麦克风异常给人带来的听觉上的不适。当然，主要还是为了看武戏而去，我要找寻我的采访对象。一般的观众纯粹抱着欣赏的态度去看戏可能不易察觉武戏中包含的武术元素，顶多是知道一些单一的技术动作，这是翻跟斗，这是扫蹚腿，那是舞枪弄棒。我需要注意更多的东西。因为自幼喜好武术，对各门派的武术动作套路略有所知，后来又和传统武术的传人学过形意拳、太极拳、螳螂拳、梅花拳等，当舞台上的演员表演时，我会留心他每一个动作，看是出自哪门哪派的功夫。一旦看出眉目，便会约演员进一步聊聊他武戏中的武术元素。

渐渐地，我认识的武戏演员越来越多，结识的从事戏曲相关工作的人也越来越多。2016 年 5 月，我与上海人民出版社的编辑孙瑜先生相识，他正负责出版一套京昆名家系列丛书，他和我说，这套丛书要写的人中有一位武生叫李玉声，几年了也没找到合适的作者，他问我有没有兴趣写这个人。我对李玉声这个名字完全陌生，我从来没有听说过他，去网上简单地搜索了他的信息，可是结果令人失望，关于他的资料太少了。而且百度人物简介中的那个人和戏曲网站介绍的完全是两个人，这一细节也暴露出一个问题，也许他在梨园行的名气很大，否则也不会被上海戏剧学院戏校列入京昆名家行列，但他在大众传播领域的知名度是较低的。资料太少，故事也不多，我最终能否完成这本书？我有太多的疑问和顾虑。考虑再三，我还是应承下了这本书的写作。

2016 年 5 月 11 日，我只身从上海出发，到杭州去采访李玉声。李玉声住在富阳一个新建的山庄，那环境很好，空气新鲜，喝的水都是山庄里的山泉，李玉声很满意他住的那个地方。第一次见到李玉声是在汽车站，他个子不高，瘦瘦的，但精神抖擞。我在杭州待了四天，每天早上七点多去他家，聊到晚上八九点才会离开。去之前我在网上查了资料，列了年表，我们就一年一年地说，网上提到的那些事我也一一的与他核对，看看是否确有其事，他太太也在场，有什么说漏的就补充几句。聊天也很消耗体力和精力，到第三天的时候，李玉声打趣说，他都说得缺氧了。

聊天的时候，我说我没有现场看过他演戏，他便特意挑了个清晨，扎上了靠，拿上了枪，在小区的羽毛球场里给我演了一段《长坂坡》。这是他 2016 年年底要演出的剧目，他最近隔三岔五就会练习一下，只是不敢练得太猛，因为很久没有练功了，他要循序渐进，逐步增加练习的频率，以确保演出的质量。他真的很重视年底的这场演出，我说他一生的故事四天是说不完的，我们可以再约时间聊聊，但他说，年底有演出，所以要养精蓄锐，不能再聊了。当时我并不能理解，现在是 5 月，12 月有演出就不能接受采访，会不会太夸张了？直到后来我采访了越来越多的他的亲戚朋友，我才知道，他是个把演出看得比什么都重要的人，从年轻的时候开始就是这个样子。

离开了杭州之后，我们一直用微信保持联络。说到微信，李玉声与时俱进的做法还真是出乎我的意料，他用的是最新的苹果电脑和苹果手机，玩微博，用微信。很多梨园行的老先生都不接受新鲜事物，有的甚至排斥用手机，更不会用电脑，李玉声却喜欢这些高科技的东西，他觉得与社会发展保持同步是有必要的。

收集资料的过程中，我发现李玉声成长和学习的地方都是北京，很多重要的演出也在北京，他的亲戚朋友很多也在北京，所以我决定去北京走一趟，看看他曾经生活过和演出过的地方，见见那些对于他来说重要的人。2016年8月4日到8日，我到了北京，首先要见的人是李玉声的弟弟李世声，他俩关系最好。李世声先生讲了很多父亲李洪春和哥哥李玉声的故事给我听，还带我去了草厂三条、王皮胡同、湖广会馆、天乐戏院等李玉声曾经活动过的地方看了看。李世声的儿子李孟嘉现在是北京京剧院的武生，也是李家年轻一辈里唯一的京剧演员，他说了和三大爷李玉声间的故事，还带我去看了他的演出。这趟北京之行我收获很多，拍摄了很多有意义的照片之外，还见了李玉声的多位亲戚朋友，他们讲了一些关于李玉声的事，说了说他们对李玉声的印象，评价了他的表演，还给传记的撰写提了些意见。从北京回到上海之后，我又陆续采访了几位在上海的李玉声的朋友，我在采访其他演员的时候也会顺便问一句他们关于李玉声的看法。

采访中，大家对李玉声的评价有很多相同的地方，肯定他的艺术外，说得最多的就是对他没有取得更高的知名度的惋惜，朋友们多多少少都认为他这辈子没有占到地利，如果在北京，发展一定比现在好。李玉声自己写的文章中也流露了这样一丝的感慨，也会用惨淡人生这样的词形容自己的过往。李玉声属于悲情人物吗？行文中要体现出这样的情感趋向吗？我曾问过自己这个问题。答案是不。虽然我对他在京剧界的地位究竟如何没有那么准确的感知，但我接触过的武生没人不知道李玉声，这还不算成功吗？哪有悲呢？也许只是些遗憾吧，谁又能拥有无憾的人生呢？坎坷应该算是一种财富。他的艺术，口传身教，留给了后人一份非物质文化遗产；他的故事，写成了书，留给了世人一份物质文化遗产。

几十个人对他的看法和所说的故事拼凑起了李玉声立体的形象，我的心里也大致有了数。之后，我在网上找到所有关于李玉声的视频，一一看完，再对每出戏做细致的研究。这个过程让我受益匪浅，我了解了很多的红生戏和武生戏，知道了同一出戏不同流派演法上的差异，清楚了李玉声对每出戏的演绎方式。书中也写了李玉声对戏的再创造和演出的一些细节，但这并不是书的核心。有人说书中应该主要写李玉声的表演，也有人说书中应该以他的人生经历为主。我参考过不同读者的诉求，细想来，传记不是教科书，不是用来上表演课的，也不是戏评集。好角儿的玩意儿是师父言传身教给他的，是他自己悟出来的，文字在京剧表演本体的传承上是苍白无力的，它给读者的感觉和观众肉眼在现场看表演的那种震撼的感觉还是不好比的，用大段的文字去描述具体的动作和气韵只会显得冗长无趣。传记要留下的是故事，李玉声是京剧繁盛期的目睹者、转型期的亲历者，读者可以在他的一生中读到京剧的流变。

我在书中插入了很多图片，一部分是李玉声给我的，一部分是我自己拍摄的。李玉声手中的照片有他的画作、日常生活照片和剧照。年轻时留下的剧照较少，这有些遗憾，读者看不到他盛年时的神采了，大部分的剧照是他录制《名段欣赏》时留下的。还有就是2009年之后在舞台上表演的留影，因为那之后，喜欢他演戏的观众里有几位爱好摄影，其中以孙觉非和王驰拍摄李玉声的照片最多，李玉声给我的剧照也大多是这两位给他的，在此亦感谢二位，这些照片令本书增色不少。我拍的照片则多是有过李玉声足迹的场域的现在模样，在书中配上图片，可以给读者直观的感受，较强的视觉冲击力能调解只读文字的单一情感体验，让读者能在时间和空间的多维度中自由穿梭。

这本书前前后后花了一年多的时间完成，因为做了大量的前期准备工作，写作的过程较为顺当。经过三次较大的调整最终形成现在的体例。其间得到了不少人的帮助，在此特表感谢。钮骠先生为本书写了序言，并对我的写作给予了鼓励。为李玉声做传是徐幸捷先生提出的，他为本书的撰写提出很有价值的意见。周世琮、张关正、贡献国、王锋、袁庆扬先生，张逸娟、朱雅女士和我讲述了很多关于李玉声的故事，上海人民出版社孙瑜编辑、李远编辑为本书付出了大量劳动。还有多位李玉声的观众和学生都给本书提供了帮助，在此一并致谢。本书虽是我倾力之作，但囿于主客观条件，尚未达到最理想的效果，错讹之处亦在所难免，敬请方家指正。

乔 舟

2017年8月20日于上海

图书在版编目（CIP）数据

魔魃武杰：李玉声/乔冉著. —上海：上海人民
出版社，2018
（菊坛名家丛书）
ISBN 978-7-208-15208-3

Ⅰ.①魔… Ⅱ.①乔… Ⅲ.①李玉声－传记 Ⅳ.
①K825.78

中国版本图书馆CIP数据核字(2018)第106312号

总 策 划　唐燕能
责任编辑　李　远
封面设计　傅惟本

· 菊坛名家丛书 ·
郭宇　徐幸捷　唐燕能　主编
魔魃武杰：李玉声
乔　冉　著

出　　　版　上海 人民出版社
　　　　　　（200001　上海福建中路193号）
发　　　行　上海人民出版社发行中心
印　　　刷　常熟市新骅印刷有限公司
开　　　本　720×1000　1/16
印　　　张　15.75
插　　　页　8
字　　　数　223,000
版　　　次　2018年9月第1版
印　　　次　2018年9月第1次印刷
ISBN 978-7-208-15208-3/K·2750
定　　　价　58.00元